COLLOQUIA BALTICA 4

Beiträge zur Geschichte und Kultur Ostmitteleuropas

Rüdiger Bernhardt (Hg.)

Wanderer in den Morgen

Louis Fürnberg und Arnold Zweig

Martin Meidenbauer »

Die Deutsche Bibliothek verzeichnet diese
Publikation in der Deutschen Nationalbibliografie; detaillierte bibliografische Daten sind
im Internet über http://dnb.ddb.de abrufbar.

Redaktion: Dr. Dietmar Albrecht

Umschlag-Abbildung:
Hradschin, Handzeichnung von
Louis Fürnberg, 1953
Mit freundlicher Erlaubnis von
Frau Prof. Alena Fürnberg

Printed in Germany

Gedruckt auf
chlorfrei gebleichtem, säurefreiem und
alterungsbeständigem Papier (ISO 9706)

ISBN 3-89975-527-8

Verlagsverzeichnis schickt gern:
Martin Meidenbauer Verlagsbuchhandlung
Erhardtstr. 8
D-80469 München

www.m-verlag.net

Vorwort

Louis Fürnberg* ist deutscher Tscheche und tschechischer Deutscher und jüdischer Religion obendrein. 1909 im mährischen Iglau geboren und 1957 in Weimar gestorben, wächst er in Karlsbad auf, nimmt in Prag Partei, dichtend und agitierend, flieht vor den braunen Eroberern ins Exil nach Palästina. Von Herzen seinem Land Böhmen verbunden kehrt Fürnberg heim dorthin, wo der Deutsche zum Fremdling geworden ist, wird Botschaftsrat der Tschechoslowakei und übersiedelt doch in die DDR, der er sich bis zu seinem frühen Tode über die Maßen gibt.

Arnold Zweig, 1887 im schlesischen Glogau geboren und 1968 in Berlin gestorben, erlebt den Ersten Krieg als jüdischer Schriftsteller und deutscher Patriot. Auch er nimmt Partei und emigriert 1933, ein Zionist, nach Palästina, lernt jüdischen Nationalismus kennen, hält an der deutschen Sprache fest, leidet materielle und geistige Not. 1948 entscheidet sich Zweig für den Osten Deutschlands als Lebens- und als Arbeitsort. Auch er stellt sich in die Dienste der DDR.

Beider Leben und poetische Welt stehen für die Möglichkeit einer Wende zum Besseren und reiben sich an der Wirklichkeit. Wanderer in den Morgen bleiben sie beide, Fürnberg wie Zweig.

Begegnungen mit Fürnberg und Zweig sind Begegnungen der Deutschen mit ihren Nachbarn im Osten und Gespräche zugleich über Nachbarschaft in Deutschland selbst. Die Colloquien der Jahre 1998 und 2004 über beider Leben und Werk reihen sich in eine gute Tradition der Academia Baltica. Mit der Sammlung einiger ihrer Beiträge dankt die Akademie all denen, die diesen Austausch befördert haben.

Lübeck, im Februar 2005 — Dietmar Albrecht

---

* Fürnbergs Texte werden zitiert nach der sechsbändigen Werkausgabe des Aufbau-Verlages, hg. von Lotte Fürnberg und Gerhard Wolf, Berlin und Weimar 1964-1973; Gedichte 1927-1946 (Gedichte I), Gedichte 1946-1957 (Gedichte II), Prosa I , Prosa II, Reden Aufsätze. Literatur und Kunst (Reden Aufsätze I) und Reden Aufsätze. Politik und Kulturpolitik (Reden Aufsätze II). - Briefe Fürnbergs werden zitiert nach der zweibändigen Briefauswahl des Aufbau-Verlages, hg. von Lotte Fürnberg und Rosemarie Poschmann, Berlin und Weimar 1986; Band I 1932-1954, Band II 1954-1957 (Briefe I und Briefe II).

Inhaltsverzeichnis

I Louis Fürnberg

II Arnold Zweig

Louis Fürnberg

Einführung

Rüdiger Bernhardt

Louis Fürnberg war ein erfolgreicher und einsamer Dichter. Die deutsche Literaturgeschichte nahm ihn ebenso in Anspruch wie die tschechische; beide integrierten ihn aber nicht. Fürnberg selbst verstand sich als Bürger der tschechoslowakischen Republik; seine jüdische Herkunft hatte nur geringe Bedeutung für ihn und blieb als Thematik in seinem Werk beiläufig. Diese Herkunft und Selbstbestimmung bewirkten, daß er sich nirgends zugehörig fühlte. Das verhinderte in allen Fällen ein Aufgehen im nationalliterarischen Prozeß und verschaffte ihm, nun aus der Rückschau betrachtet, den Status eines interkulturellen europäischen Dichters. Damit ist Fürnberg ausgesprochen modern.

Fürnbergs Weg führte, wie der Biograph Hans Richter in seiner Interpretation von Fürnbergs Gedicht „Der neue Odysseus" aufzählt,

durch die Gefängnisse von Ostrava, Opava, Neiße, Ratibor, Görlitz, Bautzen, Breslau, Dresden, Eger und Karlsbad, durch Italien, Jugoslawien, Griechenland, die Türkei und über Zypern nach Palästina", eine Odyssee, die den Dichter mehrfach „über Straßen hinwegführte, auf denen Homers Odysseus einst seinem Ithaka zutrieb.[1]

Auch Fürnberg selbst verstand und bezeichnete seinen Weg durch das Exil als Odyssee. Als er schließlich heimkam, kam er nicht an: *Ich war aus der Emigration heimgekommen, um zu entdecken, daß ich nicht mehr 'daheim' sein sollte.*[2]

Gerhard Wolf, Briefpartner und Freund des Dichters, auch der erste Biograph Fürnbergs, bescheinigte 1961 ihm eine Mittlerstellung zwischen deutscher und slawischer Literatur[3]; Fürnberg war mehr, er war ein Dichter, in dem beide Literaturen eine fruchtbare Symbiose eingingen und der sich deshalb der Zuordnung zu *einem* literarischen Prozeß ebenso entzog wie er an nationalliterarischen Literaturentwicklungen nur bedingt Anteil hatte.

---

[1] Hans Richter, Verse. Dichter. Wirklichkeiten. Berlin und Weimar 1970, S. 163.

[2] Fürnberg an Hugo Huppert, 14. 4. 1957. Briefe II, S. 471. - Texte und Briefe Fürnbergs werden nach den Ausgaben des Aufbau-Verlags zitiert; siehe die Fußnote zum Vorwort.

[3] Gerhard Wolf, Der Dichter Louis Fürnberg. Leben und Wirken. Ein Versuch. Berlin 1961, S. 107.

Der Literaturwissenschaftler Werner Rieck, der 1982 in den Weimarer Beiträgen über Fürnbergs Novelle „Die Begegnung in Weimar" schrieb[4], vermerkte die rigorose Ablehnung Fürnbergs gegenüber allem Opportunismus und entschlüsselte die fiktive Gestalt des Engländers Sherwood, die Sinnbild solchen Opportunismus' ist: Er stammt aus Mieckiewiczs Vorlesungen in Paris. Mieckiewicz galt Fürnbergs besondere Verehrung. Er war ihm auch ein Beispiel für literarische Vermittlungen. In seiner Erzählung „Die Begegnung in Weimar" (1952) beschrieb er am Beispiel Mieckiewiczs und Goethes, - der polnische Dichter begegnet dem gealterten Goethe in Weimar -, wie Kunst sich in der Wirklichkeit engagieren und sie nicht nur reflektieren sollte.

Der Dichter Kuba sah Fürnberg in der ČSR als den *deutschen Tschechen*, in Deutschland dagegen sei er der *tschechische Deutsche* geblieben. Das Raster nationalliterarischer Geschichtsschreibung versagt aber bei Fürnberg auch in solchen Zuordnungen. Seine Dichtung ist eine interkulturelle Erscheinung.

Fürnberg, geboren 1909, starb mit 48 Jahren 1957 in Weimar. Wenn man hin und wieder vom Spätwerk Fürnbergs liest, ist man verwirrt. Er starb zu einem Zeitpunkt, zu dem andere Dichter erst mit ihrem eigentlichen Werk beginnen. Ein Spätwerk gibt es bei ihm nicht. Thomas Mann schrieb in diesem Alter den „Zauberberg".

Alle Äußerungen über den Menschen Fürnberg stimmen überein in der Beschreibung von Güte und Brüderlichkeit, sprechen von seiner Opferbereitschaft und der von ihm bereitwillig gegebenen Hilfe. Uneigennützig und obwohl selbst in Not und Sorgen stärkte er die Freunde. *Seine persönliche Liebenswürdigkeit, Offenheit, Hilfsbereitschaft und Menschlichkeit sowie das Fehlen allen Startums und jeder poetischen Seher- und Verkünderrolle* hätten ihn gekennzeichnet, so beschrieb ihn Reinhard Weisbach[5].

Louis Fürnbergs Dichtung umfaßt alle Gattungen, aber wird vor allem durch Lyrik geprägt. Manches davon ist so verbreitet, auch als Lied, daß der Verfasser über dem Text fast vergessen wurde („Alt möcht ich werden") und seine Gedichte als *namenlose Lieder* des „Bruder Namenlos" in die Literatur eingingen. Er ist auch ein Dichter für Schulbücher und der Kinderlieder: In der DDR waren seine Gedichte weit verbreitet, aber auch nach der Wende wurden Gedichte in die Lesebuchserie „Brücken" (Konkordia-Verlag, Bühl/Baden) und in die neuen Serie „Flickflack"(ebenda), beide für die Grundschule, aufgenommen. Es sind reizvolle Kindergedichte, entsprungen der Liebe zu den eigenen Kindern wie

[4] Vgl. Weimarer Beiträge. Berlin und Weimar 1982, Heft 6, S. 5ff.
[5] Reinhard Weisbach, Menschenbild, Dichter und Gedicht. Berlin und Weimar 1972, S. 129.

„Ein Osterlied für Alena“: *Kaum sind sie aus dem Ei geschlüpft / die flaumig feuchten Kücken, / kommt schon das Ostern angehüpft / auf einem Hasenrücken*[6], die schönen Gedichte „Für Alena“ mit den Zeilen: *Du bist mehr von mir als Fleisch und Blut,- / wo ich ende, bist du mein Beginn.*[7]

Der Dichter der Kinderlieder liebte die Kinder, auch seine Kinder. In dem Prosastück „Epistel“ dachte er darüber nach, was denn wäre, wenn Alena einmal groß sei und nicht auf die hohen Berge könne, weil sie nun selbst auf Kinder aufpassen müsse.[8] Und da kommt blitzartig die Erkenntnis des Alterns: *Die Kinder Alenas - das sind doch unsere Enkel! Mein Gott, wie alt man wird, man merkt es kaum. Alena ist fünf, es ist ein bißchen verfrüht, von Enkeln zu reden.* Er sollte sie nicht erleben.

Fürnberg ist ein Dichter des Volksliedes: In der Nachkriegszeit gehörten Lieder wie „Das neue Leben muß anders werden“ und „Du hast ja ein Ziel vor den Augen“ zum Besitz aller; die Lieder wurden begeistert gesungen. Zahlreiche Gedichte wurden von Ernst Hermann Meyer komponiert. Meyer (1905-1988) war ein Schüler von Max Butting, Hans Eisler und Paul Hindemith. Er war Professor in Berlin und seit 1968 Präsident des Komponistenverbandes der DDR. Eines der bekanntesten Lieder Fürnbergs wurde „Alt möcht ich werden wie ein alter Baum“, komponiert von Ernst Hermann Meyer und berühmt geworden durch die Anleihen bei Fürnberg und die Berufung auf ihn in der Nachschöpfung und Vertonung durch die Puhdys für den Film „Paul und Paula“:

Alt möcht ich werden wie ein alter Baum,
mit Jahresringen, längst nicht mehr zu zählen,
mit Rinden, die sich immer wieder schälen,
mit Wurzeln tief, daß sie kein Spaten sticht.

In dieser Zeit, wo alles neu beginnt
und wo die Saaten alter Träume reifen,
mag wer da will den Tod begreifen --
ich nicht!

Alt möcht ich werden wie ein alter Baum,
zu dem die sommerfrohen Wandrer fänden,
mit meiner Krone Schutz und Schatten spenden
in dieser Zeit, wo alles neu beginnt.

[6] Gedichte II, S. 371.
[7] A. a. O., S. 315.
[8] Prosa II, S. 147.

Aus sagenhaften Zeiten möcht ich ragen,
durch die der Schmerz hinging, ein böser Traum,
in eine Zeit, von der die Menschen sagen:
Wie ist sie schön! O wie wir glücklich sind![9]

Louis Fürnberg ist ein Dichter in großen lyrischen Traditionen, die von Rimbaud und Baudelaire bis zu Rilke reichen: *Da taumelt er durch ein Spalier von Rosen, / der Namenlose zu den Namenlosen...*[10] heißt es, als der junge Fürnberg von Rilke, den er kurz vor dessen Tode besucht hatte, Abschied nimmt; er galt als der *bedeutendste Rilke-Schüler, ganz sicher in der sozialistischen, aber wahrscheinlich in der deutschen Lyrik des Vierteljahrhunderts nach Rilkes Tod überhaupt*[11].

Fürnberg ist der Dichter meisterlicher Erzählungen und Novellen wie der „Mozart-Novelle", die in tschechischer Übersetzung „Amadé a Casanova" heißt, oder „Die Begegnung in Weimar". Er schrieb bedeutende Essays wie den über Stefan Zweig und das Romanfragment „Der Urlaub" als Zeichen der Auseinandersetzung mit Thomas Mann, 1942 in Palästina entstanden und nach dem dritten Kapitel des zweiten Buches abgebrochen. In mehreren Dokumenten kommt die Gemeinsamkeit der bürgerlichen Herkunft samt der vielen Unterschiede in den Blick.

Andere Beziehungen müssen wenigstens angesprochen werden, gehören sie doch zu den erschütternden Bildern dieses Lebens, so seine Begegnungen mit Else Lasker-Schüler. Fürnbergs Erinnerungen an Else Lasker-Schüler gehören zum Schönsten, was über die große Lyrikerin gesagt worden ist: *Sie sprach, klar und verwirrt, beides. Immer in Bildern, immer abwesend. Sie spielte gar keine Komödie, sie war die Zauberin*; ihre Stimme war ihm eine besondere Faszination: *...wie wunderbar ihre dunkle Stimme von irgendwoher.*[12]. Else Lasker-Schüler war seine große Leidenschaft; dafür nahm er sogar Ungerechtigkeiten auf sich. Als 1956 in Heft 2 der NDL (Neue Deutsche Literatur) ein Aufsatz über Peter Hille erschien, der an den St. Petrus der Lasker-Schüler wieder erinnerte, da fand Fürnberg in einem Brief an Gerhard Wolf nur ein ablehnendes Wort: *Peter Hille ----- Gott, o Gott, wo haben sie nur den aufgelesen? Warum nicht die herrliche Lasker-Schüler, warum diesen braven Eichel-Kaffee?*[13] Hilles Schicksal bei Fürnberg erlitt auch ein anderer großer Lyriker, mit dem sich der Dichter nicht anfreunden konnte, Detlev von Liliencron:

---

[9] Gedichte II, S. 195.
[10] A. a. O.., S. 38.
[11] Reinhard Weisbach, a. a. O. (Anm. 5), S. 158.
[12] Prosa II, S. 123.
[13] Briefe II, S. 234.

Er sei kein Freund *der tollen Adjutantenritte*[14] - „Adjutantenritte" (1883) hieß Liliencrons berühmteste Gedichtsammlung -, die Fürnberg dem Spießer überließ.

Umstritten war Louis Fürnberg als ein Dichter politischer Erklärungen: Er schrieb im Vertrauen auf sein sozialistisches Weltbild politische Gedichte, auch Huldigungen auf Stalin und das vor allem nach der Wende von 1989 heftig befehdete, attackierte und parodierte Gedicht „Die Partei" (*Die Partei, die Partei hat immer recht*). Doch setzte er eine Diskussion fort, die im 19. Jahrhunderts schon einmal zwischen Herwegh und Freiligrath heiß entbrannt und von Arno Holz und Karl Henckell am Ende des Jahrhunderts fortgesetzt worden war. Eine Ausnahme war Fürnberg vielmehr darin, daß er zwischen den Fehlern des einzelnen und den Fehlern der Partei im Sinne eines ideellen Entwurfs differenzieren wollte.

Hans Richter hat frühzeitig auf Fürnbergs Unterscheidung zwischen dem Irrtum des einzelnen und dem Menschheitsentwurf aufmerksam gemacht[15] und dabei aus einem Brief Fürnbergs zitiert, in dem dieser die Enthüllungen des XX. Parteitages der KPdSU begrüßte. Die Ereignisse hätten ihn *unendlich beglückt*, zeige doch die Partei, *wenn einmal Fehler geschehen*, wie sie *offen, rasch und gründlich korrigiert werden* (an Wolfgang Ehrlich, Tel Aviv, 29. Mai 1956)[16].

Um das Gedicht entstand eine kurze, aber heftige Diskussion im „Neuen Deutschland" des Jahres 1997[17], in der deutlich wurde, wie Fürnberg den Kränkungen, die er erlebte, den schmerzlichen Enttäuschungen durch tschechische Parteimitglieder und durch die Enthüllungen des XX. Parteitages der KPdSU die Unerschütterlichkeit seiner Überzeugung entgegensetzte. Auch war die Veröffentlichung der korrigierten Gedichte in der Dahlemer Verlagsanstalt Michael Fischer in Berlin keineswegs eine Enthüllung, wie man glauben machen wollte, denn Überarbeitungen, Veränderungen, Kürzungen und Auslassungen waren schon in der Werkausgabe ausgewiesen worden.[18] Doch sollte man beim politischen Dichter Fürnberg Abstriche am Pathos machen und auch Nachsicht für eine geradezu naive Hoffnung walten lassen. Es war diese Hoffnung, die dem Umhergetriebenen und Heimatlosen ein Ziel gab.

---

[14] Louis Fürnberg, Aber die Liebe. Gedichte II, S. 106.
[15] Hans Richter, a. a. O. (Anm. 1), S. 284.
[16] Briefe II, S. 273.
[17] Vgl. Kommentare und Leserbriefe im Neuen Deutschland, Berlin 1997, Ausgaben vom 28. 1., 31. 1. und 11. 2. 1997.
[18] Gedichte II, S. 218 und 552.

Fürnberg war auch Dichter der Dichter: Damit ist nicht der Übersetzer gemeint, obwohl auch das eine Möglichkeit ist, die zu bedenken wäre. Gemeint ist der Dichter, der anderen Dichtern und Künstlern literarische Denkmale schuf und damit auch eigene Vorlieben ausstellte. Thomas Mann war immer dabei, der „Tonio Kröger" war ein Lieblingstext Fürnbergs. Rilke war mindestens zeitweise sein Bruder im Geiste, die Begegnung erschütterte den Namenlosen, wie Fürnberg sich selbst bezeichnete. Man lese die Anmerkungen Fürnbergs in seinem „Leben in Versen" „Der Bruder Namenlos" zum Gedicht „Château de Muzot-sur-Sierre" mit der Schilderung der Begegnung zwischen Rilke und Fürnberg. Rilke streichelte den Turm des Château, als er die „Duineser Elegien" beendet hatte. Die Lasker-Schüler, immer wieder; Peter Hille war ihm zu brav, Dichtungsersatz, vielleicht auch zu deutsch. So bildete sich seine Auswahl, die sich bis in einzelne Gedichte hinein niederschlug.

Der Dichter ist von der Literaturwissenschaft einseitig auf- und angenommen worden. Während die Literaturwissenschaft in der DDR ihn frühzeitig umfassend beachtete[19], blieb er westwärts weitgehend ein Fremder. In der DDR erschien eine sechsbändige Werkausgabe, die Fürnbergs gesamtes Schaffen fast lückenlos aufnahm. Unveröffentlichtes gibt es im Nachlaß, wie Lotte Fürnberg bestätigte[20], nicht mehr. Eine zweibändige Briefauswahl und der Briefwechsel mit Arnold Zweig vervollständigen die Materialbasis. In Reich-Ranickis Lyrik-Anthologie „Deutsche Gedichte" dagegen, die inzwischen mehr als tausend Titel aufgenommen hat, finden sich zwar zwei Dutzend Gedichte Rilkes, aber keines von Fürnberg. In dem für die Ausbildung gedachten Universitäts-Taschenbuch 1470 mit dem Titel „Lyrik aus der DDR" (Paderborn/München/Wien/Zürich 1987) wird Fürnberg auf fast fünfhundert Seiten nicht ein einziges Mal genannt, in der Bibliographie zur Lyrik der DDR erscheinen zwar unter anderem sechs Biermann-Titel, zwölf Kunert-Titel und drei Ulrich Schacht-Titel, aber nicht ein einziger Titel von Fürnberg. Er teilt in dieser Materialsammlung, die mehr willkürlich als aussagekräftig ist, das Schicksal von Erich Arendt, einem der bedeutendsten deutschen Dichter des 20. Jahrhunderts, der allerdings nicht Fürnbergs Zuneigung fand.[21]

---

[19] Man vergleiche Reinhard Weisbachs entsprechende Aufstellung a. a. O. (Anm. 5), S. 282, Anm.1. - Gerhard Wolf schrieb 1955 nicht nur eine Staatsexamensarbeit über Fürnbergs Lyrik, sondern bald die erste Biographie.

[20] Brief Lotte Fürnbergs vom 14. 8. 1999 an den Verfasser.

[21] 1956 durchlebte Fürnberg eine *richtige Schaffenskrise*, in der er sich auch im Rundumschlag gegen die zeitgenössische Lyrik übte, gegen Maurer, Huchel und die *Eunuchenoden, die da angearendt* kommen. Fürnberg an Christa und Gerhard Wolf, 31. 1. 1956. Briefe II, S. 209.

Der Bremer Literaturwissenschaftler Wolfgang Emmerich, der ihn in seiner „Kleinen Literaturgeschichte der DDR“ sowohl in der frühen Fassung als auch in der Neuausgabe erwähnt, wertet ihn heute als *wohlmeinenden, aber mittelmäßigen Schriftsteller*, der auf die *bedeutende jüngere Lyrikergeneration, die in den 60er Jahren hervortrat, ohne Einfluß blieb*[22]. Rainer Kirsch, Sarah Kirsch, Volker Braun, Heinz Czechowski, Adolf Endler, Walter Werner, Hanns Cibulka und Christa Wolf haben in ihm ihren Lehrer gesehen. Selbst den damals jungen Literaturwissenschaftlern wie Peter Kirchner und Rüdiger Ziemann versuchte er *jenes Sprungbrett zu gewähren, dessen sie bedürfen*[23]. Ist das fehlender Einfluß?

Trotzdem ist seine Dichtung gegenwärtig in neu entstandenen Übersetzungen einiger Novellen ins Französische und Italienische, als Gegenstand von Seminaren und neuen publizistischen und wissenschaftlichen Bemühungen. Seine Gedichte sind nach wie vor bei Redakteuren von Tageszeitungen beliebt. Sein Ruf, einer der *achtbaren ,sozialistischen Dichter* gewesen zu sein, der nach 1990 zerstört werden sollte, hat sich wieder eingestellt, sachlich und unironisch.[24]

In einer ausnehmend wohlgefälligen und leserfreundlichen Geschichte zur deutschen Literatur in Böhmen[25] beschreibt man Louis Fürnberg als *ohne Glauben an einen Gott*, aber von *humanistischer Zuversicht* geprägt. Die Aufnahme in den Abriß war begründet: Fürnberg liebte seine Heimat unabdingbar. Zitiert wird Fürnberg darin mit dem „Prolog zu einer Neufassung des ‚Ackermann aus Böhmen' des Johann von Saaz“ aus dem Jahre 1944. Daraus werden die Schlußverse gewählt *Es hat der Ackermann den Tod besiegt ... / Im Spiel?... Im Ernst? ... Oh, wär es schon soweit!*[26] Die Formulierung war treffend, denn Fürnberg war ein gläubiger Mensch; er glaubte 1944 an den Frieden. Er kam, aber nicht für Fürnberg, dem er die Heimat ein zweites Mal nahm. Es blieb dennoch die Zuversicht. Die Metapher für diese humanistische Zuversicht wird in Fürnbergs Dichtung durch das synonymische Feld von *Licht* gebildet, er sah seinen Lebensweg als Weg durch Nacht zum Licht.

Dichtung bedeutete für Fürnberg Neigung; nirgends ist das deutlicher als im Briefwechel mit Arnold Zweig zu finden. Da trafen geistige Schwingungen auf vergleichbare und verstärkten sich. Arnold Zweig schrieb in seinem Nachruf auf

[22] Wolfgang Emmerich, Kleine Literaturgeschichte der DDR. Erweiterte Neuausgabe. Leipzig 1996, S. 108.

[23] Fürnberg an Rudolf Fischer, 1. 4. 1957. Briefe II, S. 466.

[24] Vgl. Eberhard Hilscher, Prominente Gäste in Prag und Weimar. Über zwei Erzählungen von Fürnberg. In: Studia niemcoznawcze. Warschau 2000, Band XIX, S. 307.

[25] Klaus Walther u.a., Böhmen am Meer. Literatur im Herzen Europas. Chemnitz 1997, S. 31.

[26] Gedichte II, S. 189 (Punkte im Original).

Louis Fürnberg: *Ich habe nie gewußt, daß ich so sehr Schlesier bin, so sehr im Licht, der verhaltenen Anmut, dem mitteleuropäischen Grün, Wald und Pflanzenwuchs der Heimat zu Hause, wie im Anhören Deiner ernsten und mutigen Gedichte.*[27]

Das Louis-Fürnberg-Kolloquium des Jahres 1998, aus dem dieser Band vier (revidierte) Beiträge auswählt, geriet zu einer notwendigen neuen Standortbestimmung des Dichters. Seine 2004 verstorbene Witwe Lotte Fürnberg hatte nach Lektüre der Vorträge dem Herausgeber dieses Bandes geschrieben: *Nach all der Zeit des Beinahe-Boykotts des Dichters! Ich weiß genau was für ein Wagnis es war und wieviel Mut dazu gehörte, eine rargewordene Eigenschaft. Umso glücklicher bin ich, daß die Veranstaltung gelungen ist!*[28]

[27] Arnold Zweig, In memoriam L.F. In: Der Briefwechsel zwischen Louis Fürnberg und Arnold Zweig. Dokumente einer Freundschaft. Berlin und Weimar 1978, S. 233.
[28] Brief Lotte Fürnbergs an Rüdiger Bernhardt vom 22. 11. 1998.

Louis Fürnberg - ein böhmischer Dichter[1]

Hans Richter

Louis Fürnberg wurde am 24. Mai 1909 im mährischen Iglau (Jihlava) geboren und könnte also, wäre ihm eine robustere Natur und ein milderes Schicksal zuteil geworden, demnächst seinen 90. Geburtstag feiern. Wer geneigt ist, sich auf diesen wenig bekannten und - vor allem heute - kaum geschätzten Dichter und sein Jubiläum einzustellen, gehört fraglos in die leider nicht sonderlich große Gruppe von Menschen, die sich sowohl der literarischen Kultur als auch der geschichtlichen Erfahrungen unseres ausgehenden Jahrhunderts vergewissern wollen. Aus dessen Chronik haben sich aber dem gewissenhaften Zeitgenossen fraglos viel zwingendere Anlässe zu sorgsam prüfender Rückschau und verantwortungsbewußtem Erinnern gegeben. Gerade und vielleicht sogar nur derjenige, der sich den Postulaten solcher Anlässe in einer angemessenen Weise gestellt hat, wird auf die Beschäftigung mit Biographie und Schaffen Louis Fürnbergs, auf die Begegnung mit seinen Texten und Liedern wirklich gut vorbereitet sein. 1998 jährten sich zum sechzigsten Male die explosive Zuspitzung der Sudetenkrise, das gemeinsame Münchener Diktat Deutschlands, Großbritanniens, Frankreichs und Italiens, also der Beginn der Liquidation der Ersten Tschechoslowakischen Republik, der verdeckte Anfang des verhängnisvollen Zweiten Weltkriegs. Und es jährte sich, ebenfalls zum sechzigsten Male, die sogenannte Reichskristallnacht, der wüste und blutige Pogrom vom 9. November 1938, jener Auftakt zum vielmillionenfachen Judenmord, mit dem im Kriegsverlauf, industrialisiert und gewinnbringend, vollzogen werden sollte und in einem erschreckenden Umfang auch wirklich vollstreckt wurde, was die Experten der NSDAP in euphemistischem Beamtendeutsch die „Endlösung der Judenfrage" nannten und was neuerdings durch den vorzugsweisen Gebrauch der dunklen Vokabel „Holocaust" eher auf fatale Weise neutralisiert als klärend und politisch-moralisch verbindlich bezeichnet wird.

Louis Fürnberg stammte, ebenso wie seine Ehefrau Lotte, geborene Wertheimer, aus jüdischem Hause. Ulrike Edschmid läßt in ihrem schätzbaren Buch „Verletzte Grenzen. Zwei Frauen, zwei Lebensgeschichten" die Witwe unseres Dichters klar

[1] Der Text wurde 1998 erstmals vorgetragen und zwischenzeitlich veröffentlicht in Hans Richter, Zwischen Böhmen und Utopia. Literaturhistorische Aufsätze und Studien. Jena 2000 (Jenaer Studien Bd. 4), S. 317-336. Die hier abgedruckte Fassung wurde revidiert.

bekunden: *Fürnberg und ich haben uns immer als Juden bekannt; es hat unsere politische Entwicklung mitbestimmt, und wir haben wie Ilja Ehrenburg gesagt: „Solange es noch einen einzigen Antisemiten auf der Welt gibt, werden wir uns als Juden bekennen.“*[2] Ihr Judentum aber hat den Fürnbergs doppeltes Leiden verursacht: Sie waren, wie alle Juden im Wirkungsbereich des deutschen Faschismus, von Verleumdungen, tiefem Haß, wütenden Aggressionen der Antisemiten stark betroffen. Sie gerieten in äußerste Lebensgefahr, als sie nach der vollständigen Vereinnahmung der böhmischen Länder durch das Deutschland Hitlers und mehrwöchigem Leben in der Illegalität bei einem Fluchtversuch im April 1939 vor der polnischen Grenze durch Verrat in die Hände ihrer Todfeinde fielen. Nachdem Louis Fürnberg durch dreizehn (!) Gefängnisse geschleift, systematisch gepeinigt worden, mit schwer geschädigtem Gehör und endlich durch die Bestechung eines Gestapobeamten im August freigekommen war, folgten die Jahre des Exils, das ihm und seiner Frau die Chance zum Überleben bot, ohne freilich höchst akute Gefahren für Leib und Leben auszuschließen. Sie vermochten endlich sogar den 1940 in Serbien geborenen Sohn Mischa als nahezu Sechsjährigen gesund in die Heimat mitzubringen. Aber schon drei der nächsten Angehörigen Louis Fürnbergs blieben dem rassistischen Terror ausgeliefert und fielen diesem zum Opfer: Henriette und Jakob Fürnberg, die Stiefmutter und der Vater, von den Nazis deportiert, kamen an unbekannten Orten ums Leben; der Halbbruder Walter im Konzentrationslager Buchenwald. Das jüdische Ehepaar Louis und Lotte Fürnberg hatte jedoch auf der anderen Seite, so paradox das scheinen mag, auch unter Juden zu leiden: als Emigranten unter den militanten Anhängern des Zionismus, deren Selbstgerechtigkeit und Unduldsamkeit. Das britische Mandat Palästina, der spätere Staat Israel, präsentierte sich ihnen ganz und gar nicht als das legendäre gelobte Land, sondern vielmehr als eine kalte, böse Stätte der versteinten Herzen, an der einzig und allein willkommen und wohl gelitten war, wer sich bereitfand, seiner angestammten Heimat auf immer abzuschwören.

Nichts aber lag Louis Fürnberg ferner als gerade dies. An Böhmen hing er mit einer innigen, nicht zu verleugnenden, unverzichtbaren Liebe. Jude, der er war, könnte man ihn dennoch, aus den eben angedeuteten Gründen, schwerlich einen jüdischen Dichter nennen. Bei aller Religiosität und Pietät, die ihm eigneten, hielt er doch stets deutliche Distanz zur jüdischen Religion, fühlte er sich in seinen frühen Jahren viel eher vom Katholizismus und dessen ästhetischen Reizen angesprochen. Während Nelly Sachs nach Jahren eines unverbindlich-belanglosen Dichtens die

---

[2] Ulrike Edschmid, Verletzte Grenzen. Zwei Frauen, zwei Lebensgeschichten. Luchterhand Literaturverlag 1992, S. 20.

eigentliche Substanz ihrer Poesie erst aus einer schmerzhaften Identifikation mit dem tragischen Schicksal der Judenheit gewann und dann ihre Themen und Motive fast nur noch in diesem Zentrum fand, blieb jüdische Thematik im Werk Louis Fürnbergs zwar nicht marginal, aber doch auffallend episodisch und taucht hier immer nur in gänzlich anderer Sicht und Gestalt auf. Bezeichenderweise hat der Autor seine einschlägigen Texte auch nicht ausgestellt, sondern fast ausnahmslos beiseite gelegt. Selbst wichtige bekenntnishafte Verse wie das Gedicht „Ein Judenlied" und die große, ergreifende Elegie auf Herschel Grynszpan sind erst erst aus dem Nachlaß veröffentlicht worden.[3]

Louis Fürnberg einen böhmischen Dichter zu nennen, scheint mir jedoch nicht nur sehr berechtigt, sondern geradezu geboten, obzwar diese Benennung leicht mißverstanden, mißdeutet und deshalb von manchem zurückgewiesen werden mag. „Böhmisch" kann ja auch „tschechisch" bedeuten, und darum waren über lange Zeit solche distinktiven Kopplungen wie „Deutsch-Böhmen" und „deutschböhmisch" in Gebrauch, bis sich das Volksgruppenbewußtsein der in den Grenzen Böhmens und Mährens ansässigen Deutschen herausgebildet hatte und dadurch der überhaupt erst im 20. Jahrhundert geschaffene Begriff des Sudetendeutschen als sprachlicher Reflex auf die ethnische Abgrenzung von den Tschechen notwendig wurde, die leider zu einer katastrophalen Konfrontation geriet.

Als Kind deutschsprachiger Juden, die stets in vorwiegend deutschsprachigen Gebieten lebten, hat Fürnberg selbstverständlich auch immer deutsch geschrieben und gesungen, gelegentlich sogar in der Mundart des Egerlands. (Der Vater hatte sich nach seiner zweiten Verheiratung schon 1911 als glückloser Unternehmer in Fischern an der Eger niedergelassen, einer kleinen Industriestadt, die 1939 Karlsbad eingemeindet wurde; und sein Erstgeborner ist dann eben dort aufgewachsen.) Louis Fürnberg hegte keine Bedenken, sich selbst einen Sudetendeutschen zu nennen. Allerdings brachte ihm das von zionistischer Seite gelegentlich die absurde Anschuldigung ein, er sei ein Nazi. In der Zeit der NS-Herrschaft über Deutschland und noch bis in die fünfziger Jahre hinein verstand und bekannte sich Fürnberg aber in erster Linie und mit stolzer Freude als Bürger der demokratisch verfaßten Tschechoslowakischen Republik. Kaum hatte sich im Mai 1945 die provisorische tschechoslowakische Regierung von Košice (Kaschau) nach Prag begeben können, da jubelte er sogleich aus Jerusalem nach Haifa hinüber, zu seinem Landsmann Alois Heller, der dem Einheitsausschuß der deutschen Emigranten aus der ÈSR

[3] Ein Gleichnis. Gedichte I, S. 400-403 bzw. 410-417. Texte und Briefe Fürnbergs werden nach den Ausgaben des Aufbau-Verlags zitiert; siehe die Fußnote zum Vorwort.

während des Zweiten Weltkriegs vorstand: *Das ist der schönste Augenblick unseres Lebens. Unser Emigrantendasein ist beendet. Wir sind wieder Tschechoslowaken, die sich nicht mehr in der Emigration befinden, sondern nurmehr für kurze Zeit im Ausland.*[4] Und während von Anfang an bis in unsere Tage der Name dieses Staates (so wie der Staat selbst) immer wieder als eine willkürliche, gleichsam unnatürliche Konstruktion beanstandet und bekämpft wurde, scheute sich Fürnberg nicht, das Beiwort „tschechoslowakisch" sogar auf sich selbst als Person und Autor anzuwenden, obgleich er doch weder ein Tscheche noch ein Slowake, sondern eben ein Deutscher war.

Gerade dies aber mußte sich nun unter den Bedingungen der rasch entstehenden Nachkriegsordnung in Mitteleuropa als ein ebenso unerwartetes wie letztlich nicht überwindbares Hindernis für den deutsch-böhmischen Dichter tschechoslowakischer Staatsangehörigkeit erweisen. Noch ehe wirklich an eine Rückkehr zu denken ist, aber angesichts der schon sehr bald nach der Befreiung der Tschechoslowakei von den faschistischen Okkupanten einsetzenden, mit leicht verständlicher, doch beängstigender nationalistischer Wut exekutierten Vertreibung seiner deutschen Landsleute durch die Tschechen wird dem Emigranten Fürnberg seine künftige Stellung als Schriftsteller in der böhmischen Heimat zum Problem. Im Oktober 1944 hatte er dem Romancier Ernst Sommer, einem gebürtigen Iglauer übrigens, ins englische Exil noch geschrieben: *Ich will natürlich wieder heim, und zwar so schnell als möglich, und dann so arbeiten wie noch nie im Leben. Und natürlich in Karlsbad oder Trautenau oder Reichenberg oder Eger oder als Volksschullehrer im kleinsten Nest des Erzgebirges oder wo und als was immer. Und mit aller Liebe und Energie, derer ich fähig bin.*[5] Aber nur neun Monate später sieht er seine Lage schon wesentlich anders. Inzwischen ist die Aussicht auf Wirkungsmöglichkeiten in den genannten Orten im Schwinden begriffen. Andererseits aber ist ihm gerade in den letzten Monaten eine große poetische Arbeit gelungen, die er mit Recht für **das** Gedicht seines bisherigen Lebens hält[6] (es ist das Poem „Die spanische Hochzeit"), und der Wunsch, nun erst recht als Dichter wirken zu können, bestimmt die weitere Lebensplanung Fürnbergs. Einem alten tschechischen Freund schreibt er jetzt in englischer Sprache nach London, schon allein seine Erfahrungen mit den Tschechisch-Lektionen in den letzten vier Jahren ließen ihn klar erkennen, daß er in diesem Fach beim besten Willen ein hoffnungsloser Fall sei, und er fragt sichtlich besorgt (ich zitiere die Übersetzung): *Was soll ich tun?*

[4] Fürnberg an Alois Heller, Mai 1945. Briefe I, S. 305.
[5] Fürnberg an Ernst Sommer, 26. 10. 1944. Briefe I, S. 282.
[6] Fürnberg an Arnold Zweig, März 1945. Briefe I, S. 296.

Wenn wir zurückkommen, muß ich als Schriftsteller arbeiten, und ich kann kein tschechischer Schriftsteller sein, nur ein guter tschechoslowakischer Schriftsteller, aber in meiner eigenen Sprache.[7]

Damit ist, schon Monate vor der ersehnten Heimkehr im Frühjahr 1946, ein schwerer, tiefer Konflikt angelegt, der sich unausweichlich zu einem existentiellen Problem des Dichters entwickeln mußte. Dieser Prozeß verlief zwar nicht stetig und wurde durch manchen Umstand zeitweilig gemildert oder gar verdeckt; seine Auswirkungen traten auch nicht allenthalben deutlich zutage. Aber er vollzog sich jedenfalls, war nicht aufzufhalten, nicht umzukehren und trug, wie ich jetzt klar zu sehen glaube, wenn nicht gar entscheidend, dann zumindest ganz wesentlich dazu bei, daß die Lebenszeit Louis Fürnbergs schon wenige Wochen nach seinem achtundvierzigsten Geburtstag zu Ende ging. Es ist deshalb angebracht, seinen Weg und sein Werk aus dem Blickwinkel zu betrachten, der einem durch diesen schweren Konflikt und dessen tragische Lösung aufgenötigt wird.

Eines der vielen nachgelassenen Gedichte, in der Werksammlung unter der Überschrift „Skizze" abgedruckt und ausdrücklich als Fragment gekennzeichnet, stammt aus einem Taschenbuch, das der Autor nach der Rückkehr aus dem Exil benutzt hat und dessen Inhalt zum größten Teil im Sommer 1950 während eines Kuraufenthalts entstanden ist. Die vier vierzeiligen Reimstrophen gehören zu einem für Fürnberg typischen Genre, das ich - unter Nutzung der Überschriften von zweien seiner Gedichte[8] - Rückblicke und Lebenslieder nenne. Diese sehr variable Gedichtart tendiert entweder zur lyrischen Rekapitulation des tatsächlich gelebten Lebens bzw. eines Abschnitts daraus, oder aber zum allgemeineren Reflektieren von Verläufen, Bedingungen, Aspekten menschlichen Daseins. Im ersten Falle hält Louis Fürnberg also Rückschau auf eigenes Leben, dessen geschichtlichen Raum mehr andeutend als vorführend; dabei stellen sich immer wieder Abwandlungen solcher alten Themen ein wie: Per aspera ad astra, durch Nacht zum Licht, über Irrungen und Wirrungen ans Ziel, vom weltfremden zum weltverändernden Träumen oder Trotz alledem und alledem. Das poetische Erinnern, die rhythmisch ebenmäßig und melodisch gestaltete Reihe der Evokationen von Einstigem, von überwundenen Haltungen und Hindernissen, Lebensproblemen und -stationen, erworbenen Erfahrungen gipfelt fast immer in einem positiven Finale. Das Gedicht als Ganzes und speziell seine (mehr oder weniger ausgeführte) Schlußwendung las-

[7] Fürnberg an Ota Hitschmann, Juli 1945. Briefe I, S. 316f.

[8] Gemeint sind die Gedichte „Ein Rückblick", das den Band „Das wunderbare Gesetz" abschließt (Gedichte II, S. 416) und „Ein Lebenslied" am Ende des Buches „Das Jahr des vierblättrigen Klees" (Gedichte II, S. 465f.).

sen das tiefe Bedürfnis dieses Dichters erkennen, sich seiner selbst immer wieder aufs neue zu vergewissern: Rechenschaft zu geben, Bestätigung zu erlangen, sich in der Gewißheit zu bestärken, den richtigen Weg für sich entdeckt und ihn folgerichtig begangen zu haben. Kernprobleme sind dabei die - nicht ausdrücklich gestellten - Fragen nach dem Sinn des Lebens und nach der Möglichkeit, der Vergänglichkeit, dem Tod hoffnungsvoll zu trotzen.. Im Umkreis jener Rückblicke und Lebenslieder liegen Gedichte mit Auferstehungsmotivik, gebetartige Anrufungen eines persönlichen (aber nicht durch ein konfessionelles Dogma gesetzten) Gottes, den Fürnberg in Zeiten besonderer Bedrängnis als das wünschbare allmächtige, helfend-rettende Wesen evoziert. Zu diesen Texten gehört nicht zuletzt der mit Recht vielgerühmte „Epilog", ein gültiges, bleibendes Gedicht, das den Tod zugleich bejaht und verneint, in Naturbildern einem Naturgesetz widerspricht - Louis Fürnbergs Gegenstück zu dem Epitaph Rilkes, an dessen letzter Ruhestätte er im Frühjahr 1948 andächtig gestanden hat. Das Gedicht „Raron. An Rilkes Grab", das zu den schönsten im letzten Lyrikbuch „Das wunderbare Gesetz" zählt, hat diesem erfüllten Augenblick Dauer verliehen.

Der bei weitem bedeutendste, stofflich und gestalterisch am reichsten entfaltete Rückblick Fürnbergs, nicht zufällig zwischen den Zeiten, am Ende des Exils und vor dem Antritt der Heimreise begonnen und auch gleich weitgehend fertiggestellt, ist das dreiteilige zyklische Buch „Der Bruder Namenlos", eine lyrische Rekapitulation seines geistig-künstlerischen Weges und zugleich eine sehr pietätvolle, dabei selbstbewußte Antwort auf das „Stunden-Buch" des verehrten böhmischen Landsmanns Rainer Maria Rilke, zu dem der Autor als Siebzehnjähriger so sehnsüchtig-hochgemut wie demütig bis in die französische Schweiz gepilgert war.

Die besagte „Skizze" hat nun zwar nicht die Aura außerordentlicher Formkunst, um die es Fürnberg ohnedies kaum zu tun ist; es versammelt aber charakteristische Motive und weist einige Wendungen auf, die volle Aufmerksamkeit verdienen:

Meine Wiege stand im mährischen Land,
Böhmen hat mir das Herz verbrannt,
ein Feuer von Konstanz hat mich verzehrt,
ein Ruf aus Petrograd leben gelehrt.

Knabe nachts über Bücher gebeugt,
hab ich mir selbst eine Welt gezeugt,
traumtiefe Glocke, wie klang sie mir nach,
ach welche Trauer, als sie zerbrach.

Jahre des Suchens, mir selbst zur Last,
Einsamen war ich ein einsamer Gast,
stumm, ohne Lied, in den Schenken beim Wein
nährte der Zecher sein Einsamsein.

Aber das Leben war hold und es schmolz
Eisberg um Eisberg, törichten Stolz,
Sterne, heller als je es sah,
blinkten dem Herzen zum Greifen nah.[9]

Die „Skizze“ scheint chronologisch vorzugehen; besonders die Einsätze der Strophen stiften diesen Anschein. Die ersten drei erinnern: das Land der Geburt, das heimliche nächtliche Lesen des verträumten Knaben, seine späteren Jahre des Suchens. Mit der adversativ angelegten vierten Strophe wird dann viel Zeit gerafft und in der Richtung auf die Gegenwart des Sprechers bilanziert. Nicht wenig von dem, was Fürnberg hier in kargen Andeutungen skizziert, ist an anderen Stellen seines Werks in verschiedenen Formen expliziert, nicht nur in vielen Gedichten des Zyklus „Der Bruder Namenlos“ und in den ihm zuzuordnenden Nachlaßgedichten, sondern auch in einer Reihe von schönen Prosastücken: in Stücken eines leider nie ausgearbeiteten autobiographischen Romans, in anderen nachgelassenen Texten, in etlichen Skizzen und Etüden des erst posthum erschienenen, aber weitgehend noch vom Autor selbst mit glücklicher Hand zusammengestellten Buches „Das Jahr des vierblättrigen Klees“.

Was aus all diesen Arbeiten ersichtlich wird, läßt dem Leser die folgenden Schlüsse auf die Lebenswirklichkeit zu: Louis Fürnberg, dessen leibliche Mutter schon bald nach seiner Geburt gestorben ist, wuchs unter recht ungünstigen familiären, sozialen und geschichtlichen Bedingungen auf. Äußerst sensibel, schwächlich und anfällig, fühlt sich das Kind in seiner Umwelt nicht geborgen und zuinnerst einsam. Das väterliche Haus, auf dem wachsende Schulden lasten, bietet ihm weder die nötigste menschliche Wärme noch angemessene geistige Anregungen und Stüt-

[9] Gedichte II, S. 263.

zen. Als er fünf Jahre alt ist, beginnt der Weltkrieg, dessen Widersinn auch in der böhmischen Provinz bald immer spürbarer wird: Der sonst weltweit gefragte Kurort Karlsbad verliert ganz gewaltig, und die Nöte der kleinen Leute prägen immer deutlicher das Alltagsleben. Der Knabe Louis gewöhnt sich, aus der ihn bedrückenden Wirklichkeit zu fliehen: Er liest Andersens Märchen und was immer ihm in die Hände fällt, und er träumt am Klavier, das nur ins Haus kommt, weil es eben dem Prestige eines kleinen Fabrikanten dient. Dem Kind allerdings wird dadurch eine wahre Wohltat zuteil: Das tägliche stundenlange Spiel mit dem Instrument weckt und reizt und nährt die Musikalität des Jungen, und das sollte sich für ihn später als höchst hilfreich, im Grunde gar als lebenswichtig erweisen.

Vorerst freilich bleibt dem Heranwachsenden rätselhaft, wie er mit dem Leben zurechtkommen soll. Der Besuch des Karlsbader Gymnasiums führt an keinen Beruf heran. Die Ausbildung zum Kunstkeramiker in der nahen Pozellanfabrik scheitert schon bald an der Physis der jungen Mannes: Er leidet an Lungentuberkulose und lebt viele Jahre in der Erwartung des baldigen Todes. Die längst aufgekeimten poetischen Ambitionen führen ihn in einen Zirkel junger Leute, der sich im nahen Neurohlau alle Wochen trifft, um nach dem hohen Muster des Kreises um Stefan George ein selbstgenügsames, vermeintlich unpolitisches Künstlertum zu zelebrieren, ohne jedoch von reaktionären Einflüssen frei zu bleiben. Nach dem Erwachen seines sozialen Gewissens hat Fürnberg diese kleine Provinz-Bohème und seine Teilhabe daran immer wieder mit tiefer Ironie erinnert.

Was er in den Jahren des Suchens, die er zum Teil in der „Einsamkeit der großen Städte“[10] verbrachte, schließlich gefunden hat, wird in der „Skizze“ durch die Wendung „Ruf aus Petrograd“ symbolisiert. Nach einer ersten politischen Lehrzeit in der Knollschen Porzellanfabrik und in der „Sozialistischen Jugend“, deren Karlsbader Treff gleich dem väterlichen Hause gegenüber lag und dem späteren Vortragskünstler die frühesten Gelegenheiten bot, sich zu erproben, wurde der erst Neunzehnjährige in Prag von dem vier Jahre älteren Genossen Heinz Frank zum Eintritt in die Kommunistische Partei der Tschechoslowakei bewogen. Ihm schreibt er fast dreißig Jahre später, unter dem Eindruck des XX. Parteitags der KPdSU, den er als Befreiung und Aufbruch erlebt: *Ich kann Dir nicht sagen, Heinz, wie ich Dir dafür danke, daß Du es warst, der mich in die Partei brachte [...] und daß Du es gewesen bist, der uns junge Intellektuelle zwang, den Marxismus zu lernen und Lenin zu studieren. ‚Staat und Revolution‘ erhielt ich von Dir. Ich sehe noch heute die rote Broschüre vor mir, und von Dir erhielt ich auch die*

[10] Der Bruder Namenlos. Gedichte II, S. 47. Das Zitat ist dort, als Teil einer Anfangszeile, in Versalien gesetzt.

Gedichte Tollers, Bechers, Mühsams, Weinerts.[11] Durch diesen Brief, der sich hier nur zum kleinsten Teil zitieren ließ, wird offenbar, wie persönlich vermittelt der „Ruf aus Petrograd" war und wie eng verknüpft mit dem Angebot eindrucksvoller literarischer Muster, mit dem Aufweisen neuer dichterischer Wege und Möglichkeiten. Der Umbau des versverliebten, von weit abgehobener Schönheit träumenden Poeten zum Mitstreiter derer, die sich das Ziel gesetzt hatten, eine sozial gerechte Welt zu erkämpfen, konnte beginnen, und er vollzog sich dann zwar nicht ohne Konflikte, aber doch verhältnismäßig rasch und endgültig.

Wir sind damit von der Ausdeutung der oben zitierten „Skizze" weder ab- noch mit ihr zum Ende gekommen. Aus ihr hervorzuheben bleibt vor allem noch das gewichtige, in der ersten wie in der letzten Strophe eingesetzte Motiv des Herzens, das in Fürnbergs Exil-Schaffen ziemlich schnell eine zentrale Stellung und universelle Bedeutung erlangt hat. Es versinnbildlicht die ausgeprägte Emotionalität, die für Fürnberg kennzeichnend ist. In seiner reifen poetischen Sprache ist das Herz, ganz in der böhmischen Tradition, das omnipotente Organ des Denkens und Fühlens, die vergegenständlichte Seele, die Mitte aller Menschlichkeit.[12] Auf andere Art ähnlich wichtig ist das Sterne-Motiv, das bei Fürnberg schon von Anfang an eine Rolle spielt. Es entwickelt sich im Exil zu einem leitmotivischen Symbol, dem ganz unterschiedlicher Sinn abgewonnen wird. Wo die Sterne nicht, wie im Naturgedicht, einfach ästhetisch reizvolle Himmelskörper sind, werden sie von Fürnberg gern zur Polemik genutzt: Obschon er selbst zeitlebens dem Schönen huldigt, fühlt er sich als ein politisch engagierter Künstler strikt gehalten, alles Künstlertum und Kunst-

[11] Fürnberg an Heinz Frank, 23. 2. 1956. Briefe II, 227f.

[12] Als erstes wichtiges Zeugnis ist das große Gedicht „Im Park von Monza" zu nennen (Gedichte I, S. 247-253); allein sein Wortmotiv Herz und Ableitungen finden sich in den lyrischen Texten der folgenden siebzehn Jahre bis zu Fürnbergs Tod hundertfach, in zahlreichen Gedichten ganz zentral. Hier sei wenigstens verwiesen auf: „Wenn einem das Herz so überfließt" (Gedichte I, S. 364), „Ich habe nichts als mein heißes Herz" (Gedichte I, S. 387), „Ein Judenlied" (Gedichte I, S. 400), den 7. Teil der „Spanischen Hochzeit" (Gedichte I, S. 442f.), „Nichts ist schöner als des Menschen Herz" (Gedichte I, S.503) sowie „Das Herz des Sir Dabbelyou" (Gedichte I, S. 504f.) aus dem Zyklus „El Shatt", den Zyklus „Der Bruder Namenlos" (Gedichte II, S. 9ff.), „Ein Lied vom Menschen" (Gedichte II, S. 127-130), „Gang durch die Heide" (Gedichte II, S. 139-148), „Sein Herz, von einem Traum genährt" (Gedichte II, S. 161), „Soldat des Herzens" (Gedichte II, S. 167), „Dem Gotte" (Gedichte II, S. 239), „Heimkehr" (Gedichte II, S. 288-293), „Wenn einem das Herz weh tut" (Gedichte II, S. 296f.), „Liebeslied" (Gedichte II, S. 389). Das Herz-Motiv ist auch in einem beträchtlichen Teil der aus dem Tschechischen nachgedichteten Lyrik enthalten; so bei Biebl (Gedichte II, S. 491), Hora (Gedichte II, S, 499), Kohout (Gedichte II, S. 501), Kundera (Gedichte II, S. 503), Nechvátal (Gedichte II, S. 509), Sova (Gedichte II, S. 526), Vrchlický (Gedichte II, S. 535) und Wolker (Gedichte II, S. 537).

schaffen zu denunzieren, das sich - zumindest in seinen Augen - im Namen bloßer Schönheit von politisch-moralischer und sozialer Verantwortung dispensiert. Was er den reinen „Dienst an den Sternen“[13] nennt, lehnt er mit aller Entschiedenheit ab. Das hindert ihn jedoch keineswegs daran, das Sterne-Symbol gelegentlich auch zur betonten Rühmung von großer Kunst einzusetzen, es also in konträrer Bedeutung zu nutzen. Ein besonders eindrucksvolles Beispiel dafür findet sich in seinem Hymnus auf den von der Guardia Civil des Generals Franco hingemordeten Dichter Federico García Lorca. Mit diesem Hymnus beginnt Fürnbergs Poem „Die spanische Hochzeit“, die lyrische Summe seines Erlebens der ganzen Zeitgeschichte vom Spanienkrieg bis zur Gegenwart. In diesem einleitenden Hymnus auf den großen spanischen Dichter heißt es:

Immer wird ein Fragen sein, ein Staunen,
um seinen brennenden Katafalk.
Eingehüllt in sein Bahrtuch aus Kalk
steht er im Glanz der Aureole.
Denn die Sterne, die er sang,
brannten die Bösen wie Feuer.
Sie spürten den drohenden Trommelklang
im trunkenen Abenteuer.[14]

Ein letzter Rückgriff auf die vierstrophige „Skizze“ von 1950 ist unumgänglich. Ihre chronologische Grundstruktur wird gleich innerhalb der ersten Strophe höchst auffällig durchbrochen: Die asyndetisch gereihten Zeilen nehmen sprunghaft vorweg, was sich mit Sicherheit erst nach der Kindheit ereignet hat. Als emotional besonders geballte Ladungen stechen die Verse 2 und 3 hervor: *Böhmen hat mir das Herz verbrannt, / ein Feuer von Konstanz hat mich verzehrt* [...][15] Was spricht sich in diesen dramatischen, hyperbolischen Zeilen aus? Es ist nichts anderes als die auf neue Weise schmerzhaft gewordene, selig-unselige Liebe zu Böhmen. Ihre Geschichte bleibt nun zu verfolgen.

---

[13] Der Bruder Namenlos. Erstes Buch. SIE AHNTE UND AHNTE NICHT. Gedichte II, S. 26 Vgl. auch die Äußerung, die der Autor dem Casanova seiner „Mozart-Novelle“ zuweist, daß [...] *der Sinn der Kunst nicht sein kann, dem Leben zu dienen, sondern nur den Sternen, die darüber scheinen...* (Prosa I, S. 378).
[14] Gedichte I, S. 432.
[15] Siehe Anm. 8.

Sie vollzieht sich bis 1945 in zwei großen Etappen. Das Vorspiel mit der Rolle des bemühten Bohèmiens im provinziellen Neurohlauer Zirkel zählt nicht. In dieser Zeit gibt es zweifellos ein stark regionales Heimatgefühl, eine unreflektierte Beziehung zu Landschaft und Natur in der nächsten und weiteren Umgebung Karlsbads. Die für den Dichter Fürnberg bedeutsame bewußte Liebe zu Böhmen entsteht und entwickelt sich, indem das junge Mitglied der KPČ auf dem Boden dieses Landes für dessen Veränderung und für dessen Verteidigung zu wirken beginnt. Indem er mit seiner Spieltruppe „Echo von links“[16], später mit der Agitproptruppe „Neues Leben“ und allen ihnen verfügbaren (künstlerischen) Mitteln an zahlreichen Orten, in den von der Weltwirtschaftskrise besonders betroffenen Gebieten, vor Arbeitern und Arbeitslosen und Armen, vor einem Publikum auftritt, das allmählich nach Tausenden zählt, erlebt er genau das, was er dann in der „Spanischen Hochzeit“, wenn er das Aufstehen der Menschen in den okkupierten Ländern gegen den deutschen Faschismus begeistert besingt, wiederholt in die Worte faßt: *Heimat war anders und Vaterland!*[17] Lange bevor Böhmen von ihm als Thema verbalisiert wird, verbindet er sich durch seine politisch motivierte künstlerische Arbeit fest mit diesem Land und seinen Bewohnern. Ob er nun für sie in kräftigen agitatorischen Versen Tagesereignisse interpretiert oder Marschrichtungen und Ziele formuliert, ob er Hitler und Henlein persifliert, lokale Großkapitalisten attackiert, Tun und Lassen der Prager Regierung kritisiert oder in frechen Songs gegen die herrschende soziale Ungerechtigkeit und die konservierenden konservativen Botschaften des Vatikans angeht - immer kommuniziert er dabei aufs engste mit den böhmischen Menschen im Interesse ihrer Zukunft und der ihres Staates. Ein tschechisches Publikum, das die deutsche Sprache ja ungleich besser beherrscht als das deutsche die tschechische Sprache, ist davon nicht ausgeschlossen. Zur Heimat in der Heimat wird die Kommunistische Partei der Tschechoslowakei für Louis Fürnberg ja nicht allein dadurch, daß sie ihm das Leben in einer verschworenen Gemeinschaft Gleichgesinnter ermöglicht, daß sie ihm stärkende und stützende Freundschaften auf Lebenszeit und seinem Talent sehr günstige Entfaltungsmöglichkeiten verschafft, daß sie ihn gleichsam mit Themen und Stoffen versorgt, den Ausbau seiner Formensprache herausfordert, sondern auch und ganz besonders deshalb, weil sie die einzige politische Kraft des Landes ist, die schon in sich selbst beide Nationalitäten vereinigt, mithin die einzige Massenbasis für den ebenso schweren wie lebensnotwendigen Kampf gegen den auf beiden Seiten, unter den Deutschen wie unter den Tschechen, grassierenden Nationalismus ist. Er kämpft fieberhaft; ohne sich zu schonen; und

[16] Reden Aufsätze I, S. 13-15.
[17] Gedichte I, S. 447.

wahrhaftig nicht allein; es gab damals ganz beträchtliche linke Kräfte in wichtigen deutschsprachigen Teilen Böhmens und Mährens. Sie alle aber vermochten leider nicht zu verhindern, was durch die Versäumnisse und Fehler der in Prag betriebenen Nationalitätenpolitik und durch die politische Verführbarkeit der meisten Sudetendeutschen begünstigt, seitens Hitlerdeutschlands mit Hilfe von Geld, Presse, Rundfunk und Agenten vorbereitet, von Großbritannien und Frankreich sogar gutgeheißen und von der eingeschüchterten, zögerlichen, schließlich verräterisch zu nennenden Regierung hingenommen wurde: die als Akt glücklicher Befriedung ausgegebene Liquidation der Tschechoslowakischen Republik, ein Vorgang, der dann, nach kurzem Zwischenspiel, schon im Frühjahr 1939 mit der diktatorischen Errichtung des sogenannten Protektorats Böhmen und Mähren zum bösen Ende kam.

In der letzten Phase dieses vergeblichen Kampfes hatten Texte Fürnbergs schon genau und ausdrücklich auf die drohende Gefahr reagiert. Mit seiner Kantate zum Neudeker Volkstag 1937 beweist der junge Dichter seinen Durchblick wie seine Fähigkeit, klar und überzeugend zu sagen, worum es geht. Er führt das demagogische Geschwätz von Blut und Boden ad absurdum, zeigt auf *die großen Räuber, die den Krieg bereiten, / den Krieg, der uns und unsre Heimat schlägt* und deckt ihre wahren Motive auf: [...] *nicht Heimatliebe ist's, die sie bewegt. / Habsucht und Gier! So stand's zu allen Zeiten!*[18] Und in der „Festlichen Kantate" für den Volkstag in Reichenberg 1938, die mit einer visionären Darstellung des Kampfes der Wahrheit gegen die Lüge beginnt, setzt Fürnberg als Refrain des anschließenden Sprechchors den ins Staatswappen integrierten Wahlspruch der Republik ein, den jedes Kind, ob in Tschechisch oder in Deutsch, kannte und erkannte: „Die Wahrheit siegt!"[19] Ein anderer Sprechchor geht dann gegen den gefährlichen Bruderzwist in Böhmen an. Wer wenigstens eine Ahnung von der aggressiv antitschechischen Presse und Literatur der Sudetendeutschen aus jener Zeit hat, der wird hoch zu schätzen wissen, was Fürnberg leistet, indem er, nun freilich fast schon in letzter Stunde, die Erinnerung an „Kudlich und Hus"[20] wachruft, um das dringendst gebotene, einzig und allein noch Rettung versprechende brüderliche Miteinander der deutschen und der tschechischen Werktätigen zu inspirieren:

[18] Ins neue Leben. Gedichte I, S. 171.
[19] Gedichte I, S. 176.
[20] A. a. O., S. 177.

Uraltes Land, mit Schweiß und Fleiß bestellt,
Tschechen und Deutsche pflügten dieses Feld,
Furche an Furche zogen sie den Pflug
und stöhnten beide, wenn der Herr sie schlug,
in gleicher Fron, in gleichem Kampf vereint:
der Feind des einen war des andern Feind![21]

Noch ehe der Staat zerstört wird, dessen Bürger und Verteidiger er ist, hat sich der sudetendeutsche Kommunist Louis Fürnberg vor der Weltöffentlichkeit als ein auf der Höhe der Zeit stehender, aus beispielhaftem Verantwortungsbewußtsein handelnder tschechoslowakischer Dichter gezeigt.[22]

Was er in den zwölf Jahren seit der Publikation vereinzelter früher, sehr vorläufiger Gedichte geschaffen und geschafft hat, ist außerordentlich viel und doch zugleich, wie es scheint, außerordentlich wenig. Nicht nur manches mehrbändige Literaturlexikon weiß absolut nichts von Fürnberg anzuzeigen; nein, auch die umfassendste, an Namen, Titeln und Zitaten ungemein reiche Darstellung der deutschböhmischen Literatur aus dem Zeitraum 1900 bis 1939 bietet bloß Erwähnungen seines Namens, nicht die mindeste Information über seine Arbeit bis zum Ende der Ersten Republik.[23] Nun ist Fürnberg, der ohnehin nicht zu den Großen gezählt wird, freilich bis dahin noch längst nicht zur Entfaltung aller seiner Möglichkeiten gekommen, hat er vieles in Eile und nur für den Tag geschrieben. Und die den Umständen entsprechend bevorzugten Genres waren ja oft gerade für die akustische Wirkung gemacht, nicht für den Druck. Aber Fürnberg wollte auch in dieser Phase nicht bloß Trommler und Agitator, sondern zugleich und darüber hinaus wirklich ein Dichter sein und Werke schaffen, die den Tag überdauern und in veritablen Büchern zu erscheinen vermöchten. Er betätigte sich auch als Hörspielautor und Dramatiker, konnte 1933 und 1936 kleine Sammlungen von Songs, Liedern und Gedichten, 1935 eine Dichtung nach Salomos Hohemliede und 1939 seine phantastisch-realistische Prosa-Arbeit „Das Fest des Lebens“ veröffentlichen, auch optisch

[21] A. a. O., S. 176f.

[22] Kein Geringerer als Heinrich Mann hatte den Veranstaltern ein engagiertes Grußschreiben übermittelt, das die „Volks-Illustrierte“ veröffentlichte. In seinem Aufsatz „Kultur“, der in der „Deutschen Volks-Zeitung“ vom 26. Juni 1938 erschien und in seinen Essayband „Mut“ aufgenommen wurde, geht er mit starker Sympathie und mit Nachdruck auf das Ereignis ein. Heinrich Mann, Verteidigung der Kultur. Antifaschistische Streitschriften und Essays. Berlin und Weimar 1971, S. 162-167 sowie S. 505.

[23] Vgl. Josef Mühlberger, Geschichte der deutschen Literatur in Böhmen 1900-1939, Wien 1981, S. 182, 385 und 388.

ein ausgesprochen ansehnliches Buch. Bleibendes oder wenigstens nachhaltig Weiterwirkendes schuf Louis Fürnberg in den dreißiger Jahren allerdings insbesondere als Liedermacher. Diese seinerzeit noch nicht verfügbare, erst von Wolf Biermann eingeführte Bezeichnung ist dennoch mit vollem Recht auf Fürnberg anzuwenden. Grund dafür geben vor vielem anderen schon allein die beiden Lieder „Du hast ja ein Ziel vor den Augen" und „Das neue Leben muß anders werden", die in der DDR Jahrzehnte hindurch unzählige Male und von Millionen gesungen worden sind. Worte und Weise, eine aus dem gleichen Herzen kommende Einheit, vermochten in beiden Fällen sehr zu überzeugen, bis die geschichtliche Realität diesen schönen Liedern den Resonanzboden gründlich entzog und sie zum Verstummen brachte.

Fürnbergs böhmische Musikalität ist wohl überhaupt, im engen Zusammenwirken mit dem Hang zur Wortkunst, die wichtigste Komponente seines Künstlertums. Hatte sich schon das Kind am Klavier tief in die musikalische Welt der Wiener Klassik eingelebt, so wuchs der junge Künstler, leidenschaftlicher Klavierspieler, an jeglicher Gelegenheit zu vierhändigem Spiel interessiert, das Auszüge von anspruchsvollen Orchesterwerken erklingen machen kann, dann im intimen Umgang mit der tschechischen Musik und vor allem mit dem ganz besonders geliebten Mahler heran. Sehr bezeichnend ist, daß der Dichter dem „Zweiten Stück" seiner eben erwähnten Novelle „Das Fest des Lebens" ein in dieser Form wohl einzigartiges Motto voranstellt; es lautet: „Gustav Mahler, Symphonie Nr. 2 in c-Moll"[24]; und die tiefe Korrespondenz zwischen Mahlers „Auferstehungssinfonie" und der Fürnbergschen Vision des Jüngsten Gerichts bietet ein prägnantes, repräsentatives Beispiel dafür, wie sich die Affinität des Komponisten zur Poesie in der Affinität des Poeten zur Musik fruchtbringend spiegelt und fortsetzt.

Übrigens blieb, was Fürnberg mit seiner Spieltruppe „Echo von links" leistete, nicht nur innerhalb der böhmischen Provinzen wirksam; es strahlte erstaunlich weit aus: Im Mai des Jahres 1933 beteiligte sich die Truppe an der Ersten Olympiade internationaler Arbeitertheater in Moskau, wo sie den Ersten Preis errang, und im September an dem Ersten Weltfriedenskongreß der Jugend in Paris. Ihr in der Hauptstadt der Sowjetunion präsentierter Text wurde in mehrere Sprachen übersetzt und von Arbeitertheatern verschiedener Länder nachgespielt. Allein konnte Fürnberg mit Vorträgen, singend und rezitierend, auch wiederholt in der Schweiz auftreten, wo er treue Freunde gewann.

---

[24] Prosa I, S. 12. Das „Zweite Stück" trägt die Überschrift „Das jüngste Gericht".

Aber seine Reisen über die Grenzen hinweg, selbst die einige Wochen lang beglückt genossenen Schönheiten des Tessin, in dem er einen erlebnisreichen Genesungsurlaub verbrachte, lockerten seine Verwurzelung in Böhmen nicht im geringsten. Wie tief und fest sie gerade durch die heimatlichen Tourneen des kämpfenden Künstlers geworden war, sollte sich in seinem nächsten Lebens- und Schaffensabschnitt erweisen, schon auf dem Leidensweg durch die deutschen Gefängnisse, dann erst recht und vielfältig in den langen, bangen Exiljahren. Einer lyrischen Epistel des Gefangenen an die unerreichbare Geliebte reihten sich Strophen an, in denen sich gleich ein durchgängiges Muster poetischen Vergegenwärtigens der Heimat ausprägt: der Dichter sieht, was der Gefangene nicht sehen kann. Hier sind es Attribute einer nicht verorteten Natur, wie sie aber seinerzeit im ländlichen Böhmen allenthalben anzutreffen war:

Die Amsel ruft von früh bis spät
und Rosen blühen dort am Strauch
und eine Wiese wird gemäht...
der Duft von Heu kommt angeweht,
von Korn und Feldmohn auch...[25]

Muß sich dann das Präsens solcher Zeilen nicht allmählich durch den zeitlichen und räumlichen Abstand des Dichters von seiner Heimat ins Präteritum verwandeln? „Morgen in der Fremde“ aus dem Jahr 1940 scheint diese Tendenz anzudeuten. Der Dichter entsinnt sich zunächst der Schönheit vieler Morgen in der Vergangenheit, und bevor er am Ende den schweren Morgen in der fremden Gegenwart beschreibt, zeichnet er in der Mittelstrophe das heimatliche Idyll:

In meiner Heimat lag der junge Tau
im Nebelmatt der morgenfeuchten Wiesen.
Der Frühwind kam und seine kühlen Brisen
wiegten die blumenbunte Sommerau.
Der Himmel himmelblau.[26]

Doch Fürnberg hat das Träumen von Grund auf und ein für allemal gelernt. Das sechteilige Gedicht „Im Park von Monza“ verschränkt nicht nur Elegisches mit gegenläufigem Hymnischem, sondern verknüpft auch die sichtbare Wirklichkeit des oberitalienischen Parks mit der vergegenwärtigten Landschaft Böhmens und Prags:

[25] Sommer 1939. Gedichte I, S. 227.
[26] Gedichte I, S. 232.

Teil 1 wird dadurch strukturiert, daß mittels vierfacher Anapher vorgestellt wird, was *jetzt*[27] in der Heimat sichtbar vor sich geht. Teil 2 führt dann die fremde Landschaft vor Augen, in der sich der Träumer, auch gerade jetzt, bewegt.[28] Äußerst konzentriert wird dieses Verfahren in dem thematisch besonders gewichtigen Gedicht „Böhmen" (1939) wirksam. Die kleine Trilogie ist übrigens der einzige Text, mit dem Fürnberg in der bei Reclam in Stuttgart erschienenen Anthologie „Lyrik des Exils"[29] vertreten ist. Das *Wir* dieser Verse vermittelt dem eingeweihten Leser sofort zwingend die Vorstellung von Fürnberg und seiner Frau, steht aber natürlich für alle, denen die Bilder der Heimat immer vor Augen sind:

Wenn wir nachts durch fremde Straßen gehen
und uns fröstelt und wir heimverlangen,
fremder Sprache Laute uns umwehn
und wir mit den Augen Sterne fangen

träumen wir sie über dem Hradschin,
und wir stehn und schauen lang und grüßen
stumm die schönste Stadt zu seinen Füßen,
unsre Mutter Prag, die Dulderin.[30]

Der Schlußteil des Gedichts bringt die unverlierbare Beziehung des lyrischen Subjekts zu Böhmen mit paradoxer Präzision zum Ausdruck:

Fern sind wir,
doch nimmermehr vertrieben,
Wo wir sind,
wir sind daheim geblieben.[31]

Dem Exilschaffen Louis Fürnbergs mangelt es wahrlich nicht an Weite und Vielfalt. Er verarbeitet seine eigenen Erfahrungen aus der Haft, reagiert auf das Weltgeschehen zwischen Spanienkrieg und dem Sieg der Alliierten über den deutschen Faschismus, vor allem auf den sowjetischen Anteil daran, bewältigt schreibend schwere Stunden und Anfechtungen, arbeitet mehr denn je an epischen Projekten, leistet

[27] Gedichte I, S. 247.
[28] A. a. O., S. 248.
[29] Wolfgang Emmerich und Susanne Heil (Hg.), Lyrik des Exils. Stuttgart 1985.
[30] Gedichte I, S. 244.
[31] Gedichte I, S. 245.

im Rahmen des Jerusalem-Book-Clubs aufwendige kulturpolitische Tätigkeit, erarbeitet dafür eine ganze Reihe von Vorträgen über breit gefächerte Gegenstände, zu denen unter anderen Karl Kraus, Rilke, Werfel und Kisch, sein Leidensgenosse Arnold Zweig, Exilant in Haifa, Romain Rolland und Lew Tolstoi gehören. Schließlich kommt er auch nicht umhin, sich aus Sorge um die finanzielle Basis der Familie zeitweilig vom britischen Mittelmeersender engagieren zu lassen, der die deutschen Soldaten zu erreichen sucht. Die Heimat, die Erinnerung an sie, die Sehnsucht nach ihr, das Vorausdenken bis zur Heimkehr und darüber hinaus lassen Fürnberg jedoch bei alledem nicht los. Als sich 1943 eines Morgens Jerusalem im Schnee[32] zeigt, sieht der Dichter sofort die Heimat vor sich, doch diesmal nicht das geliebte Prag, wie in den Gedichten „Mailand", „Prag 1939", „Herbstlied im Kriege", „Gesang von den vier Herbsten", „Abschied im Exil". In das verschneite Jerusalem projiziert Fürnberg nun einen Winkel des böhmischen Erzgebirges, einen guten Ort für die Verwandlung von sehr bestimmten Erinnerungen in Bilder einer erhofften und bereits für gesichert gehaltenen Zukunft. Der Autor erscheint da plötzlich wieder als der „Nuntius"[33] der dreißiger Jahre, der mit der Spieltruppe „Das neue Leben" im voll besetzten Gasthaussaal auftritt, sich ans Klavier begibt, im Publikum aber neben dem Freund Kuba seine Frau sitzen sieht, den Sohn Mischa auf dem Schoß haltend, der singt und mit leuchtenden Augen zu seinem Vater blickt. Die Verse ziehen Vergangenheit, Gegenwart und Zukunft in eins zusammen.

Die bislang überschauten Texte aus dem Exil sind durchweg Gedichte, die nach und nach in spätere Auflagen der zunächst sehr schmalen, 1943 in London edierten Sammlung „Hölle Haß und Liebe"[34] eingehen konnten. Neben ihnen entstanden jedoch einige poetische Arbeiten anderen Genres, die für unseren Zusammenhang von ganz erheblichem Interesse sind. Als erste ist der dramatische Text „Böhmische Passion" aus dem Januar 1940 zu nennen, ein Versuch, die Tradition des geistlichen Dramas, des volkstümlichen Passionsspiels, für die sinnfällige szenische Darstellung des Martyriums nutzbar zu machen, als das Fürnberg die Okkupation der böhmischen Länder durch das Deutschland Hitlers deutet. Sujet ist im Grunde die Vergewaltigung der Tschechen durch die Errichtung des sogenannten Protektorats Böh-

[32] Als in Jerusalem Schnee fiel. Gedichte I, S. 279f.

[33] Nachdem Fürnberg mit der „Antwort an den Papst" (Gedichte I, S. 50f.) und dem Text „Der Radio-Papst" (Gedichte I, S. 52-54) in einen literarischen Diskurs mit dem Vatikan eingetreten war, wurde er von seinen Freunden Nuntius genannt und benutzte diesen Namen dann gern als Pseudonym, das er unter den Bedingungen der bürgerlichen Zensur in der ČSR gut gebrauchen konnte.

[34] Dazu informieren die Anmerkungen in Gedichte I, S. 591f.

men und Mähren, nur daß der Dichter die tradierte Fabel „vom Opfergang und Auferstehn"[35] dazu nutzt, die künftige Befreiung als gewiß eintretende Realität vorwegzunehmen. Der Prolog des „Ansagers" leistet eine Exposition des Ganzen sowie des angewandten Verfahrens, der wechselseitigen Spiegelung von christlicher Mythe und brennender Zeitgeschichte. Am deutlichsten wird das dadurch, daß er „Prag zum Jerusalem" erklärt und als den „Judas Beran" bei seinem Namen nennt.[36] (Rudolf Beran, Vorsitzender der tschechischen Agrarpartei und von Ende 1938 bis März 1939 Ministerpräsident, in diesem Amt an der endgültigen Zerstörung der ČSR beteiligt, wurde 1947 tatsächlich, genau wie Louis Fürnberg es in seinem Spiel vorwegnimmt, als Kollaborateur verurteilt.)

Christi Kreuzigung und Auferstehung wird in dem Bühnengeschehen gleichsam aufgehoben. Der Held des Spiels ist der „böhmische Mensch", nach seinem eigenen Zeugnis Erbe von „Žižka und Hus und Comenius"[37]. Die Häscher, die im Dienst der „Obrigkeit"[38] stehen, lauern ihm auf. Er weiß sich bereits verraten, wird überwältigt und in Fesseln dem „Schuldsprech" vorgeführt, der sich auf die „verräterischen Zeugen" stützt und den Kreuzestod für den fünfzehnten März (den Tag des deutschen Einmarschs in Prag 1939) diktiert. Dem sterbenden Opfer aber läßt der Autor Zeit, noch vom Kreuz herab die neue Freiheit zu verkünden, die sich dann nach seinem Tode zusammen mit seiner Auferstehung ereignet, vom Schlußsatz der 2. Mahler-Sinfonie begleitet, vom Chor bejubelt und vom Ansager dem Publikum abschließend gleichsam bestätigt. Das Spiel, eigens für die tschechoslowakischen Emigranten in England geschrieben, wurde dort unter der Regie von Kuba aufgeführt.

Als ein zweiter Text besonderen Gewichts ist das nachgelassene Manuskript „Der Weihnachtsabend" herauszuheben. Der Autor des Fragment gebliebenen Romans „Der Urlaub" hatte diese Arbeit als ein „Zwischenkapitel des zweiten Buches"[39] gedacht. Sie sollte nachträglich vorführen, wie der Romanheld, der Lehrer Kassner, zum aktiven Antifaschisten wurde. Fürnberg benutzt für dieses epische Porträt sehr viel Stoff des eigenen Lebens. Er bietet ihn in der Form eines Rückblicks dar, den er seinen Helden am Weihnachtsabend des Jahres 1936 auf langen Wegen an den Ufern der Tepl und der Eger anstellen läßt. Das Schreiben dieses

[35] Der böhmische Mensch. Gedichte I, S. 199.
[36] Ebenda.
[37] Gedichte I, S. 204.
[38] Gedichte I, S. 200.
[39] Fürnberg an Gertrud und Karl Kneschke, 17. 6. 1943. Briefe I, S. 211.

Prosastücks war also eine Art Rückkehr in die engste Heimat, nach Karlsbad und Umgebung. Zugleich erwies es sich dann bald als eine durchaus nicht geplante, aber intensive und vorteilhafte Vorbereitung auf den autobiographischen Zyklus „Der Bruder Namenlos".

An dritter Stelle erst, aber mit dem allergrößten Nachdruck bleibt hier die „Mozart-Novelle" einzureihen. Sie ist die Arbeit Louis Fürnbergs, die ungeahnte Auflagenhöhen und die weiteste Verbreitung erfährt. Unentwegt beweist sie, und zudem spielend, daß sie sich neben Eduard Mörikes berühmter, gerade neunzig Jahre früher entstandener Novelle „Mozart auf der Reise nach Prag" behaupten kann. Die schnell enstandende und andauernde Beliebtheit der „Mozart-Novelle", deren sich Fürnberg sicher noch lange würde erfreuen können, ist nicht etwa auf einige wenige stoffliche Gegebenheiten zurückzuführen. Zweifellos wirkt die Allgegenwart und Anziehungskraft Wolfgang Amadeus Mozarts und seiner Musik daran mit. Und Fürnbergs Einfall, den von ihm seit je verehrten und geliebten Komponisten im reizvollen Prag mit dem allbekannten Lebenskünstler und Erotomanen Casanova zusammenzuführen, hat den Kreis seiner Leser bestimmt nicht verkleinert. Mancher Erfolgsstratege von heute möchte vielleicht die erfundene Begegnung für einen raffinierten Trick des Autors halten, der nur dazu dienen sollte, die Leserquoten kräftig in die Höhe zu treiben. Allein, was den Autor im fernen und ihm bitteren Jerusalem wirklich inspirierte, was ihn in den tiefsten Tiefen seiner Seele motivierte, das war gar nichts anderes als die Macht der Nostalgie, das unbezwingbare Heimweh nach dem heimischen Prag, dem letzten Wohnort Fürnbergs vor der erzwungenen Flucht. Zu Prag aber gehörte, zumal für ihn, eben auch unbedingt Mozart, der dort mit seinem „Figaro" Furore gemacht hatte wie nirgendwo sonst und den Pragern im Herbst 1787 zum Dank seine neue Oper mit dem dämonischen Helden Don Juan bringen wollte. Jeder halbwegs aufgeweckte Prager kennt die Bertramka in Smíchov, wo der Wiener Komponist als Hausfreund der Duscheks stets willkommen war, und der weltmännische Casanova hätte sich in den dortigen geselligen Kreisen in jedem Augenblick leicht einstellen können. Denn dieser Kavalier und Abenteurer lebte zu jener Zeit eben im schönen Böhmen, und zwar als Dauergast im Schloß des Grafen Waldstein zu Dux. Dux aber sah Fürnberg gleichsam in Reichweite vor sich liegen: von Prag genau wie von Karlsbad keine hundert Kilometer entfernt. Es kommt freilich noch ein wichtiges Motiv hinzu, das den Autor zur Einführung des Venezianers anregen konnte: Indem er diesen alternden Mann mit der jugendlichen Gestalt Mozarts konfrontiert, übrigens im reich und genau gezeichneten Umfeld eines spannungsvollen, souverän regierten Personenensembles, schafft er sich die Möglichkeit, zwei Welten, zwei grundverschiedene Haltungen, zwei Lebensarten, zwei Auffassungen von Kunst vor den Augen des Lesers in Szene zu setzen, um dessen Nachdenken und Urteil herauszufordern. Fürnberg kann und will dabei seine eigene politische und ästhetische Konzeption nicht verleugnen. Aber indem er sie durch den Genius Mozart vermitteln läßt, bekommt sie hier eine bis dahin in seinem Schaffen unerreicht sublime Gestalt. Den kritikbereiten Leser deutscher Nation dürfte am ehesten die Figur des preußischen Botschaftsrats von Blaskowitz stören, gegen den der Autor eine starke Antipathie spüren läßt. Aber könnte es denn anders sein? So elegant Fürnberg hier erzählt, so sparsam und zugleich genau, so glücklich er seine Figuren und deren beziehungsreiche Dialoge zu führen weiß, so gut es ihm gelingt, bei allem Ernst der vielschichtigen Thematik eine wohltuende Durchheiterung des Ganzen zu erreichen - seine Novelle ist gerade als das Produkt eines ganz persönlichen Heimwehs noch eine Antwort des exilierten Dichters auf die geschichtliche Stunde. Für Fürnberg gilt als ausgemacht: Wer Mozarts Prag, wer sein Prag und wer den böhmischen Menschen schändet, darf auf keinen Fall straffrei ausgehen. Also verurteilt er in dem ungehobelten Gast der Duscheks - ebenso indirekt wie deutlich - jenen General Johannes Albrecht von Blaskowitz, der nach dem Einzug der Wehrmacht in Prag Mitte März 1939 den Oberbefehl über Böhmen erhalten hatte.[40]

Aber wie ungerecht ist dann doch das wirkliche Leben! Gewiß: Hitlers Mann, der im Krieg über Böhmen und Mähren herrschte, endet am Galgen. Er war es ja gewesen, der in streng geheimer Sitzung eines Kreises „politischer Verantwortungsträger

---

[40] Johannes Albrecht von Blaskowitz, geboren am 10. Juli 1883 in Ostpreußen, übernahm auf Befehl Hitlers die vollziehende Gewalt in Böhmen (siehe: Overesch/Saal: Chronik deutscher Zeitgeschichte. Band 2/I, Düsseldorf 1982, S. 514), nahm dann am Überfall auf Polen teil, wurde Oberbefehlshaber Ost und operierte mit verschiedenen Heeresgruppen an der Westfront. Im Nürnberger Prozeß gegen die Kriegsverbrecher stand er unter Anklage. Er endete in Nürnberg durch Suizid am 5. Mai 1948.- Fürnberg befand sich noch in Prag, in der Illegalität, als der General sein Amt demonstrativ mit einer Parade antrat. Der Schriftsteller Ladislav Fuks hat sie so beschrieben: „[...] wie Berlin feierlich den Führer bei seiner Rückkehr aus dem besetzten Prag begrüßte, fand in Prag auf dem Wenzelsplatz eine große deutsche Truppenparade statt. Dutzende leichter und schwerer Geschütze, motorisierte Abteilungen, gepanzerte Fahrzeuge, Panzer, Autokolonnen, Stoßtrupps, Verbände der SS und Polizei - alles in einem Gestank aus Gummi, Dieselöl und Benzin, unter dem Wirbel von Trommeln und dem Gellen von Pfeifen, eine Parade der eisernen Kraft des Dritten Reiches zur Einschüchterung der tschechischen Nation, zur Einschüchterung von uns allen - vor dem damaligen Befehlshaber der Heeresgruppe Drei, der auf einer Tribüne vor dem Hotel Sroubek an der Spitze seines Stabes stand, dem General der Infanterie Blaskowitz..." (Ladislav Fuks, Das Bildnis des Martin Blaskowitz. Berlin und Weimar 1983, S. 45f.).

des Reichsgaues Sudetenland"[41] offiziell und entschieden vertrat, was den Tschechen nach dem Endsieg widerfahren sollte: *die totale Aussiedlung [...] aus Böhmen und Mähren in ein Gebiet außerhalb des Reiches oder* [...] *bei Verbleiben des Großteils der Tschechen in Böhmen und Mähren die gleichzeitige Anwendung vielfältigster der Assimilation und Umvolkung dienenden Methoden nach einem X-Jahresplan.*[42] Egon Erwin Kisch hat den letzten Gang des Karl Hermann Frank mit der gebotenen Kälte beobachtet und beschrieben.[43] Fürnberg aber sieht schon vor dem Aufbruch aus Jerusalem voraus: Tschechen, denen ihre Republik nicht der Mühe wert war, für sie zu kämpfen, werden ohne Mühe ihre Staatsbürgerschaft genießen können. Er selbst hingegen wird, wie andere Antifaschisten aus der ethnischen Gruppe der Deutschen, Mühe haben, das Leben in der erträumten neuen Republik leben zu können. So wie andere Antifaschisten? Nein: Er muß als Dichter doch, anders als die anderen, in aller Öffentlichkeit, laut und vernehmlich, seine Sprache sprechen wollen, die Sprache der verblendeten Wegbereiter Hitlers, der eben erst besiegten verhaßten Okkupanten, und er muß für seine deutsche Sprache auch noch Gehör bei möglichst vielen zu finden hoffen! Wie aber kann das gehen, auf dem blutgetränkten böhmischen Boden, von dem die seit Jahrhunderten darauf lebenden Deutschen nun ein für allemal verjagt werden!?

Wo und wie soll der böhmische Dichter deutscher Zunge weiterleben und -wirken? Ein englischer Brief Fürnbergs an den tschechischen Freund in London erklärt noch vor dem Abschied von Jerusalem: *Ich hasse den Gedanken, in Deutschland zu leben, aber wenn es für mich keine Möglichkeit gibt, in meiner Heimat zu bleiben, muß ich gehen.* [...] *die tschechische Landschaft entbehren zu müssen, den Hradschin, die ganze Prager Atmosphäre, die wundervolle tschechische Art zu leben und zu denken - es wird schlimm für uns sein.*[44] Dann ist es aber doch erst einmal Prag, wo sie mit ihrem tschechisch erzogenen Mischa ankommen und sich neu zu beheimaten versuchen. Der bewegte Alltag läßt nicht viel Zeit zum Grübeln. Fürnberg reist und schreibt für kommunistische Zeitungen in Österreich, der Schweiz, Palästina und anderen Ländern. Wie einst arbeitet er rege an den deutschen Sendungen des Prager Rundfunks mit. Im Jahr 1947 schon können die wichtigsten Erträge seines Exilschaffens erscheinen: die „Mozart-Novelle" in Wien, dann auch in Berlin, „Der Bruder Namenlos" in Basel, und der Dietz-Verlag in Ostberlin, der seine verlegerische Heimat wird, bringt „Die

[41] What they want. Yesterday „Heim ins Reich", today „Recht auf Heimat". Prag 1953, S. 21.
[42] A. a. O., S. 22.
[43] Siehe Egon Erwin Kisch, Die letzten Schritte des K. H. Frank. In: Prager Pitaval. Späte Reportagen. Berlin und Weimar 1980, S. 347-350.
[44] Fürnberg an Ota Hitschmann, 20. 2. 1946. Briefe I, S. 365f.

spanische Hochzeit" sowie eine erweiterte Neuauflage von „Hölle Haß und Liebe" heraus. Als der Februar 1948 die KPÈ an die Macht bringt, wird Louis Fürnberg in das Ministerium für Information berufen; in dem Amt fördert er vor allem mit Eifer und Erfolg die Entwicklung der kulturellen Verbindungen mit Österreich, der sowjetischen Zone Deutschlands und der Schweiz. Seinem Cheflektor schreibt er dann im Sommer: *Wir Kommunisten sind doch eigentlich sehr sehr glückliche Menschen, weil uns unsere Träume nie belügen.*[45] Der Hochstimmung, die sich darin und in manchen Gedichten jener Zeit ausspricht, konnte aber keine Dauer beschieden sein. Gewiß: Seine Berufung in den diplomatischen Dienst gegen Ende 1949 ist ehrenvoll und führt zu erfreulichen Bekanntschaften mit für ihn interessanten Menschen und Einrichtungen in der wenige Monate zuvor gegründeten DDR. Der schwere Konflikt scheint gelöst: Als Erster Botschaftsrat, der seine neue Republik im neuen Deutschland vertritt, ist er zugleich Tschechoslowake mit dem sicheren Hauptwohnsitz in Prag und Dichter deutscher Sprache mit einem erlebbaren deutschen Publikum, von dem er sich angenommen fühlt. Nur fördert die Fülle seiner amtlichen Pflichten, die er gewissenhaft wahrnimmt, auf die Dauer nicht das Dichten. Und was noch weit schlimmer ist: Das Gespenst des Stalinismus geht um; es bringt die heimliche und offene Inkriminierung in westliche Länder Emigrierter mit und vergiftet die Atmosphäre. Von führenden Leuten der eigenen Partei bemißtraut und verdächtigt zu werden und deshalb in Angst leben zu müssen, schließlich, gegen Ende 1952, zurückberufen zu werden und daheim erst recht und zunehmend ein Fremder zu sein, das schmerzt nicht nur; es bedeutet, gerade im Falle des sensiblen Dichters Fürnberg, psychische Belastungen und Schäden, denen solche des Körpers folgen. Er hat zwar das Träumen nicht verlernt und die Kunst der Selbstüberredung erfolgreich kultiviert, doch heilsam wirkt das im Grunde alles nicht mehr. Bestimmte Realitäten lassen sich nicht unbestimmte Zeit hindurch verdecken oder verkennen. Seine wieder und wieder verteidigte und erneuerte Überzeugung, daß die Partei immer recht habe[46], weil sie nichts wolle als den Menschen voll und ganz in sein Recht einzusetzen, kann ihm keine der schweren Stunden ersparen, deren Spuren sich durch seine Aufzeichnungen aus den frühen fünfziger Jahren ziehen; sie haben sich

[45] Fürnberg an Anton Einig, 25. 7.1948. Briefe I, S. 481.

[46] Das Gedicht „Die Partei" (Gedichte II, S. 218-220), 1950 geschrieben, wurde vielfach anders aufgefaßt, als es gemeint war, und erfuhr Kritik von Freund und Feind. Bekräftigungen seiner Grundhaltung finden sich u. a. in Briefen vom 20. 4. 1953 (Briefe I, S. 583), 11. 8. 1953 (Briefe I, S. 612), 15. 8. 53 (Briefe I, S. 616), 19. 11. 1954 (Briefe II, S. 54), 24. 8. 1956 (Briefe II, S. 230) und 30. 5. 1956 (Briefe II, S. 276).

in einer erheblichen Reihe von poetischen und halbpoetischen Notaten mit aller Deutlichkeit niedergeschlagen.[47]

Doch die Liebe zu Böhmen läßt dabei durchaus nicht nach. Verständlicherweise prägt sie sich nur von nun an seltener und viel verhaltener aus als im Exil. Einer Strophe wie der folgenden aus dem Jahre 1949 reiht sich später nichts Vergleichbares mehr an:

> *In diesem Land, wo ich geboren bin,*
> *erfüllt sich mein Gedicht.*
> *Wo anders könnt ich leben?*
> *Die Sonne Böhmens spendet mir ihr Licht*
> *und Böhmens Erde prägte mein Gesicht*
> *und was ich bin, hat mir dies Land gegeben.*[48]

Nicht mehr lange, und er klagt, Böhmen habe ihm das Herz verbrannt, und ein Feuer von Konstanz habe ihn verzehrt.[49] Deutlicher bekundet er das Martyrium nicht, das er innerlich erleidet. Als Kritiker seiner eigenen poetischen Bemühungen spürt er freilich die Krise, und er teilt sich Vertrauten darüber mit, zweifellos auf Zuspruch und Ermutigung hoffend. Seiner Frau schreibt er im August 1950 aus Karlsbad, er halte die Reime nicht mehr aus; was er jetzt schreibe, sei gewissermaßen aus seinem Fleisch herausgeschnitten und nur so hingemurmelt, aber wahr, und er müsse es schreiben, ob man es drucken wollen werde oder nicht.[50] Knapp sechs Jahre später, genau zwölf Monate vor seinem Tode, bekennt er seinem tschechischen Freund und Kollegen Lumír Čivrný, nachdem er gerade dessen García-Lorca-Übertragung hatte bewundern können: [...] *die eigenen Schreibereien sind armselig, immer mehr empfinde ich meine poetische Belanglosigkeit. Wäre ich zwanzig, würde ich umsatteln und Buchhalter.*[51] Ist das der Ausdruck einer bloß flüchtigen Anwandlung oder Anzeichen einer schon fast zerstörerischen Selbstkritik?

In den Jahren, die zwischen diesen beiden Klagen liegen, haben sich in Fürnbergs Leben tiefgreifende Veränderungen vollzogen. Im September 1953 entschließt er sich, ganz in die DDR zu ziehen. Nachdem er bei Paul Wandel im ZK der SED

[47] Dazu vor allem die Anmerkungen in Gedichte II, S. 559f.
[48] Gedichte II, S. 122.
[49] Wie Anm. 8.
[50] Fürnberg an Lotte Fürnberg, 15. 8. 1950. Briefe I, S. 527.
[51] Fürnberg an Vali und Lumír Čivrný, Ende Juli 1956. Briefe II, S. 312.

vorgefühlt und von dort die offizielle Zustimmung in Aussicht gestellt bekommen hat, beantragt er in korrekten Schritten, zuerst in Prag, dann in Berlin, die Genehmigung zum Wechsel seiner Staatsbürgerschaft. Er weiß sich in Weimar willkommen und will sich auf dem Posten des Stellvertretenden Direktors der Nationalen Forschungs- und Gedenkstätten der klassischen deutschen Literatur besonders für die Bearbeitung des vernachlässigten Feldes der Beziehungen zwischen der deutschen Klassik und den Slawen einsetzen. Im August 1954 ist es so weit: Fürnberg wohnt fortan mit seiner Familie, zu der seit einiger Zeit das Töchterchen Alena gehört, im Süden von Ilm-Athen in der Rainer-Maria-Rilke-Straße. Freunden in Tel Aviv erklärt er, der Plan sei alt gewesen und habe eigentlich schon festgestanden, als er, Louis Fürnberg, aus dem diplomatischen Dienst zurückkam. Er schreibt: [...] *ich stand vor der Alternative, ein tschechoslowakischer Staatsbeamter zu bleiben oder als deutscher Schriftsteller die Konsequenzen zu ziehen und dorthin zu gehen, wo ich meine Leser habe.*[52] Überfordert er sich nun in Weimar aus Freude an dem neuen, spezifischen Amt? Oder aus Heimweh? Oder aus Ehrgeiz und Pflichteifer gegenüber denen, die ihn gern angenommen haben und ihn schon durch ihre fühlbare Hochschätzung außerordentlich stimulieren? Versucht der Dichter eine Flucht aus seinen Schaffenskrisen? Stürzt er sich zu heftig in die Kämpfe, die Brecht auf dem IV. Schriftstellerkongreß der DDR prognostiziert und für die er auch Arbeiten Louis Fürnbergs aus den dreißiger Jahren zu nutzen empfiehlt?[53] Der Schicksalsknoten ist fest geknüpft und nicht mehr auflösbar. Ein Herzinfarkt wird ihn treffen, den gerade auf Urlaub Gefahrenen, mitten in Böhmen, und ein Lungeninfarkt dazu. Keine zwei Jahre später wird er schon nicht mehr sein ...

---

[52] Fürnberg an Lilia und Wolfgang Ehrlich, 23. 9. 1954. Briefe II, S. 25.

[53] Brecht verwies gegen Ende seiner Rede vor der Sektion Dramatik am 12. 1. 1956 auf die Tradition der Agitproptruppen, die wiederzubeleben er für notwendig erklärte. Er forderte deshalb dazu auf, geeignete Texte, Sketche, Songs und Kampflieder verfügbar zu machen, und sagte in diesem Zusammenhang: *Kuba erzählte mir gestern, daß z. B. Fürnberg eine ganze Menge außerordentlich guter Agitprop-Texte geschrieben hat, die man nicht kennt. Man sollte ihn unbedingt bitten, diese Texte herauszugeben, sowohl als Beispiele wie auch als direkte Texte für solche Truppen* (Beiträge zur Gegenwartsliteratur. Herausgegeben vom Schriftstellerverband. IV. Deutscher Schriftstellerkongreß Januar 1956. Protokoll 1. Teil. [Berlin] 1956, S. 157). Den Hinweisen lag Brechts Einschätzung der aktuellen Situation zugrunde: *Die kleine Form gestattet ein direktes Sichengagieren im Kampf. Denn wir werden mit einer Kampfphase rechnen müssen, und wir werden unsere Gemütlichkeit irgendwann ablegen, bekämpfen müssen, zusammen mit anderen kleinbürgerlichen Bestrebungen* (ebenda, S. 160). Fürnberg, den seine Krankheit daran gehindert hatte, am Kongreß teilzunehmen, reagierte unter anderem dadurch, daß er alte Erfahrungen und Mittel in die Gegenwart heraufholte; ein deutliches Zeichen dafür ist das posthum gedruckte Vers-Pamphlet „Kalendergedichte" (Gedichte II, S. 436-441).

Aus dem Land, das ihm das Herz verbrannt habe, war er ausgezogen; ganz schweren Herzens, doch voller Hoffnung. Loskommen von Böhmen konnte er nicht und hat es auch gar nicht wollen können. Kurz vor seiner Übersiedlung hat er sich erst noch eng mit den tschechischen Lesern verbunden, indem er ein umfangreiches Nachwort zu einer Volksausgabe von Goethes Gedichten verfaßte. Und daneben lief die Arbeit an Nachdichtungen tschechischer Lyrik, in die er sich nun so tief einlebte wie noch nie zuvor. An der Auswahl wirkte er selbst mit; sie umfaßt dreiundzwanzig Dichter von Jan Neruda und Petr Bezruč bis František Halas und sogar Verse des jungen Talents Pavel Kohout, der inzwischen längst als ein erfolgreicher Autor bekannt geworden ist. Der großformatige Band, in dem 1954 die Übertragungen Fürnbergs zusammen mit schönen Fotos unter dem Smetana-Titel „Aus Böhmens Hain und Flur" erschienen, war für die folgenden zehn Jahre die reichste Sammlung von deutsch nachgedichteter Lyrik aus der Tschechoslowakei.[54] Und das vom Nachdichter verfaßte Vorwort war alles andere als eine Pflichtübung; es kam aus seinem böhmischen Herzen, ebenso wie jenes Gedicht, das zu den schönsten seines letzten Lyrikbandes gehört und das die Überschrift trägt: Antonín Dvořák, Sonatine op. 100. In den fünf schlichten Vierzeilern klingt zusammen, was sich in Dichtung deutscher Sprache wohl nur bei Louis Fürnberg so harmonisch und melodisch verbinden kann: böhmische Kindheitswelt, böhmische Landschaft und böhmische Musik:

Es war ein Sommerabend,
ich lehnte an der Tür,
drinnen im Zimmer spielten
sie Geige und Klavier.

Die kleine Sonatine
füllte mein Herz wie nie,
über die böhmischen Teiche
zog der Wind der Prärie,

[54] Fürnbergs Nachdichtungen aus dem 1954 im ARTIA-Verlag Prag erschienenen Bildband sind nun, um einige Stücke vermehrt, in der Werksammlung enthalten (vgl. Gedichte II, S.491-543). Der Band „Aus Böhmens Hain und Flur" wurde nach einem Jahrzehnt abgelöst durch die sehr umfangreiche Anthologie tschechischer Lyrik von Franz Fühmann und Ludvík Kundera: Die Glasträne. (Ost)Berlin 1964.

wie am Kartoffelfeuer
wir als Knaben gewacht --
durch den Urwald von Fischern
rauschte indianische Nacht,

schmauchten im Wigwam Pfeifchen
hielten Palaver dazu,
- ach, wie erkenn ich dich wieder,
Antonín Winnetou.

Herz, wie soll ich dich halten,
wo willst du hin mit mir?
Kindheit, o Sonatine,
Lauschender an der Tür---[55]

[55] Gedichte II, S. 397. Das Gedicht wurde am 3. 4. 1954 geschrieben, also noch vor Fürnbergs Übersiedlung nach Weimar.

Dramatische Arbeiten Louis Fürnbergs

VIERA GLOSIKOVÁ

Das dramatische Schaffen Fürnbergs steht bei der Bewertung seines Werkes meist im Hintergrund oder wird doch kaum erwähnt. Mit Recht wird Louis Fürnberg vor allem als Dichter gerühmt. Dessen ungeachtet sind auch seine dramatischen Versuche für das gesamte künstlerische Werk Fürnbergs in vielerlei Hinsicht von Bedeutung.

Ein großer Teil der dramatischen Arbeiten Fürnbergs ist verschollen oder bis heute unauffindbar. Aber auch anhand dessen, was uns zur Verfügung steht, können wir belegen, daß Fürnberg in jeder Phase seines künstlerischen Schaffens sich auf die politischen und sozialen Aspekte seiner Zeit bezog. Er betrachtete seit den zwanziger Jahren die Welt von marxistischen Positionen, die sich in seinem künstlerischen Werk - gewollt oder manchmal auch ungewollt - deutlich spiegeln, läßt man die Liebesgedichte und eine Reihe von persönlich-intimen Versen außer acht.

Dies war wohl der Hauptgrund, daß Fürnberg bei uns in den letzten Jahren beinahe als persona non grata behandelt oder ganz verschwiegen wurde. Mit meinen Ausführungen über Fürnbergs Versuche im Bereich der Dramatik möchte ich nachweisen, in welchem Verhältnis in seinen Dramen das Tendenziöse (Politisch-Agitatorische) zum Künstlerischen (Ästhetischen) steht, und damit beitragen, daß dieser zu jung Verstorbene nicht als unerwünschte Person gelte, sondern in der Geschichte der deutschsprachigen Literatur weiterhin als künstlerisch kämpfende Persönlichkeit seinen Platz einnehmen kann.

Wenn wir die Definition eines tschechischen Philosophen zu Hilfe nehmen, der in Bezug auf das „Gewissen“ zwischen „Person“ und „Persönlichkeit“ unterscheidet, indem *die Persönlichkeit das Gespräch dreier Teilnehmer ein und desselben Ichs darstellt, also eines Klägers, eines Verteidigers und eines Richters, wogegen die Person durchführt, verrichtet, durchsetzt, ohne ihr Gewissen zu befragen*[1], dann dürfen wir tunlichst betonen und im weiteren belegen, daß künstlerisches Schaffen für Fürnberg eine Sache des Gewissens und seines tiefen, die „kleinen Leute“ verteidigenden und schützenden Mitgefühls bedeutete.

[1] Karel Kosík, Über Schamlosigkeit und Demütigung, 1998 (tschechisch).

Die dreißiger Jahre waren für Fürnberg quantitativ gesehen die reichsten Jahre seines dramatischen Schaffens. Die Qualität dieser Versuche können wir nur teilweise beurteilen, weil von vier in dieser Zeit verfaßten Stücken nur eines dem Leser heute zugänglich ist, nämlich „Ein Mensch ist zu verkaufen"[2]. Drei andere Stücke Fürnbergs wurden als Hörspiele bearbeitet und in den dreißiger Jahren im deutschsprachigen Programm des Prager Rundfunks gesendet: „Fall Feme Formis", „Strozzi" und „Begegnung in Erfurt". Von diesen Hörspielen wissen wir aus der zeitgenössischen Presse[3], zum Teil auch aus der Korrespondenz Fürnbergs oder seinen autobiographischen Notizen. Sie informieren uns über den weit gefaßten Themenkreis, aber nicht so sehr über die konkrete Art der Bearbeitung.

Das Thema des Stückes „Fall Feme Formis" war in der Zeit seiner Entstehung höchst aktuell: Es handelte sich um den Fall des Ingenieurs Rudolf Formis (1894 Stuttgart - 1935 Záhoří bei Štěchovice), eines Anhängers der antihitlerischen, von Otto Strasser gegründeten und seit dem 30. Januar 1933 in Deutsch-land verbotenen Organisation „Schwarze Front". Strasser war von 1925 bis 1930 Mitglied der NSDAP. Nach Streitigkeiten mit Hitler verließ er dessen Partei und gründete die konkurrierende nationale Bewegung „Schwarze Front". Nach deren Verbot lebte er kurze Zeit in Wien, danach ließ er sich in Prag nieder. Als auch Prag ihm schließlich nicht sicher genug schien, lebte er in einem unauffälligen kleinen Hotel in Záhoří südlich von Prag.

Den Ingenieur Formis, einen aus Deutschland emigrierten Spezialisten für Radiotechnik, lernte er in Prag kennen. Formis wurde zunächst durch Zufall und nicht wegen seiner politischen Überzeugung Emigrant. Er war technischer Direktor des Süddeutschen Rundfunks, als Mitte Februar 1933 Hitler Stuttgart besuchte und seine Rede vom Süddeutschen Rundfunk ausgestrahlt werden sollte. Technische Sabotage von Antifaschisten verhinderte die direkte Übertragung dieser Rede. Ein paar Tage später - wiederum durch Zutun von Antifaschisten - ertönte inmitten einer anderen Sendung der Satz *Wir wollen Hitler nicht.* Der für technische Angelegenheiten verantwortliche Formis verlor seine Direktorenstelle; seine gesamte Situation wurde durch seine jüdischen Vorfahren weiter kompliziert. Es kam zu Durchsuchungen seiner Wohnung, Verhören durch die Gestapo - genügend Gründe für den Entschluß, sich durch Emigration zu retten. Da er auch nach mehrfachem Ersuchen seinen Paß nicht bekam, ging er illegal über die grüne Grenze in die ČSR.

[2] In: Universum. Prag: Literární agentura, 1938. Auch in: Prosa II, S. 257-301. - Texte und Briefe Fürnbergs werden nach den Ausgaben des Aufbau-Verlags zitiert; siehe die Fußnote zum Vorwort.

[3] Zum Beispiel in: Der Gegen-Angriff, 12. 5. 1935, S. 6.

In Prag wurde Formis einer von mehreren Beiträgern der Zeitung „Die Deutsche Revolution", die die Prager Zentrale der „Schwarzen Front" herausgab. Auf diesem Wege bahnten sich wohl seine persönlichen Kontakte zu Strasser an. Wahrscheinlich war es seine Idee, einen illegalen Sender zu gründen. Formis wohnte einige Monate zusammen mit Strasser in dem erwähnten Hotel in Záhoří (heute befindet sich an seiner Stelle, auf dem Grund des Erholungszentrums Slapy, ein Staudamm), von wo aus er seit Anfang Dezember 1934 den geheimen Sender leitete (zu diesem Zeitpunkt wohnte Strasser schon in Prag bei seiner Braut). Vom reichsdeutschen Geheimdienst wurde mit dem Sender auch Formis aufgespürt und am 23. Januar 1935 auf tschechoslowakischem Gebiet brutal ermordet. Fürnberg war unter den Journalisten, die unmittelbar nach dem Bekanntwerden des Mordes am Tatort erschienen. Diese Begebenheit sollte wohl auch das zentrale Thema seines Hörspiels sein.

Übrigens war das weder der erste noch der letzte Fememord der deutschen Nazis auf dem Gebiet des damals noch souveränen tschechoslowakischen Staates. Der erste Fememord, der die tschechoslowakische Öffentlichkeit und die antifaschistischen Intellektuellen des gesamten Europa empörte, war der Mord an Professor Theodor Lessing, einem Schriftsteller und Philosophen, der vor dem deutschen Faschismus nach Marienbad (Mariánské Lázně) emigriert war. In diesem auch durch Goethe bekannten Badeort wurde Lessing am 30. August 1933 in der Villa Edelweiß von Geheimagenten der Gestapo erschossen.

Zurück aber zum „Fall Feme Formis". Weil wir weder den Text noch eine Aufnahme des Hörspieles zur Verfügung haben, müssen wir uns mit Vermutungen und Hypothesen begnügen, die neue Fragestellungen hervorrufen. Da die unerschrockenen antifaschistischen kulturpolitischen Aktivitäten Fürnbergs aus den dreißiger Jahren bekannt sind, vor allem aus den Auftritten der Truppe „Echo von links", können wir annehmen, daß das Stück nicht nur den Mord verurteilte, sondern auch und vor allem die Brutalität der Nazimacht wie auch deren Arroganz gegenüber der Souveränität anderer Staaten an den Pranger stellte. Es wäre zu fragen, ob der Autor in seinem Stück auch die Reaktionen auf diese Tat beispielsweise in der Tschechoslowakei behandelt hat. Denn obwohl der Mord an Formis mehrheitlich verurteilt wurde, gab es auch Ausnahmen. So schrieb das faschistisch orientierte Blatt „Polední list"[4], die tschechoslowakische Regierung habe versäumt, die Tätigkeit des Schwarzsenders rechtzeitig zu unterbinden; folglich sei es nur verständlich, daß der betroffene Nachbarstaat dies gewaltsam besorgt habe. Die deutsche Regierung bestritt zuerst jede Beteiligung an dem Mord. Erst im Herbst 1939 gab sie ihn im Rahmen der

[4] Deutscher Emigrant im Hotel Záhoří bei Štěchovice ermordet. In: Polední list, Jg. 9 Nr. 25 (25. 1. 1935), S. 1 und 5 (tschechisch).

großangelegten Propaganda nach dem mißglückten Attentat auf Hitler in München zu. Ihre Begründung der Tat stimmte nahezu mit der Erklärung der tschechischen profaschistischen Kräfte überein.

Was Fürnberg über die beiden Akteure der „Schwarzen Front" wußte und wie er sie in seinem Stück behandelte, wissen wir nicht. Auch Fragen zur künstlerischen Gestaltung und zu inhaltlichen Konsequenzen bleiben offen. Aus der Korrespondenz Fürnbergs geht hervor, daß das Stück 1936 an der Zürcher Volksbühne zur Uraufführung vorbereitet wurde.[5] Warum die Aufführung nicht zustande kam, bleibt ebenfalls offen.

Fürnbergs autobiographische Skizze „Vor Tagesbeginn"[6] weist auf ein weiteres Stück, das unter dem Titel „Strozzi" 1936, etwa fünf Jahre nach seiner Entstehung, im Prager Rundfunk gesendet wurde. Dieses dramatische Gedicht in Versen, wie es der Autor selbst nennt,

behandelt ein Künstlerschicksal aus der Renaissance, einen erdachten Stoff, um es kurz zu sagen: Das Scheitern eines Künstlers an der Bewältigung seines Ideals. Der Maler Strozzi wird in den Wahnsinn getrieben, weil es ihm nicht gelingt, die Grenzen seines Talents zu überschreiten.[7]

Inspiration fand der Autor wahrscheinlich in dem seit dem 13. Jahrhundert nachweisbaren Florentiner Patriziergeschlecht, dessen Angehörige häufig künstlerisch hervortraten (so der Barockmaler Bernardo Strozzi genannt Il Cappuccino). Es sieht so aus, als ob der Autor am Schicksal seines Helden seine eigene schöpferische Arbeit, seine eigene Lage als Künstler prüfen und sich Fragen stellen wollte wie *War nicht mein Verlangen größer als das Vermögen, es zu erfüllen? War nicht auch meinem Talent die Grenze gesetzt, über die mein Traum hinausgeschritten war? Versagte nicht auch mir der Atem, wenn ich ausholte zur Tat?*[8]

In einem Brief an Reinhard Schmid schreibt Fürnberg im November 1935[9], daß er dieses Spiel in Versen im Jahre 1930 verfaßte. Über den Inhalt des Stükkes teilt er seinem Freund mit:

[...] *eine Dichtung, in der Strozzi, der Maler, eine Madonna zu bannen versucht. Sie lebt in seinem Modell, einer wunderbaren Frau mit einer kleinen Seele, von der er keine Ahnung*

[5] Briefe I, S. 27.
[6] Prosa II, S. 234-235.
[7] Ebenda.
[8] Ebenda.
[9] Briefe I, S. 18f.

hat. Nun er an der Staffelei sitzt und das Bild beenden will, überkommt ihn im Angesicht seines lebendigen Modells alle Trauer menschlicher Grenzhaftigkeit, er vernichtet das Bild [....].

Nähere Zeit- und Ortsangaben erfahren wir aus einem anderen Brief, den Fürnberg im Sommer 1937 seiner künftigen Frau schreibt. Darin erwähnt er, das im Radio gesendete Stück „Strozzi“ spiele *in Venedig um die Mitte des XVI. Jahrhunderts*[10]. Im Jahre 1932 verlieh die 1891 in Prag gegründete „Deutsche Gesellschaft der Wissenschaften und Künste“ Louis Fürnberg für eben dieses Stück den Goethepreis.

Ein anderes Hörspiel, das Fürnberg als eine *Hörminiatur*[11] bezeichnete, heißt „Begegnung in Erfurt“. In seinem Mittelpunkt steht die Begegnung Goethes mit Napoleon in Erfurt im Oktober 1808. Es wurde im deutschsprachigen Prager Rundfunk am 13. Mai 1937 um 17.45 Uhr unter der Regie von Heinrich Fischer gesendet (Fürnberg schreibt darüber in den Briefen an Lotte Wertheimer vom 8. und 19. Mai 1937).[12] Im zweiten der genannten Briefe äußert sich Fürnberg nicht besonders schmeichelhaft über die Aufführung, wahrscheinlich zugleich eine Reaktion auf Lottes Unzufriedenheit mit der Inszenierung des Hörspiels. In Fürnbergs Brief heißt es:

Daß Dir die Aufführung der „Begegnung in Erfurt“ nicht gefallen haben kann, begreife ich. Die Besetzung der beiden Hauptakteure mit Costa und Kühne fand ich einfach lächerlich. Das sind geistlose Affen, die keinen kleinen, geschweige so großen Charakteren wie Napoleon oder Goethe gewachsen sind. Immerhin war Heinrich Fischer in der übrigen Regie ernsthaft bemüht, und nachdem wirklich alles nur eine Skizze war, sei ihm verziehen. Das Manuskript habe ich leider nicht. Das eine liegt in Prag und das andere beim Rundfunk in Zürich, der es nächstens bringt.[13]

Ein paar Tage nach der Prager Rundfunkpremiere dieses Hörspiels schreibt Fürnberg an Emil František Burian und bittet ihn um Zusammenarbeit bei der Präsentation sudetendeutscher Poesie. Im erwähnten Brief[14] nennt Fürnberg Gründe für sein Interesse an einer weiteren Zusammenarbeit mit Burian, wie sie seit Anfang der dreißiger Jahre bestand:

---

[10] A. a. O., S. 95.
[11] A. a. O., S. 47.
[12] A. a. O., S. 47 und 50.
[13] A. a. O., S. 50f.
[14] A. a. O., S. 52-53.

Vielleicht weißt Du, daß ich gelegentlich der Aufführung eines Stückes im Prager Radio gerade in der letzten Zeit Zielpunkt der Angriffe der SdP [Sudetendeutschen Partei] *bin. Henlein, Höller und Sandner haben auf der Reichenberger sogenannten „Kulturtagung" gegen mich gesprochen. Es ist mir nicht möglich, in der proletarischen Presse in der Form zu antworten, wie ich es für richtig halte. Die Pressegesetzgebung hierzulande ist dermaßen eigenartig, daß man heute eine Polemik nur mehr vom Podium aus führen kann. In dieser Zeit verstärkter nationaler Hetze halte ich es für besonders nötig, diese Polemik (oder vielmehr: meine Antwort auf die von der SdP gegen mich inszenierten Angriffe) von einer Plattform in der Art des D 37 aus zu erteilen. Diese Antwort würde eben in dem Nachweis bestehen, daß die sudetendeutsche Dichtung keine faschistische, keine Blubo-Dichtung ist.*

Warum bemüht sich Fürnberg so sehr um die Zusammenarbeit mit Burian? Der Dramatiker, Regisseur, Komponist, Schriftsteller, Dichter und Schauspieler Emil František Burian (1904-1959) gehörte seit Mitte der zwanziger Jahre zu den bedeutendsten und vielseitigsten Vertretern der modernen tschechischen Kunst. Er gründete und leitete die berühmte Voiceband, aber auch die Theater D 34 bis 51. Auf seiner Bühne hob er das Erbe der tschechischen Theateravantgarde der zwanziger Jahre auf eine neue Ebene, die er mit den Erfahrungen der Arbeitertheater verband. Durch die Verbindung von Aktualität, kämpferischer Tendenz und hoher künstlerischer Qualität gelang es ihm, mit dramatischen Texten, Songs und Satire auf die emotionale Stellung des Zuschauers zur ihn umgebenden politischen und sozialen Realität einzuwirken. In diesem Sinne waren Burian und sein Theater auch für Fürnberg Vorbild.

Bereits zwei Monate nach der Eröffnung des D 34 (am 16. September 1933) fand auf dessen Bühne im Mozarteum, in der Jungmannovastraße, ein „Tschechisch-deutscher Voiceband-Abend" statt, an dem auch Fürnberg mit seiner Suite „Rechenschaft über uns" mit Musik von Hans Walter Süßkind teilnahm.[15] Damit begann eigentlich ihre langjährige künstlerische Zusammenarbeit. Burians Theater wurde im März 1941 von den Nazis geschlossen und er selbst in ein KZ verschickt, aus dem er mit der Befreiung nach Prag zurückkehrte, um sich weiterhin der Theaterarbeit zu widmen.

Im Theater von Burian wollte Fürnberg die tschechische Übersetzung seines Stückes „Ein Mensch ist zu verkaufen" (ursprünglich hieß es „Der arme Heinrich") inszenieren.[16] Es wurde zuerst in einer Kurzfassung im Radiojournal Prag

[15] Über die Aufführung äußerten sich positiv z. B. der tschechische Germanist, Dramatiker und Übersetzer Otakar Fischer (in: Lidové noviny, 17. 11. 1933, S. 9), Max Brod (in: Prager Tagblatt, 16. 11. 1933, S. 7) und Oskar Baum (in: Prager Presse, 17. 11. 1933, S. 8).

[16] Prosa II, S. 257-301. Darüber hinaus gehören zu den frühen dramatischen Arbeiten Louis Fürnbergs noch die Stücke „Eros und die Kinder" und „Spiel unter Bürgern". Über das

am 1. November 1936 zu hervorragender Zeit zwischen 18 und 19 Uhr aufgeführt (Louis Fürnberg erwähnt dies in einem Schreiben an Gotti Schöneck-Doman vom 3. Oktober 1936).[17] Zwei Tage später wurden die Songs des Stükkes im Rahmen eines Autorenabends Fürnberg-Süßkind in der Prager Urania vorgetragen. Die tschechische Zeitschrift „Tvorba" brachte einen umfangreichen Artikel über beide Künstler, der hervorhob, beider künstlerisches Schaffen liefere *einen Beweis dafür* [...], *daß die sudetendeutsche Kultur nicht ausschließlich den Henleinanhängern gehört.*[18]

Fürnberg war an einer Aufführung seines Stückes „Der arme Heinrich" auf einer tschechischen Bühne interessiert, wobei er das Theater Burians vor Augen hatte. Das geht aus einem an Burian adressierten Brief hervor, in dem Fürnberg die Gründe nennt, weshalb dieses Spiel eben von tschechischen Künstlern inszeniert werden sollte. Im Brief vom 15. August 1936 heißt es:

Lieber E. F. Burian, ich habe ein Stück geschrieben, eine Art tragischer Travestie, Der arme Heinrich (Musik Hans Walter Süßkind). Es ist vom Theater-Verlag „Universum", Prag, angenommen. Ich habe aus vielen Gründen ein Interesse an einer tschechischen Uraufführung. Erstens aus einem politischen Grund: ein sudetendeutscher Schriftsteller wird zuerst an einer tschechischen Bühne aufgeführt. Dann aus einem künstlerischen: wir haben keinen wirklich bedeutenden und mutigen deutschen Regisseur. Wenn ich nun wüßte, daß Du das Stück spielen würdest, wäre es mir am liebsten. So hätte ich nämlich die Garantie einer Aufführung in meinen Intentionen. Es liegt mir daran, mich auf der Bühne und von der Bühne herab klar auszudrücken. [...] *Meine einzige Bedingung ist folgende: ich sende kein Lesemanuskript, sondern lese Dir das Stück vor. Das dauert (bei meinem Tempo) eine Stunde.*[19]

Zu der angekündigten Zusammenkunft beider Künstler kam es wohl bald, und es ist wahrscheinlich, daß der erfahrenere Theatermann Burian einige Vorschläge oder Einwände zum Stück geäußert hat, denn am 24. September 1936 schickt Fürnberg an Burian eine neue Fassung des Stückes unter dem Titel „Mensch zu verkaufen".[20] Im Brief vom 18. Dezember 1936 äußert Fürnberg seine Freude darüber, daß Burian sein Stück angenommen habe und es in seinem Theater in tschechischer Übersetzung realisieren wolle. Zugleich erwähnt er in

letztere informierte die Prager Zeitschrift „Hohe Warte" (1. 3. 1932, S. 9). In ihrem kurzen Bericht wird erwähnt, daß das Max Taussig gewidmete Stück als ein Singspiel mit Musik von Hans Walter Süßkind auf der Bühne des Prager Laientheaters „La Scène" aufgeführt wurde. Zum satirischen Stück „Begegnung im Himmel" und zur Komödie „Jaspis" konnten wir keine Belege finden.

[17] Briefe I, S. 38.

[18] -ri, Zwei deutsche Künstler. In: Tvorba 13. 11. 1936, S. 735 (tschechisch).

[19] Briefe I, S. 35f.

[20] A. a. O., S. 36f.

demselben Brief: *Mein Stück ist inzwischen zur deutschen Uraufführung am Züricher Schauspielhaus angenommen worden. Daß mich die Annahme bei Dir aber am meisten freut, brauche ich Dir kaum besonders zu sagen.*[21] Trotz der Vorfreude des Autors scheiterte die Aufführung seines Stückes noch wiederholte Male. Es gelangte trotz aller Bemühungen weder im Theater von Burian noch im Zürcher Schauspielhaus zur Inszenierung.

1937 begannen Proben zum Stück unter der Regie des früheren Mitarbeiters der Spieltruppe „Echo von links", Georg Lippmanns, auch im Wiener „Theater der 49".[22] Die Premiere sollte am 8. Februar 1938 stattfinden, dann am 11. Februar, aber nach der Generalprobe wurde die Aufführung von der Polizei untersagt. Unmittelbar nach diesem Verbot erschien der gedruckte Text des Stückes bei der Prager Literaturagentur Universum.

Was war an diesem Stück so gefährlich, daß es zwar von drei Theatern angenommen wurde, es aber trotzdem zu keiner Aufführung kommen durfte?

Das Stück mit dem Untertitel „Ein Spiel zwischen Traum und Wirklichkeit" besteht aus drei Szenen. Neben dem Haupttext, häufig durch Songs bereichert, gibt es viel Nebentext mit Hinweisen für das nonverbale Verhalten der Figuren, aber auch für die Ausstattung der Bühne, für Beleuchtung, Musik usw. Die Handlung spielt in einem von einer Wirtschaftskrise heimgesuchten Land. Die Zentralfigur, Heinrich Mühring, ein dreißigjähriger Beamter, verliert plötzlich seine Arbeitsstelle, was sein gesamtes Leben ändert. Er kommt allmählich um seine Wohnung samt Einrichtung und um sein Familienglück. Um nicht zu verhungern, entscheidet er sich in höchster Verzweiflung, mit der Aufschrift „Ich bin zu verkaufen" auf den Markt zu gehen.

Der „Held" des Stückes befindet sich in einer Grenzsituation, in der er schließlich zum Opfer der Verhältnisse wird. Das gesellschaftliche Milieu, in dem sich die Hauptfigur bewegt, wird mit seiner faschistischen Orientierung zuerst karikiert und schließlich in seinem menschenfeindlichen Charakter fast ad absurdum geführt. Mit krassem Sarkasmus glossiert Fürnberg das politische Geschehen in Deutschland nach 1933, so in der Szene, wo der obdach- und arbeitslose Gottfried an einer Straßenecke Streichhölzer anpreist mit den Worten: *Erstklassige schwedische Streichhölzer!* […] *Keine Explosionsgefahr, garantiert brennend! Diese Sorte von Streichhölzern hat bereits beim Brand des Reichstagsgebäudes in Berlin ihre Leistungsfähigkeit unter Beweis gestellt!* Das wohlbekannte Märchenmotiv Hans Christian Andersens („Das kleine Mädchen mit den Schwefelhölzern") wird hier umfunk-

[21] A. a. O., S. 41.
[22] A. a. O., S. 99.

tioniert. Es erzielt durch die oben zitierte Anpreisung weniger Mitleid als - durch den Hinweis auf den Reichstagsbrand - Empörung. Auch an anderen Stellen funktionieren kritische Reflexionen - oft voller Ironie und Sarkasmus - als Mittel, über die Erzeugung von Mitleid hinaus Zusammenhänge aufzudecken, die Ursache sind für die trostlose Lage einzelner Figuren. Dieser belehrende Zug, der in den Dialogen ausgebreitet wird, ist für Fürnbergs dramatische Arbeiten typisch. Sehr deutlich wird er im Dialog zwischen Heinrich und einem Herrn „mit Hut und Mantel" an einem Automatenbüfett:

DER HERR: *Der Wind pfeift einem nur so durch die Kleider- was?*
HEINRICH: *Und der Regen läuft einem in die Schuhe - schrecklich!*
DER HERR: *Warum haben Sie eigentlich keine festen Schuhe?*
HEINRICH: *Weil ich mir keine kaufen kann!*
DER HERR: *Aber der Herr, der da drüben aus dem Taxi steigt, der hat feste Schuhe! Das ist der Herr Lindemann, vom Bankhaus und Co.*
HEINRICH: *Freilich hat der feste Schuhe!*
DER HERR: *Und warum hat der feste Schuhe und Sie haben keine festen Schuhe?*
HEINRICH: *Weil er Geld hat und ich keins.*
DER HERR: *Und warum hat der Geld?*
HEINRICH: *Weil er ein Bankhaus hat!*
DER HERR: *Na sehen Sie! Und warum haben Sie kein Bankhaus?*
HEINRICH: *Weil ich kein Geld hab!*
DER HERR: *Und warum haben Sie kein Geld?*
HEINRICH: *Weil ich keine Arbeit hab!*
DER HERR: *Und warum haben Sie keine Arbeit?*
HEINRICH: *Weil mich mein Chef, der Herr Wolleweber, entlassen hat.*
DER HERR: *Und warum hat Sie Herr Wolleweber entlassen?*
HEINRICH: *Weil er den Betrieb einschränken mußte.*
DER HERR: *Warum mußte der Herr Wolleweber den Betrieb einschränken?*
HEINRICH: *Weil er sonst Geld verloren haben würde.*
DER HERR: *Haben Sie Geld verloren?*
HEINRICH: *Natürlich - meinen Lohn!*
DER HERR: *Und warum dürfen Sie Geld verlieren und der Herr Wolleweber keines verlieren?*
HEINRICH: *Da haben Sie freilich recht!*[23]

Die Frage-Antwort-Technik, die Schritt für Schritt zur Aufdeckung, Erklärung und Begründung der Lage der Hauptfigur führen soll, scheint einerseits zwar vereinfacht und vielleicht auch naiv, andererseits hilft dieser Kontrast zur Erkentntnis ihrer Ursachen.

---

[23] A. a. O. (Anm. 16), S. 278.

Als ich den Text des Stückes nach vielen Jahren vor kurzem wieder las, mußte ich überrascht feststellen, daß ich ihn anders und völlig neu sah - und auch verstand. Diesmal schilderte es nicht mehr eine vergangene oder überspitzte Utopie, sondern traf die Realität mit Ansätzen auch für den heutigen Tag. Das hängt natürlich mit den neuen Lebenserfahrungen zusammen, mit dem unmittelbaren Erlebnis einer früher nicht gekannten Arbeitslosigkeit im Umkreis mir nahestehender Menschen, die weder faul noch dumm oder unfähig sind und trotzdem ihre Arbeit verloren haben und keine andere finden. Da die Arbeitslosigkeit zu einem aktuellen globalen Phänomen geworden ist, wird in gewisser Weise auch dieses Stück Fürnbergs in einem neuen Licht wieder aktuell.

Gleich im ersten Akt erklingt ein Song über die Arbeitslosigkeit, der in seiner breiteren Gültigkeit den Nagel auf den Kopf trifft: *Ein Posten ist ausgeschrieben. / [...] schau, wie sich das vor dem Amte massiert, / siebzig Doktoren sind gekommen, / die anderen dreißig haben auch studiert. / Sieh mal und zieh mal die Konsequenz: / Das nennt man die Krise der Intelligenz!*[24].

Das Phänomen der Arbeitslosigkeit steht zwar im Zentrum dieses Stückes, aber eigentlich geht es um Menschenwürde und Menschenrechte wider Bürokratie, arrogante Machtapparate und erbarmungsloses Profitstreben. Die Hauptperson des Stückes unternimmt vor ihrer scheinbar absurden Entscheidung, „sich als Ware zu verkaufen", eine lange Reihe von Versuchen, sich nicht aus der Gesellschaft ausstoßen zu lassen: Heinrich folgt vielen Inseraten, er bietet seine Kräfte, sein Wissen und seinen Fleiß an, doch niemand hat Interesse an ihm. Er übernachtet im Park mit anderen Obdachlosen und versucht, seine Lage „positiv" zu sehen (in einem Gespräch überzeugt er mehr sich selbst als die anderen, daß Schlafen im Freien eigentlich gesund sei). Er will nicht resignieren, sondern um sein Leben „kämpfen". Alles umsonst. Schließlich bietet er sich als Ware an. Resigniert er, oder ist das ein weiterer Versuch, sich nicht niederzwingen zu lassen?

Fürnberg spart weder mit Ironie noch Sarkasmus bei den Versuchen, den sich verkaufenden Menschen mit der Begründung zu verhaften, er habe keine Lizenz, besitze keine Verkaufskonzession. Oder bei der Werbung für die Ware namens Mensch; ihr den dritten Akt einleitender Song hält jeder Werbung von heute die Waage: *Ein Mensch, der für Sie denkt und front, / ein Einkauf, der sich lohnt! / Ein Mensch, der macht das Leben leicht! / Verkauf: solang der Vorrat reicht!*

Bei der Antwort auf die Frage, ob es überhaupt human sei, Menschen zu verkaufen oder sie anzukaufen, läßt der Autor einen Redner in der Terminologie der

[24] A. a. O. (Anm. 16), S. 267.

faschistischen Propaganda samt ihren offenbaren ideologischen und ökonomischen Zielen argumentieren: *Nur eine völlig vernegerte, verjudete und verkommene Unterwelt findet daran etwas auszusetzen, wenn freie Menschen für sich das Recht in Anspruch nehmen, frei über ihren Körper zu verfügen* [...][25]. Mit dem gleichen Wortmaterial läßt der Dramatiker auch eine weitere Figur seines Stückes arbeiten, einen Journalisten, der seinen Leitartikel für eine viel gelesene Zeitung vorbereitet.

Der sarkastische Ton wechselt in nahezu tragische Absurdität, wenn der arbeitslose Heinrich von höheren Stellen zu öffentlicher Auktion zitiert wird. Zuvor untersuchen ihn amtliche Schätzer - ein Tierarzt, ein Sportlehrer (eine Anspielung auf Henlein?) und ein Kleinhändler. Gerade die vom Tierarzt angesichts des sich verkaufenden Menschen benutzten Begriffe wie „Maul" oder „Fleischbeschau" beschwören eine absurde Welt, die der des Gregor Samsa aus Franz Kafkas Erzählung „Die Verwandlung" verwandt ist.

Im Vergleich zur spannend geführten Handlung mit ihren gut gebauten Dialogen erscheint der Schluß des Stückes fragwürdig und problematisch: Bei der Versteigerung Heinrichs ist auch seine Frau Ruth anwesend. Ihr Schrei bringt Heinrich zur Besinnung, weckt ihn aus dem Traum in die Wirklichkeit, die aber im Grunde genommen einem bösen Traum gleicht. Wenn wir aber den Traum als Metapher für Lethargie, als Gegensatz zu (revolutionärem?) Handeln deuten, dann müßte Heinrich „in der Wirklichkeit" mit anderen Mitteln gegen seine trostlose Lage kämpfen. Er bleibt aber weder lethargisch noch untätig. Seine Tat wird ihm zum Ausweg, um zu überleben.

Im Stück folgt nach einem kurzen Dialog zwischen einem jungen und einem alten Bühnendichter ein Gespräch zwischen Ruth und Heinrich, in dem - abgesehen vom Schlußsong - eine der Lage unangemessene Agitationstendenz zu Wort kommt. Vor allem die Ruth-Figur ist unglaubwürdig und bis auf flüchtige Andeutungen am Anfang des Stückes ohne individuellen Charakter. Unmotiviert wird aus der lieben, am Herd kochenden Frau eine starke, fast revolutionäre Persönlichkeit, die den zentralen Helden auf eine neue Bahn zu bringen sucht. Sie überzeugt ihren *armen Heinrich*, daß er zurückschlagen müsse, aber zuvor sollen sie noch gemeinsam andere Menschen belehren und sie zum gemeinsamen Kampf gewinnen.

Dem heutigen Leser oder Zuschauer erscheint eine solche agitatorische Absicht des Autors naiv, ebenso wie die Ambition, mittels der Kunst die gesellschaftlichen Verhältnisse zu ändern und die von diesen Verhältnissen bedrohten Menschen zu retten. Für das agitatorisch-aufklärerische Drama aus der ersten

[25] A. a. O. (Anm. 16), S. 295.

Hälfte unseres Jahrhunderts, zu dem auch Fürnbergs Stück zählt, gehörten aber diese Bemühungen zum zentralen ideellen Anliegen eines sich politisch verstehenden Kunstschaffenden.

Im palästinensischen Exil verfaßte Fürnberg ein Marionettenspiel mit dem Titel „Der Frosch-Mäuse-Krieg".[26] Dieses satirische Spiel in drei Akten und dreizehn Szenen entstand in der ersten Hälfte des Jahres 1941. Am 14. August desselben Jahres wurde es in einer hebräischen Übersetzung von Josef Pacovský in Jerusalem von dem aus Karlsbad (Karlové Vary) nach Tel Aviv emigrierten und von Dr. Paul Löwy geleiteten Marionettenensemble uraufgeführt.[27] Einen Bezug des Stückes zu dem Epos „Batrachomyomachia" (Der Frosch-Mäuse-Krieg) von Homer läßt Fürnberg schon bei den Angaben zu Ort und Zeit der Handlung erkennen, die er in eine antike Landschaft, Mausberg und Froschteich, des Jahres 9412 vor unserer Zeit legt.

Das Stück, das zum Teil als Versstück bezeichnet werden könnte (Lieder und Gedichte werden häufig einmontiert), schildert Zustände zu Ende der dreißiger Jahre in Mitteleuropa, als Anlässe zur Auslösung des Zweiten Weltkrieges konstruiert wurden. Die einzelnen „politischen" Schritte in diesem Prozeß werden parodiert, indem die expandierende und zugleich angriffslustige Gesellschaft als Mäusegemeinschaft geschildert wird, die die zunächst friedliebende Nachbargemeinschaft der Frösche überfallen will, um den eigenen „Lebensraum" auf Kosten der Nachbarn zu erweitern. Um das zu erreichen und um nicht als Angreifer oder Okkupant zu erscheinen, diktiert die Mäuseregierung den Fröschen unerfüllbare Bedingungen, unter ihnen eine der wichtigsten, daß die Froschprinzessin den Mausekönig heiraten soll.

Die Songs des Stückes, aber auch die Reden der Mäuseprotagonisten übernehmen die Propaganda der Faschisten, nach der die heilige völkische Sache verteidigt werden müsse. Alle im Mäuseland werden wachgetrommelt und die Mütter zur Erfüllung ihrer heldischen Pflicht aufgerufen, ihre Mäusesöhne in den Krieg zu schicken. Die barbarische Bücherverbrennung scheint auf: *Bücher ins Feuer und Schluß mit Kultur! / Messer heraus und zurück zur Natur!* Worthülsen assoziieren das Naziregime: MA steht für SA, Maupo für Gestapo, Mistulini für Mussolini. Auf gleiche Weise spielt Fürnberg mit dem Wort „Mauser", meint einerseits der Mäuserich, andererseits - der Handlung folgend - jenen, der „maust". Rassenpolitik und Rassengesetze geraten bei aller Tragik lächerlich und absurd, wenn sie ins Tierreich übersetzt den „Frosch-Mäuse-Krieg" begleiten.

[26] Prosa II, S. 303-356.

[27] Dr. Paul Löwy wurde von Fürnberg schon in einem Schreiben an Lotte Wertheimer vom 29. 7. 1937 erwähnt; in: Briefe I, S. 91.

Dem Krieg zwischen Mäusen und Fröschen steht schließlich kein Hindernis mehr im Wege; die Euphorie findet festen Grund und Boden.

Im Gegensatz zu den vernichtenden Kriegsgeschehnissen steht der Epilog des Stückes. Darin wird nicht gesprochen, lediglich ein Bild wird vom Autor detailliert beschrieben:

Antike Landschaft. Geborstene Säule. Homer in klassischer Haltung. Er hält Schreibtafel und Griffel. Er sinnt. Sterne. Hoch und voll steht der Mond am Himmel. Ein leiser Wind läßt sein Haar flattern, bewegt das hohe Gras, unter welchem eine Maus sitzt und freundlich zu Homer mit dem Schwanz aufwedelt. Im nahen Teich quacken abendlich die Frösche. Musik. Leise.

Fragment ist das Stück geblieben, das wahrscheinlich Anfang der vierziger Jahre im jugoslawischen Exil verfaßt wurde und dem die Herausgeber des Gesamtwerkes den Titel „Emigranten“[28] gaben. Das Fragment besteht aus fünfzehn Szenen im ersten und sechzehn Szenen im zweiten Akt. Die Handlung spielt im Hochsommer 1939 am Rande der anonymen Hauptstadt eines europäischen Landes. Die Gesellschaft im Hause des Professors Scampini, der aus politischen Gründen Italien verließ, setzt sich aus Vertretern verschiedener Länder zusammen, die aus unterschiedlichen Gründen emigriert sind. Neben der Jüdin Lea Mandelzweig und ihrem arischen Freund Edgar, die aus Deutschland kommen und schon seit sechs Jahren in der Emigration leben, weil sie das Ausreisevisum nach Palästina nicht erlangen können, sind das der Spanienkämpfer Jesu, ein tschechischer Patriot namens Franz und andere, die am Vorabend des Zweiten Weltkrieges über ihre Aussichten für die Zukunft, für eine eventuelle Rückkehr in die Heimat oder über die aktuelle politische Lage räsonnieren. Ihre Stellung als Ausgestoßene äußert sich in verletzendem Sarkasmus, in verborgenem Heimweh und in sich steigernder Gereiztheit, Folgen des ewigen Wartens, des Sich-verstecken-Müssens und der Ohnmacht, ihr Schicksal nicht in die eigenen Hände nehmen zu können.

Gefühle der Ohnmacht und der Wehrlosigkeit charakterisieren ebenso die Figuren des zweiten Akts dieses dramatischen Fragments, der, gleichfalls im September 1939, im Warteraum der tschechoslowakischen Gesandtschaft zu Paris spielt. Die erbärmliche Lage der politischen Emigranten, die trotz der Gefahr für ihr Leben nicht die Gnade der Ämter finden, kannte Fürnberg aus den Schicksalen vieler Freunde und auch aus eigener Erfahrung so gut, daß ihm mit dem Stück „Emigranten“ überzeugende Szenen gelangen.

---

[28] Prosa II, S. 357-409.

In Palästina schrieb Fürnberg den Einakter „Das Ei des Kolumbus oder Ein ritterlicher Plan zur Abschaffung des Kapitalismus"[29]. Es ist das einzige Stück, das in Palästina spielt. Die Protagonisten, der Dichter und Kulturphilosoph Dr. Bernardotte mit seiner Tochter Marianne, der junge arabische Intellektuelle Faisal Nasar Mokhar, der Inder Sindhur, die Amerikanerin Mrs. Gold, Professor Elbogen und der Journalist F. Th. M., diskutieren den von Dr. Bernardotte erdachten Plan einer radikalen allgemeinen Geburtenregelung, der die Zahl der Besitzlosen zu der Zahl der Besitzenden ins Gleichgewicht bringen soll - durch Regelung der Geburten der Besitzlosen, versteht sich. Als Pointe dieses Einakters erscheint unerwartet ein Artikel in einer palästinensischen Zeitung, der den Plan des Dr. Bernadrotte umdreht und ihn als Mittel zur Abschaffung des Kapitalismus propagiert.

Letzter dramatischer Versuch Fürnbergs ist das Schauspiel „Das Glaswerk"[30], das im Sudetengebiet nach dem zweiten Weltkrieg spielt. Obwohl im Hintergrund die Erfüllung des Zweijahresplans und die Neubesiedlung der Grenzgebiete stehen, aus denen die deutsche Bevölkerung bis auf wenige Ausnahmen ausgesiedelt wurde, interessieren den Autor primär die Gefühle der Menschen, ihr Denken, ihre komplizierten zwischenmenschlichen Beziehungen. Die Dialoge umkreisen Heimat und Fremde, Liebe und Haß, Angst und Mut, den Kampf ums tägliche Leben und weitere Themen aus dem Umfeld des Krieges und der neuen Zeit. Auch dieses Stück schrieb Fürnberg für das von Burian geleitete Theater in Prag.

Die dramatischen Versuche Fürnbergs - meist sind es Kurzdramen oder Fragmente - setzen bei aller Respektierung ästhetischer Kriterien eindeutige ideologische und politische Akzente, die stellenweise in politisches Pathos und agitatorische Absicht münden. Dieses Pathos entspricht dem ethischen Imperativ des Dramatikers, nach dem das Denken und Empfinden seiner Helden zur Erkenntnis von Moral und Menschentum führen. Für diesen Zweck nutzt Fürnberg häufig die Versform, die vor allem in den Songs zur Geltung kommt. Diese in den Text montierten Songs kommentieren mit mitreißendem Schwung die dramatischen Konflikte auf der Bühne. So sucht Fürnberg auch in seiner Rolle als Dramatiker seiner ethischen Verantwortung gerecht zu werden, nämlich *die Wahrheit über die für den Menschen wichtigen Dinge zu vermitteln, und dies einem Publikum, das er auf die eine oder andere Weise beeinflussen kann.*[31]

---

[29] Prosa II, S. 411-446.
[30] Prosa II, S. 447-501.
[31] Noam Chomsky, Power and Prospects. London: Pluto Press, 1996, S. 86 (englisch).

Urlaub vom „Zauberberg“. Hans Castorp und der böhmische Dorfschullehrer Franz Kassner. Zu Louis Fürnbergs Thomas-Mann-Rezeption

GEORG WENZEL

Thomas Mann vollendete im 49. Lebensjahr den „Zauberberg“ (1924); im 49. Lebensjahr schloß sich der Daseinskreis von Louis Fürnberg. 1909 als böhmischer Jude geboren, in der Tschechoslowakei aufgewachsen, erlebte er die Bitterkeit des Exils in Palästina. Nach Rückkehr in die befreite Heimat arbeitete er in Prag und Berlin im diplomatischen Dienst und verbrachte die letzten Lebensjahre in Weimar (1954-1957), menschlicher Gemeinsamkeit ebenso zugetan wie dem Geist der deutschen Klassik, dessen Nachwirken er förderte, Raum und Zeit überbrückend wie sein älterer Dichterkollege Thomas Mann. Auch dessen Leben kannte Erfolg und Einsamkeit, Glück und Leiderfahrung, Exil und Verlust. Für Thomas Mann waren Prag und Weimar Fixsterne; Staatspräsident Beneš unterstützte die Erteilung der tschechoslowakischen Staatsbürgerschaft an Thomas Mann (November 1936), die mit dem Erwerb des amerikanischen Bürgerrechts (Juni 1944) endete. Goethes Weimar hatte den Dichter nicht nur zu den Huldigungen 1932 und 1949 inspiriert, sondern auch zur kritischen Besichtigung deutscher Kulturtradition im Roman „Lotte in Weimar“ (1939).

Der „Zauberberg“ fand Fürnbergs Interesse, als er, seit 1928 Mitglied der Kommunistischen Partei, neben seiner journalistischen Arbeit die Agitpropgruppe „Neues Leben“ (1936/37) leitete, den Haß der Henlein-Faschisten erntete, die ihn 1939 verhafteten. Gefoltert, gelang Fürnberg ein Jahr später die Flucht ins Exil. Wäre Thomas Mann in Deutschland verblieben, so hätte *eine Herbstfrische in Dachau*, die Hanns Johst, Präsident der Reichsschrifttumskammer am 10. Oktober 1933 bei dem Reichsführer SS Himmler anregte[1], ähnliche Folgen haben können. Gemeinsamkeiten der Zeitaltererfahrung von zwei Generationen waren zu benennen, die aus der Beziehung des Jüngeren zu Leben und Werk des Älteren spannungsreiche Konturen erhielten, sowie eine Zeitgenossenschaft in keinesfalls widerspruchsfreier Verständigung Fürnbergs über die differierenden weltanschaulichen und politischen Positionen beider Dichter.

[1] Vgl. Uwe Naumann, Klaus Mann mit Selbstzeugnissen und Bilddokumenten. Reinbek 1984, S. 61.

Es sei vorweg gesagt: Die Beziehung ist weitgehend einseitig. Thomas Mann hat Fürnberg kaum wahrgenommen. Nur einmal vermerkt das Tagebuch (Notat vom 14. Dezember 1947): *Beschäftigung mit den Gedichten L. Fürnbergs, - glückseliger, dem Aesthetizismus entkommener Kommunist*[2], und reflektiert, Abstand haltend, den Eindruck von Fürnbergs Versuch, den eigenen Entwicklungsprozeß dichterisch aufzuarbeiten, im „Bruder Namenlos" (1947) die Selbstauseinandersetzung im Lichte gesellschaftlicher Erfahrungen kompromißlos zu führen. Thomas Mann begegnete dieser lyrischen Bilanz im Jahr der Vollendung des „Doktor Faustus". Sie blieb ihm fremd, obwohl auch seine Welt und die seines ältesten Sohnes in Fürnbergs Erinnerung an die Berliner Jahre einbezogen war. Klaus Manns Roman „Der fromme Tanz" (1925) wird zitiert:

UND SIEH: DIE SPIEGEL ZEIGEN
die Leiber wieder ganz; -
wie sie im frommen Tanz
sich beugen und verneigen.

Ebenso Thomas Manns „Tonio Kröger" (1903), dessen Held den Blonden und Blauäugigen nicht gewachsen war, die drei Jahrzehnte später auch die politische Macht an sich rissen:

O nicht Neid! Die Blauäugigen - Blonden
hielten niemals inne, dich zu quälen!
Ahnte deine Angst die Schlächterseelen
ringelreihn, zu Polken und zu Ronden?[3]

Fürnberg nannte den „Tonio Kröger" in einem Brief an Fritz Wollin im Dezember 1941 zugespitzt einen *typisch jüdische*[n] *Wunschtraum!*[4] und warnte vor jedweder Idyllisierung.

Während der Schiller-Feiern in Weimar am 14. und 15. Mai 1955 begegnete Fürnberg Thomas Mann. Enthusiastisch vermittelte er am 20. Mai das Erlebnis dieser Begegnung Professor Dr. Karl Saller, der im Auftrage des Deutschen Kulturtages München die Festschrift „Thomas Mann zum 80. Geburtstag am 6. Juni 1955" vorbereitete. Fasziniert von Thomas Manns Persönlichkeit, bittet diese Notiz unausgesprochen auch Mißverständnisse und Zweifel vergangener

[2] Thomas Mann, Tagebücher 28. 5. 1946 - 31. 12. 1948. Hg. von Inge Jens. Frankfurt am Main 1989, S. 196.

[3] Der Bruder Namenlos. Ein Leben in Versen. Gedichte II, S. 33, 25. - Texte und Briefe Fürnbergs werden nach den Ausgaben des Aufbau-Verlags zitiert; siehe die Fußnote zum Vorwort.

[4] Briefe I, S. 159.

Jahre ab: *Ich hab den Blick nicht von ihm wenden können, ich hab immerzu nur gedacht: daß ich ihn seh mit eigenen Augen. Es ist mir gar nichts sonst dabei eingefallen, ich war überwach und glücklich und bin es noch: daß ich ihn sah. Ich müßte an meiner ganzen geistigen Existenz kundtun, was das Kultur-, das Bildungs- und Literaturerlebnis THOMAS MANN beitrug. Thomas Mann danken, hieße für mich, der Luft danken, die ich atme, oder dem Wasser, oder dem Brot.*[5]

Diese spontane Huldigung, deren Diktion noch Fürnbergs Erregung erkennen läßt, überdeckt Krisen und Probleme im zwei Jahrzehnte währenden Weg Fürnbergs zu Thomas Mann. Im November 1935 hatte er dem Maler und Graphiker Reinhard Schmid, 1936 sein Gastgeber in Lugano, bekannt: *Ein damals in Deutschland sehr berühmter und ebenso angezweifelter junger Dichter, Sohn eines berühmten Vaters, war von Zeit zu Zeit mein Freund, mein Vorbild und Erzieher. Ich habe ihn später weggeworfen, wie ich meine Vergangenheit innerlich abstreifte, und bin ein ganz anderer geworden: sehr verbissen, hart, energisch, sogar klar und in aller Launenhaftigkeit beständig.*[6]

Werdegang und geistige Prägungen Fürnbergs erweisen Verwurzelungen in bürgerlichen Traditionen. Seine poetische Welt wäre ohne Musik, z. B. die Mozarts und Gustav Mahlers, ebenso undenkbar wie ohne die ästhetische Schulung an Rilke, George, Kraus, Becher und Tucholsky. Fürnberg rieb sich an der Unwirksamkeit beziehungslosen literarischen Schaffens. Sein Bekenntnis zur Arbeiterklasse, sein Eintreten für eine menschenwürdige Zukunft - „Das neue Leben muß anders werden“ heißt eines seiner populärsten Lieder. - schließt ein, humanistische Überlieferung nicht preiszugeben, ihre Kunsterfahrungen in die Überwindung eines katastrophengeschüttelten Zeitalters einzubeziehen. Fürnbergs kontinuierliche Thomas-Mann-Rezeption ist im Gedankenaustausch mit Frau und Freunden, in Stellungnahmen zum Schaffensprozeß und zur Arbeitsauffassung des Dichters belegt. Dabei kristallisierte sich als Zentrum von Fürnbergs Rezeption die poetische Auseinandersetzung mit Thomas Manns „Zauberberg“ heraus. Deren Ergebnis sind der fragmentarische, äußerst reflexionsreiche Roman „Urlaub“ (1962 aus dem Nachlaß ediert) und die auch Fragment gebliebene „Krankengeschichte im Jahr des vierblättrigen Klees“ (1959). Beiden Zeugnissen ist, nach einem Blick auf Stellungnahmen Fürnbergs über Thomas Mann, im einzelnen nachzugehen.

Fürnberg war ein aufmerksamer Beobachter der Entwicklung Thomas Manns, dessen Arbeitsethos ihn stets beeindruckte. *Daß Schriftstellerei vor allem eine Sache des Fleißes sei*, eine Prämisse Thomas Manns, teilt er Lotte Wertheimer mit, als er 1937 am „Fest des Lebens“ (1939) arbeitete, ein *in melodischer Prosa gehaltenes Buch*

---

[5] Briefe II, S. 130.

[6] Briefe I, S. 17.

voller allegorischer Gestalten und Traumsymbole; für Gerhard Wolf *ein Buch der Abrechnung, die poetische Verklärung eines Gesundungsprozesses, des persönlichen Weges vom Traumspieler zum Träumer im Sinne der neugewonnenen Weltanschauung.*[7] Thomas Manns Schaffenswille wirkte stimulierend. Fürnberg bewunderte Disziplin und Gestaltungsvermögen, *der alte Thomas Mann flößt Respekt ein*[8], so an Joachim C. Schwarz im Oktober 1944, und stand auch nicht an, *die analytische Leistung dieses allzugebändigten, sich selbst beschränkenden Denkens* anzuerkennen, als er den Vortrag „Nietzsche's Philosophie im Lichte unserer Erfahrung" (1947) las. *Wäre Mann Marxist*, schrieb er Otto Morf im Juni 1947, *wäre nichts wunderbar. Aber so ist es phantastisch, und abermals phantastisch.*[9]

Manche Briefe zeigen, welche Arbeiten Thomas Manns Fürnberg beeindruckten. Der große Epiker fand weniger Anklang als der Meister der kleinen epischen Form. Im Juli 1937 tauscht sich Fürnberg mit Lotte Wertheimer über die Funktion des Schriftstellers aus und resumiert, im Widerspruch zur eigenen Schreibpraxis: *Die Aufgabe unserer ernsten Künstler aber scheint es mir immerhin, zu schreiben, was sie bewegt, und nicht, was man braucht. Oder werden wir vielleicht dereinst auf Petrarca oder Dante oder Goethe oder Shakespeare verzichten? Oder auf den Thomas Mann des „Felix Krull", des „Mario und der Zauberer", des „Gesang vom Kindchen"?* Mit Lotte teilt er die „Begeisterung über die Schönheit der Darstellung in Thomas Manns Josephsroman.[10]

Später sind die Urteile zurückhaltender. Arnold Zweig stellte Fürnberg im März 1945 die Frage: *Haben Sie übrigens den 4. Band des heiligen Thomas gelesen?* [„Joseph, der Ernährer", 1943] *Ohne respektlos werden zu wollen: aber er ist zu langweilig. Mir war übrigens schon die Spannung, mit der man ihn in den verschiedenen Moschawots* [kleine jüdische Gemeinden in Palästina] *erwartete, verdächtig.*[11] Darauf gab Arnold Zweig keine Antwort. Fürnberg engagierte sich für einen Thomas-Mann-Abend in Jerusalem am 11. Juni 1945 aus Anlaß des 70. Geburtstages des Dichters. Zweig sprach über „Thomas Mann's Spiritual Way", ohne auf „Joseph und seine Brüder" einzugehen. Noch 1956 reagierte Fürnberg mit der peinlich anmutenden Frage *Sooooo langweilst Du Dich?*, als er von Anni Wollins Joseph-Lektüre hörte, sicherlich auch im Zorn über Erika Manns selbstgefälligen Bericht „Das letzte Jahr" (1956), der Thomas Mann ungewöhnlich verherrlichte.[12]

[7] Gerhard Wolf, Der Dichter Louis Fürnberg. Leben und Wirken. Ein Versuch. Berlin 1961, S. 28f.
[8] Briefe I, S. 273.
[9] Briefe I, S. 434.
[10] Briefe I, S. 63.
[11] Briefe I, S. 295.
[12] Briefe II, S. 364.

Auch ist Fürnbergs Meinung über den „Doktor Faustus“ sehr zwiespältig. Immer wieder kommt dem Poeten der Agitator und Agitprop-Aktivist in die Quere, der auf konkrete gesellschaftliche Situationen wirksame Texte wünschte, sie auch meisterhaft zu produzieren vermochte, aber philosophischen Reflexionen weniger Reiz abzugewinnen schien. *Der Faustus ist ein schwer lesbares Stück Buch, sehr groß, sehr verschroben und ebenso im Aufwand des Technischen*, schreibt er im Dezember 1947 Otto Morf, dem Literaturwissenschaftler und Lektor im Baseler Mundus-Verlag, der die Erstausgabe des „Bruder Namenlos“ besorgt hatte. *Ein Stück Generalabrechnung und ein größeres Fragment. Ohne die Spannkraft, Klarheit und Schönheit des Zauberbergs; ein starkes Wiederkäuen oft erklärter Maximen, die dadurch nicht gültiger werden. Und Stellen von vollkommener Erhabenheit. Was ließe sich nicht alles sagen. Aber man könnte es nur wieder so fragmentarisch, wie das Konvolut selbst ein Fragment ist. Ja - auch Langweile, viel Langweile. Und ein Erziehungsroman in umgekehrter Richtung.*[13] In Fürnbergs Publizistik, in Arbeiten über Kunst und Literatur, finden sich, bei aller Verehrung Thomas Manns, des *alten Goethe in Kalifornien*[14], so an Arnold Zweig im Mai 1945, keine Betrachtungen zum dichterischen Werk Thomas Manns, dessen *Weimarer Kurialstil*[15] Fürnberg wenig behagte (an Fritz Schälike im August 1953).

Der „Zauberberg“ war die große Ausnahme. Ihm gehörte Fürnbergs Liebe, ihn fesselten der hintergründige Humor, die Spannkraft und Klarheit des Romans. *Weißt Du*, schrieb Fürnberg schon 1937 an Lotte Wertheimer, *daß mir der Naphta ausnehmend gefällt? Der Hund!!*[16] Die Vielschichtigkeit und Widersprüchlichkeit dieser literarischen Figur mag ihn angezogen haben, die Mischung jesuitisch-kommunistischer Ideologeme, die Todesbereitschaft und die Fähigkeit, einem Werk bis zur Erschöpfung zu dienen. Fürnberg begegnete im „Zauberberg“ der Welt der Krankheit, die jener von Technik und Arbeit entgegensteht, die geordnetes Leben durch Abenteuerlichkeit und Orientierungslosigkeit ersetzt. Diese Position wird für Fürnberg zur großen Herausforderung. Selbst durch labile Gesundheit und Todesnähe bedroht, versteht Fürnberg nur zu gut das Geschehen des Romans. Der Gesellschaft von Kranken und Nutznießern auf dem Davoser Berghof war ein aktiver, gesellschaftliche Verhältnisse beeinflussender und umbiegender Menschenwille entgegenzustellen. Fürnbergs Auseinandersetzung vollzieht sich auf zwei Ebenen, einer poetisch-fiktionalen mit autobiographischer Grundierung im „Urlaub“ und einer autobiographischen Dokumentation bekenntnishaften Charakters in der „Krankengeschichte“. Früheste Erlebnisbasis

[13] Briefe I, S. 463.
[14] Briefe I, S. 310.
[15] Briefe I, S. 624.
[16] Briefe I, S. 71.

ist Fürnbergs Kur 1936 im Tessin; die späteste eine lebensbedrohende Erkrankung nach dem schweren Herzinfarkt im Sommer 1956.

Fürnbergs Romanfragment ließe sich als eine Art Urlaub vom „Zauberberg“ verstehen. Er hatte von beruflicher, poetischer und politischer Arbeit in der Tschechoslowakei Urlaub nehmen müssen, „lieder, songs und moritaten“, so der Titel einer 1936 erschienenen Gedichtsammlung, waren vorübergehend zu vergessen. Im „Fest des Lebens“ wird die Gesundung gefeiert (Zürich, 1939). Briefe an Anni und Hugo Wertheimer, die Eltern Lotte Fürnbergs, an Anni, Hans und Fritz Wollin, an Gertrud und Karl Kneschke, an Karl Stern, Ernst Sommer und Wieland Herzfelde aus der Zeit von Mai 1942 bis August 1945 lassen einzelne Etappen der Entstehung des Romans verfolgen, zeigen aber auch wachsende Gestaltungsschwierigkeiten. Erfreulich die Lesungen, über deren Erfolg z. B. in Haifa im Juni 1943 Arnold Zweig hörte.[17]

Mitte April 1943 hatte Fürnberg dem Ehepaar Kneschke das Arbeitsprogramm mitgeteilt. *Das erste Buch, betitelt Der Urlaub, spielt im Tessin. Es leitet sozusagen den Roman ein, der auf drei oder vier Bücher berechnet ist und vom April 1936 bis zum Juni 1941 fortführt, ein Bild vom Leben der sudetendeutschen Antifaschisten geben soll. Es wird viel diskutiert darin, im ersten Buch besonders geht es recht literarisch zu - später löst sich alles in die Ereignisse.*[18] Im Mai 1942 arbeitete Fürnberg bereits am zweiten Buch, im Juni 1943 erfolgte die Umarbeitung des ersten zur „Tessiner Novelle“. Das Zwischenkapitel vor dem geplanten dritten Buch „Der Weihnachtsabend“ entstand im Juni 1943. Umfangsdisproportionen zwischen den Büchern, das erste umfaßt zehn, das zweite drei Kapitel, der „Weihnachtsabend“ besteht aus fünf größeren Abschnitten, deuten auf Gestaltungsprobleme hin. Die Ereignisse und Erfahrungen seines kämpferischen Lebens in der Tschechoslowakei angemessen auf die fiktive Vorbildwelt des „Zauberberg“ zu beziehen und deren Überwindung durch militanten Humanismus künstlerisch darzustellen, war kaum zu zwingen.

Die „Tessiner Novelle“ und das Intermezzo vom „Weihnachtsabend“ sind durchaus gelungene Prosastücke mit geschlossenem Erzählcharakter. Die Kapitel des zweiten Buches, ein Fragment, fallen durch Faktenhäufung zeitgeschichtlicher Ereignisse und eine reportageartige Darstellung aus dem epischen Rahmen. Fürnberg beklagte, daß ihm zu konzentrierter Weiterarbeit die Ruhe fehle. Aber das ist nur eine Erklärung für die stockende Arbeit. *Ich werde ja wahrscheinlich niemals Prosa schreiben, wenn auch ein kleiner Roman abgeschlossen* [!!] *in der Lade liegt,*

[17] Arnold Zweig an Louis Fürnberg. Haifa, 28. 6. 1943. In: Der Briefwechsel zwischen Louis Fürnberg und Arnold Zweig. Dokumente einer Freundschaft. Hg. im Auftrag der Akademie der Künste der DDR von Rosemarie Poschmann und Gerhard Wolf. Berlin und Weimar 1978, S. 63.

[18] Fürnberg an Gertrud und Karl Kneschke, 16. 4. 1943. Briefe I, S. 199.

schreibt er im Oktober 1944 dem Erzähler Ernst Sommer in London. *Ich bin ein Lyriker, wenn das keine zu zarte Bezeichnung für einen Trommler ist.*[19] Mit nochmaligem Verweis auf seine Begabung als Lyriker teilt er im August 1945 Wieland Herzfelde mit, daß *ein Buch einer geplanten sudetendeutschen Romantrilogie* [...] *fertig* sei, *aber zum Weiterschreiben fehlt mir der Mut.*[20]

Wovon wird im „Urlaub" erzählt? Franz Kassner, böhmischer Dorfschullehrer, Mitglied der KPČ, in seiner Haltung ähnlich wie Joachim Ziemßen ein *überzeugter, rigoroser Soldat der Lebensbejahung,* aber, im Unterschied zu Hans Castorp, dem jungen patrizischen Bürger, ein *„Stehkragenproletarier"*,[21] mit Goethes „Italienischer Reise", Kellers Gedichten und dem „Zauberberg" als Reiselektüre ausgestattet, fährt nach Lugano, um im Tessin seine Gesundheit wiederzuerlangen. Zuhause hatte er Gedichte verfaßt, die *agitatorisch ganz gut zu brauchen* sind (S. 85). Den *Sonderfall dieser Reise* faßte Kassner *als Desertion vor dem Leben* (S. 55) auf, und je mehr er sich von der vorübergleitenden Landschaft in den Süden ziehen ließ, um so beklommener wird ihm zumute. *Die immer von neuem aufgenommene Lektüre von Thomas Manns Zauberberg tat das übrige... Es war eine gewissenhafte, von vielen ästhetischen Reizen schmackhaft gemachte Vorbereitung auf die Auflösung* (S. 56). Eine Lesung seiner Gedichte in Basel, zu der ihn der Maler Reinhard Colon eingeladen hatte, war vorüber. *Krankheit und das Bewußtsein des Unentrinnbaren in der Brust* (S. 64) - sollte das Verlöschen schon bevorstehen? -, gab sich Kassner der Reise hin. Nachdem der Gotthard-Tunnel durchfahren war, ging es hinab - welch eigenartige Verkehrung? Hans Castorp fuhr aus dem Flachland hinauf, Kassner aus den böhmischen Bergen und den durchquerten Alpen hinab, der Zug glitt *über Kehren und Schleifen* (S. 69) dahin. Näherte sich Castorp der *türmenden Gipfelwelt des Hochgebirges,* so eilte Kassner der gleißenden Fläche des Luganer Sees entgegen, überragt von den Hausbergen der Stadt, dem Monte Bré und dem Monte Salvatore. Wie Castorp von Joachim Ziemßen empfangen wurde, so bot Maler Colon Kassner ein Willkommen.

Henri Poschmann machte darauf aufmerksam, daß sich die *Anspielungen* auf den „Zauberberg" *nicht nur auf das Milieu des exklusiven Kurorts für Lungenkranke* beziehen, sich auch nicht in literarischen Variationen erschöpfen: *Die Farben, mit denen Fürnberg Thomas Mann „kopiert", sind mit Sympathie und Ironie gemischt.* Kassner unterscheide sich von Castorp *wie der Kommunist Fürnberg des zweiten Weltkrieges von dem bürgerlichen Schriftsteller und Zeitgenossen des ersten Weltkriegs Thomas Mann.*[22]

---

[19] Briefe I, S. 286.

[20] Briefe I, S. 320.

[21] Prosa I, S. 55 f. Fortan im Text zitiert mit der Seitenzahl.

[22] Henri Poschmann, Louis Fürnberg. Leben und Werk. Berlin 1977, S. 105 (Schriftsteller der Gegenwart, 21).

Von April bis Mai 1936 erlebt Kassner, dieser *Sinnierer, Träumer, Nachdenker, Weltbeglücker, Wanderer durch die Nacht* (S. 292), eine andere Welt, deren landschaftlicher Zauber mit der Ungezwungenheit und Ungebundenheit der Menschen, vor allem aus Künstlerkreisen, verschmilzt. Er beobachtet das Leben der Kurpatienten, findet Kontakt zu den Ärzten, Malern und Schriftstellern aus der Asconeser Künstlerkolonie, diskutiert mit ihnen über weltanschaulich-ästhetische und künstlerisch-praktische Fragen, sich dabei zunehmend von ihren Vorstellungen einer „autonomen" Kunst distanzierend, die sich gesellschaftlicher Verantwortung entzieht. Überdeutlich ist die Polarisierung zwischen Kassner, dem Exilschriftsteller Schwerin und dem Maler Sigrist und jenen snobistischen Kreisen, die „wirklichkeitsnahe Kunst" verachten. Kassners Beziehung zu der jungen amerikanischen Jüdin Greta Lilienfein deutet auf ein neues, liebevolles Lebensbündnis. Greta hat Davos hinter sich, ihr Lebensmut steigt; sie ist sogar bereit, Kassner nach Böhmen zu folgen. Ihr unerwarteter Tod zerstört alle Pläne. Berichte aus der sudetendeutschen Heimat, Nachrichten über Erfolge des front populaire in Frankreich weisen Kassner auf den Platz, den er wieder einnehmen muß. Der Zug *wand sich in die Höhe. Grün waren die Wiesen, weiß die Berge, blau der Himmel. Von den Felsen Biascas stürzten demantene Wasserfälle. Es ging nach dem Norden hinauf,* so *als zöge ihn ein Magnet an* (S. 200).

Mit Kassners Heimkehr beginnt das zweite Buch. Er erfährt seine Versetzung von Schwaderbach im Egerland nach Meierhöfen bei Karlsbad. Aber Veränderungen erschrecken ihn nicht mehr. *Der Zurückgekehrte war derselbe und doch ein anderer* (S. 202), der sich nun im politischen Kampf bewähren mußte. Das Erlebnis des Todes von Greta hatte ihn reifen lassen, begünstigte seine Lebenszugewandtheit ähnlich wie Castorps Traumerfahrungen halfen, die *Sympathie mit dem Tode* zu überwinden. Fürnberg berichtet von Erfahrungen und Erlebnissen des antifaschistischen Kampfes im Sudetenland: vom Aufmarsch der Agitpropgruppe „Neues Leben", die er mit Kuba bis 1937 leitete, vom „Volkstag" in Königsberg an der Eger (S. 215ff.), von der Sammlung fortschrittlicher Menschen gegen die Henlein-Faschisten. Zunehmend wird die Erzählung zum ereignisvollen Lebensbericht, in dem Thomas Manns „Zauberberg" aus dem Blick gerät. Erst der reflexionsreiche „Weihnachtsabend" führt durch seine starke poetische Verdichtung zum Roman zurück.

Abgesehen von atmosphärischen Elementen, landschaftlichen Bildern und Ortsbezügen finden sich in der Figurenwelt des „Urlaub" die direktesten Bezüge zum „Zauberberg". Da ist der Maler Reinhard Colon, ein *Typus, der nicht nach Europa gehörte* (S. 81). Seit dem siebenten Lebensjahr litt er an schwerem Bronchialkatarrh, den er durch Aufenthalte in Ägypten und Spanien sowie ein *mehrjähriges Zauberberg-Leben, das tief auf seine Seele drückte* (S. 83), zu lindern suchte. Das Erbe seiner Herkunft erinnert an die der Manns: der Großvater war deutscher Konsul, der Vater stammte von den Philippinen, die Mutter ist Südländerin. Fürnberg nahm Züge der Persönlichkeit von Mynheer Pieter Peeperkorn auf, deutete sie aber um. Während der holländische Plantagenbesitzer im „Zauberberg" trunkselig feiernd, elementar und dionysisch veranlagt, seine Umgebung fasziniert, bleibt Colon ganz Künstlernatur. Für ihn ist Lugano eine *ästhetische Angelegenheit*, ein Hort der Künstler, *die der Schönheit verfallen sind* (S. 75). Die Platenreminiszenz schimmert durch. Thomas Mann liebte das Venezianische Sonett *Wer die Schönheit angeschaut mit Augen, / Ist dem Tode schon anheimgegeben.*[23] Colon wünscht sich Kassner zum Freund, doch *wir werden nicht Bruderschaft trinken, oder vielleicht ja, aber...* (S. 76). Das ist bekannt aus dem Hans Castorp schmeichelnden Gespräch mit Peeperkorn, der *im Begriff* war, ihm *das brüderliche Du* anzubieten, es aber *ein klein wenig* [...] *überstürzt* fand, doch später beide für *Brüder* erklärte, *den Sinn der Brüderlichkeit im Gefühl.*[24] Colon preist das Seelische und Geistige; die *Magenfrage*, die Kassner bedrückt, ist für ihn gegenstandslos. Am Rande sei bemerkt, daß Colons Neigung zur Homosexualität eine Replik auf Castorps Beziehung zu seinem Jugendfreund Pribislav Hippe sein könnte. Todesgefühl auch hier; denn die „Hippe" ist die Sense des Todes.

Greta Lilienfein, Tochter eines amerikanischen Bankiers, zweiundzwanzig Jahre, von anmutiger Gestalt, die sich, wie Clawdia Chauchat, im Profil zu zeigen beliebt, begegnet Kassner als kühne Reiterin. Sie ist, im Unterschied zu Madame Chauchat, keine femme fatale. Doch beherrscht sie wie diese das Geschehen, opponiert der *kurgebrauchenden Welt* und dem Asconeser Künstlervölkchen. Fraglich ist, ob diese Künstler eine ähnliche Aufgabe haben sollten wie etwa Naphta und Settembrini, die sich als *Erzieher* unentwegt um Hans Castorp, das *Sorgenkind des Lebens*, bemühten. Kassner hatte klare politische und weltanschauliche Positionen. Neben Colon sind die interessantesten literarischen Figuren der Maler Pykes und der Emigrant Schwerin. Pykes, ein orthodoxer polnischer Jude, Mystiker, war davon überzeugt, daß seine Bilder in der Kabbala wurzeln (S. 137) und empfand *Besinnung und Einkehr* (S. 138) als Künstlerpflicht. Anders der revolutionäre Dichter Schwerin, für den Bilder *Gegenwelten* zur realen Welt sind, die er leidvoll erfuhr. Kassner kannte ihn bereits, da Schwerin *im Auftrag der Internationalen Arbeiterhilfe die Hungergebiete* seines Landes bereist und studiert hatte (S. 91). Schwerin gehörte zu den Menschen, die das *Weltgewissen* gegen das Hitlerregime mobilisierten (S. 165). Nach seiner Flucht in die Schweiz besuchte er Thomas Mann *in dessen Exil in Küsnacht am Zürichsee.* Das von ihm berichtete Ge-

---

[23] Vgl. Thomas Mann, August von Platen. In: Thomas Mann, Gesammelte Werke in zwölf Bänden. Band X: Adel des Geistes. Zwanzig Versuche zum Problem der Humanität. Berlin 1955, S. 438f.

[24] Thomas Mann, Der Zauberberg. In: A. a. O. (Anm. 23), Band II, S. 799, 867.

spräch mit Thomas Mann bezog auch Willi Bredels Roman „Die Prüfung" (Prag 1935) und Wolfgang Langhoffs „Moorsoldaten" (Zürich 1935) ein. Thomas Mann äußerte *„bei aller Achtung, die er vor dem Buch* [„Die Prüfung"] *empfand,* [...], *daß er es nur mit Mühe und größter Anstrengung hatte zu Ende lesen können, da er die Schilderung der Grausamkeiten, den düsteren Ton des Buches einfach nicht mehr ertrug."* Ganz im Gegensatz zu den „Moorsoldaten", *„ein Buch, das nicht nur die großen tragischen, sondern auch die leichteren Züge des teuflischen Erlebnisses berücksichtige, den kräftigen, aller Misere zum Trotz waltenden Humor der Häftlinge, das Menschliche kurzum, ohne das es eben keine Hoffnung gäbe"* (S. 168).

Diese Passage ist sehr bemerkenswert. Thomas Manns Tagebuch verzeichnet am 30. Juli 1934 Erika Manns Bericht über *die Erlebnisse eines ihr bekannten jungen Kommunisten in einem Konzentrationslager.* Es war Langhoff, der 1934 in die Schweiz fliehen konnte und bis 1945 dem Zürcher Schauspielhaus angehörte. Thomas Manns Notat vom 2. August 1934 vermerkt: *Zum Thee Erikas Freund X, der junge Schauspieler und Kommunist, mit den ausgeschlagenen Zähnen. Erzählte von seinen Erlebnissen, aus denen überzeugend hervorgeht, daß der Nationalsozialismus Bestialismus ist* und nichts weiter. *Seine überzeugten Hoffnungen auf die eines Tages kommende rettende und reinigende Aktion der Arbeiterklasse.* Und am 25. November 1934 notiert Thomas Mann: *Nachmittags Besuch von dem Schauspieler* Langhoff, *der uns aus seinen Erinnerungen an das Konzentrationslager, teilweise Erschütterndes, vorlas.*[25] Welch wachsenden Eindruck Langhoff bei Thomas Mann hinterließ, zeigt die Benennung seiner Persönlichkeit. Das Tagebuch vermerkt keine Lektüreeindrücke von Bredels „Prüfung", wohl aber das Gespräch mit *dem sympathischen Kommunisten Bredel über Sozialismus* (17. Februar 1936), die geplante, aber nicht realisierte *russische Reise* sowie Bredels Bemühen, Thomas Manns Vortrag „Freud und die Zukunft" (1936) für die Exilzeitschrift „Das Wort" zu gewinnen (1. Mai 1936); dazu Ärgernisse *über Bredel und* Das Wort, *die aus meiner rein höflichen Zusage ein unangenehmes Wesen machen* (30. Juli 1936).[26] Thomas Manns kurze Beiträge im „Wort" waren zumeist Nachdrucke von Stellungnahmen und Auszüge aus Reden.[27]

Die Gespräche literarischer Figuren bewegten sich dicht an der Realität. Es ist nicht nachprüfbar, aus welchen Quellen Fürnberg diese Fakten erfuhr, um sie künstlerisch zu verarbeiten. Wenn im „Urlaub" von *Erziehern* mit gegenspielerischen, in unterschiedlichen Wertewelten wurzelnden Tendenzen die Rede sein kann, so ist an Colon und Schwerin zu denken. Auch aus der Ärztewelt kamen

---

[25] Thomas Mann, Tagebücher 1933-1934. Hg. von Peter de Mendelssohn. Frankfurt am Main 1977, S. 488, 492, 574.

[26] Thomas Mann, Tagebücher 1935-1936. A. a. O. (Anm. 25), S. 258, 296, 341.

[27] Vgl. Georg Potempa: Thomas Mann-Bibliographie. Das Werk. Mitarbeit Gert Heine. Morsum/Sylt 1992, S. 433, 439, 445, 461, 471.

Beeinflussungen Kassners. Da sind Dr. Maag und Dr. Sarotti (S. 197), die an Hofrat Dr. Behrens und dessen medizinischen Rivalen Dr. Krokowski erinnern, der gern seinen Assistentenbereich überschritt. Dr. Maag, Colons Arzt, war ein *Kuriosum* (S. 74); Kassner gefiel dieser *polternde Arzt*, der sich *wie eine Kopie des Dr. Behrens aus dem* Zauberberg *benahm* (S. 88). Seine Frau, ebenfalls Ärztin, und er hatten Lenin und die Krupskaja gekannt, die in der Zürcher Bibliothek arbeiteten.[28] Solche biographischen Details verbinden mit geschichtlicher Realität, zeigen Kassners Verpflichtung gegenüber der Arbeiterklasse. Wie Castorp sucht sich auch Kassner trotz gesundheitlicher Bedrängnis *eine Verfassung* zu geben, seine Welt- und Werteordnung als kämpferischer Kommunist zu festigen.

Am Weihnachtsabend des 24. Dezember 1936 hält Kassner Rückschau und bedenkt Zukünftiges. Der langsam fallende Schnee hüllte die Karlsbader Alleen *in seine weißen Schlafdecken* (S. 263), lockte in Wunsch- und Träumeabgründe; kaum war der stetig ansteigende Weg zu spüren. Kassner fühlte grenzenlose Einsamkeit, aber es war eine *Einsamkeit, an der man sich nicht wundstieß* (S. 268). Dabei erinnert er sich an Nietzsche, das in der Nachkriegszeit entdeckte *Idol*, denkt an Vergangenes, an die Freunde, an die Gegenwart, fragt nach dem Sinn des Lebens, durchsetzt von trüben Ahnungen und bitterem Zweifel. Dennoch bekennt er sich zum Leben, zur Tat. Hatte nicht auch Hans Castorp in der Einsamkeit des Schneesturms den Weg ins Leben zurückgefunden? *Ich will gut sein. Ich will dem Tode keine Herrschaft einräumen über meine Gedanken! Denn darin besteht die Güte und Menschenliebe, und in nichts anderem.*[29] So denkt Thomas Manns Held im „Zauberberg". Während Kassner im *erinnernden Rückblick* das *ganze Kunstwerk* [s]*einer Umformung*, die einst durch seinen Freund Nickl vollzogen worden war, dankbar bedachte (S. 287), beruhigt sich sein Herz. *Da er so ging, voll von den inwendigen Gesichten, die die Nacht heraufbeschwor, die Erinnerung, die Winterluft, die traumhafte Einsamkeit, empfand er doch so etwas wie Befriedigung über sich selbst* (S. 269). Er war aus dem Amt entfernt, *des Stundenplans ledig*. Endlich soll einmal *Schluß gemacht werden*, daß *die Lehrer von Staats wegen betrügen müssen.* Und *deswegen gehst du ja nach Spanien* [...] *fühl mal, wie stark du bist und hoch die Internationale Brigade!!* (S. 262).

Im Zurückfinden zur kämpferischen vita aktiva, nicht Objekt der Schlacht zu sein, wie Hans Castorp in Flandern, sondern auf ein Ziel hinarbeitendes Subjekt, in dieser Position drückt sich der Urlaub vom „Zauberberg" am sinnfälligsten aus. Das Leben fordert geradezu *ins Feuer mit den Krankengeschichten!* (S. 262). Doch die Kämpfe haben einen hohen Preis. Statt Kassner, dessen Schicksal offen bleibt wie das Hans Castorps, holten sie den Dichter Louis Fürnberg wieder

[28] Vgl. dazu Louis Fürnberg, Lenin in Zürich. In: Fürnberg: Wanderer in den Morgen. Gedichtkreis. Gedichte II, S. 134.

[29] Thomas Mann, Der Zauberberg. A. a. O. (Anm. 24), S. 700, 701.

ein. „Urlaub“ ist kein Werk des Abschieds und der Resignation, es ist ein Bekenntnis zum *Lebensdienst.*

Louis Fürnbergs entschiedenste und problemreichste Auseinandersetzung mit Thomas Mann ist zur Grundlinie der „Krankengeschichte“ geworden, die sich der Dichter als *das große Herzstück* des Skizzen- und Impressionenbandes „Das Jahr des vierblättrigen Klees“ vorstellte.[30] Anlaß ihrer Entstehung war Fürnbergs schwerer Herzinfarkt am 31. Juli 1955. Bis Oktober 1955 verbrachte er im Prager Klinikum, dann folgte eine Kur in Pod brady. *Als sich der sehr bedrohliche Zustand etwas gebessert hatte*, berichtet Lotte Fürnberg, *begann Fürnberg die* Krankengeschichte *zu schreiben, um sich über die Ursachen seiner Erkrankung, die sowohl in der Zeit lagen, die er aber auch in sich selbst suchte, Rechenschaft zu geben.*[31] Die erste Niederschrift erfolgte noch im Krankenhaus im Herbst 1955. Im Mai 1956 teilte er dem ihn behandelnden Arzt Walter Ehrlich mit, daß sein *Buch (es ist kein Roman)* vorwärts geht. *Es ist ein in einen belletristischen Rahmen hineingespannter Essay, und die Genesung des Kranken läuft symbolisch parallel zu dem, was wir momentan in der Politik erleben.*[32]

Daran sei kurz erinnert: Die Genfer Gipfelkonferenz im Juli 1955 erweckte Hoffnungen auf eine internationale Entspannung, die aber durch den Druck der Pariser Verträge aufgehalten wurde. Im September 1955 leitete der Besuch des Bundeskanzlers Adenauer in Moskau die Herstellung diplomatischer Beziehungen der Bundesrepublik Deutschland mit der Sowjetunion ein - mit der DDR bestanden sie seit 1949 -, und minderte die „Politik der Stärke“. Chruschtschows Eröffnungen auf dem XX. Parteitag der KPdSU in Moskau über Stalins Verbrechen beschämten alle ehrlichen Kommunisten und stürzten sie in tiefe Konflikte. Wahrlich kein Heiltrank für Fürnberg!

Dennoch war Fürnberg zuversichtlich. Die Arbeit schien ihm Spaß zu machen. *Der Klee wird nächstens fertig und ist sehr lustig, die* Krankengeschichte *auch*, erfahren Christa und Gerhard Wolf am 3. Juni 1956.[33] Fürnberg hoffte mit diesem Buch, ganz im Geiste Thomas Manns, etwas *höhere Heiterkeit* in die Welt zu bringen, die dieser mit *der Humanität gleichsetzte.*[34] Doch es schienen sich die vom

---

[30] Fürnberg an Gerhard Wolf. Weimar, 28. 2. 1956. Briefe II, S. 233.

[31] Lotte Fürnberg, Ein Leben in Briefen. Briefe II, S. 511f.

[32] Briefe II, S. 265f.

[33] Briefe II, S. 282.

[34] Louis Fürnberg, Einleitung zu einem Kisch-Abend. Reden Aufsätze I, S. 98. Der Text wurde anläßlich des 60. Geburtstages von Egon Erwin Kisch im Jerusalemer Book-Club im April 1945 gesprochen.

„Urlaub" bekannten Arbeitsschwierigkeiten zu wiederholen; Fürnbergs *arme Seele* macht sich *in der lästigen* Krankengeschichte *Luft.*[35]

Wie stark Thomas Manns „Zauberberg" diese Arbeit inspirierte, zeigt ein Brief Fürnbergs an Karl Siegler, den Hausarzt der Familie in Karlsbad. *Die Auseinandersetzung* mit dem Roman *ist jetzt in einem gewissen Sinn auch mein persönliches Anliegen, ich arbeite an einer ziemlich intimen autobiographischen Studie, die s.Z. von meiner Krankheit ausgelöst wurde, und da nimmt natürlich der* Zauberberg *und überhaupt die Erscheinung Thomas Manns einen besonderen Platz ein. Ich habe ja Thomas Mann noch kurz vor seinem Tode in Weimar gesehen, gesprochen und beobachtet, und sein während meiner Krankheit erfolgter Tod* [12. August 1955] *hat mich damals in der Einsamkeit des Nachdenkens sehr beschäftigt.*"[36] So stellt sich Fürnbergs Text als eine äußerst nuancenreiche, auf Gerechtigkeit des Urteils bedachte Thomas-Mann-Kritik dar.

Die fünf Kapitel, beginnend mit dem Rückblick auf die Abreise aus dem Ahrenshooper Urlaub nach Prag und endend im September 1955 mit dem Krankenhausaufenthalt in Prag-Krè, fügen sich zur durchlebten Zauberberg-Zeit. *Welch gnadenreicher Einfall, um den* Zauberberg *zu bitten, das letzte der dem Kranken vom Arzte zugestandenen Bücher.*[...] *mit Schwächegefühlen gelesen , wird der* Zauberberg *zum Zauberberg, zu einem Brevier der Geduld, einem Stundenglas, darin man die Zeit rinnen sieht,* [...] *von innen*; der Kranke *empfindet sie nur anders, und so werden die Meditationen Hans Castorps, sein naives Präludieren über die Zeit, bis dorthin, wo das Zeitthema vom großen Orchester des Todes aufgenommen, variiert und* [...] *in den Ewigkeitsstrom hinübergeleitet wird, zum zwiespältigen Trost.*[37] Das Thema ist angeschlagen. Wiederum, aber anders als in den Reflexionen im „Urlaub", *floß und rann und versickerte Zeit, wohlgemerkt: nicht Zauberberg-Zeit, sondern Normalzeit zu sechzig Minuten die Stunde und vierundzwanzig Stunden den Tag* (S. 187). Diese Zeit ist durchmischt von bedrückender Krankheit und von Todesgedanken, von Hingezogensein zu Thomas Manns *Helden der Krankheit*, die *ihre Arbeit der Qual abtrotzten* - Thomas Manns Weimarer Schiller-Rede ist in deutlichster Erinnerung -, und von Dankbarkeit gegenüber Thomas Mann, dessen *Dichtergenie* seine literarischen Helden *vermenschlichte: Tonio Kröger, Gustav Aschenbach, die bis auf Hanno herab- oder hinaufgeminderte Familie der einst so starkmächtigen Buddenbrooks, Adrian Leverkühn*, um nur *die nächstbesten* zu nennen. Sie alle *umstanden meine einsame Bettstatt oder umwandelten sie und waren alle Helden mit „feuchten Stellen", ob linksseitig in der Brust oder in der Seele, spielt dabei keine Rolle* (S. 169).

---

[35] Fürnberg an Christa und Gerhard Wolf. Franzensbad, 10. 6. 1956. Briefe II, S. 285.
[36] Briefe II, S. 438.
[37] Krankengeschichte. Fragment. Prosa II, S. 163. Fortan im Text zitiert mit der Seitenzahl.

Fürnbergs Krankheit löst eine umfassende Rekapitulation der Erfahrung Thomas Mann aus, der Synthese von Werk und Persönlichkeit, die ihr Werk und ihr Leben zum *Kunstwerk* zu steigern vermochte. Fürnbergs Überlegungen sind der Überprüfung eigenen Lebens und Wirkens dienlich, sie geben das Gefühl, daß nichts umsonst war, daß Geschaffenes von Dauer ist und *Dichtung* lebt. Im Bekennen aber findet sich auch eine zweifache Distanz: Nicht Thomas Manns Helden *vermögen die Helden einer lebenswerten, zukunftsträchtigen Welt zu sein, sondern die Gefährten unserer eigenen Mühe und Plage, unserer Rückschläge und unserer Siege.* Fürnberg fragt, *ob es nicht der Hochmut, die pädagogische Impotenz der ausgewachsenen, abgeklärten Tonio Kröger war, die sie so tragisch entmündigte, nicht in den gewaltigen Debatten mitsprechen zu sollen, in denen sich die Entscheidung über Zeit und Ewigkeit vorbereitete* (S. 169). Die andere, weitaus qualvollere Distanz gewinnt Fürnberg zu sich selbst. Er fragte nicht so sehr nach dem physiologischen Sinn der Krankheit, sondern nach ihrem erkenntnistheoretischen Gewinn. Erneut würde er *lernen müssen zu lernen*, auch die *unbequeme Weisheit zu entdecken.* Gnadenlose Selbstkritik bestimmt sein Trachten. *Wohin*, fragt er sich, *war ich mit all meinem Praktizismus geraten* [...], *schwamm ich nur mit dem Strome, weil es Mode war, mit dem Strom zu schwimmen? Wie konnte ich diese Stagnation als Schriftsteller verantworten?* (S. 180). So beantwortete sich Fürnbergs Frage nach dem „Zauberberg" als dem deutschen Erziehungsroman nach dem „Wilhelm Meister", daß Erziehung nicht sein konnte, *um in der Welt des* Zauberbergs *zu bleiben, jener Unterbliebenen von Langemarck* zu bedürfen, um *zu vollenden, was* wer *begann? Das Leben?* (S. 168)

In Fürnbergs Ringen um Klarheit, um Überwindung von Krankheit und Todesgefahr erwies sich die Kraft des Buches, die das Erleben des Kranken um eine beträchtliche Dimension erweiterte. Fürnbergs gesellschaftskritischer Maßstab ist streng. Nach seiner Ansicht scheiterte der „Zauberberg" in seiner *pädagogischen Mission*, weil *der Standort falsch gewählt war*, von welchem aus Thomas Mann *das Zauberberg-Phänomen der bürgerlichen Gesellschaft* darstellte (S. 170). Dieser kritische Aspekt resultiert nicht aus Undank, wohl aber aus einer äußerst subtilen Hinterfragung des Wertes von Literatur, Fürnbergs eigene Produktion einbeziehend. Das Erlebnis der Todesnähe, Thomas Manns Ableben und die eigene Gefährdung, schärft den Blick, macht unbestechlich.

Die Zeit lief ab, die der Krankheit wie auch jene Zeit, die Fürnberg selbst noch zugemessen war. *Wie die Zeit einem lang wird zu Anfang, an einem fremden Ort*, heißt es in Thomas Manns Exkurs *über den Zeitsinn.* Krankheit kann Gewöhnung bewirken, *ein Mattwerden des Zeitsinnes.* Nur die *Um- und Neugewöhnungen* scheinen *das einzige Mittel* zu sein, *unser Leben zu halten, unseren Zeitsinn aufzufrischen* [...] *und damit die Erneuerung unseres Lebensgefühls überhaupt zu erzielen.*[38] Mit der Niederschrift

[38] Thomas Mann: Der Zauberberg. A. a. O. (Anm. 24), S. 149f.

seiner „Krankengeschichte" strebte Fürnberg eine solche menschliche und künstlerische Erneuerung an, ihr gleichsam die erkenntnistheoretische Grundlage gebend. *Erneuerung* aber hieß für ihn, um im Titelbild der ersten Erzählung zu bleiben, *Urlaub* zu nehmen, Urlaub von der Welt des „Zauberbergs", und den Roman im Dienste des Lebens überwinden. Während der Arbeit an der „Krankengeschichte" vollendete Fürnberg die Gedichtsammlung „Das wunderbare Gesetz" (1956). Ihre Texte nehmen vorweg, was die „Krankengeschichte" ergänzend, meditierend und theoretisierend, leisten sollte, am *Problem der Überwindung des Todes* zu arbeiten. Eduard Goldstücker würdigte Fürnbergs Ringen, indem er meinte, daß *Louis siegreich den schweren Kampf bestand*[39]; denn der Kampf mit Krankheit und Tod - und das zeigt auch Thomas Manns Impulse gebender „Zauberberg" - beflügelt die Dichtung.

[39] Eduard Goldstücker: Die Tannen von Harrachow. In: Louis Fürnberg. Ein Buch des Gedenkens zum 50. Geburtstag. Hg. von der Deutschen Akademie der Künste zu Berlin. Berlin 1959, S. 84.

Utopien in Louis Fürnbergs Lyrik nach 1945

RÜDIGER BERNHARDT

Auf die Heimkehr nach Böhmen hatte Louis Fürnberg 1945 Hoffnungen gesetzt; seine Dichtung sollte sich endlich *erfüllen*, die *Sonne Böhmens* ihm Licht spenden. Das Licht wurde in seinen Dichtungen aus den letzten Kriegsjahren und nach Kriegsende eine Metapher für Hoffnung auf Rückkehr in die Heimat. Dabei schätzte Fürnberg die Dauer der aufsteigenden Helle langfristig ein: *Endlich scheint ein Schimmer / zögernd am Himmel auf. / Bruder, wir müssen nicht ängsten, / daß uns die Nacht übermannt. / Litten wir auch am längsten, / steht uns das Hellste bevor.*[1] Briefe aus der gleichen Zeit verwendeten diese Metapher ebenfalls, die Sonne stand für das Ende der Emigration und die Heimkehr nach Böhmen.[2] Die Lichtmetapher verlor bei Fürnberg zunehmend ihren tageszeitlichen Inhalt und wurde zum Symbol einer friedlichen und freien, sozial gerechten Welt: *Daß erst die Dunkelheit / von dieser Erde weiche, / sind wir zu reiner Tat / im Leben hier bestellt. / Wir sagen Ewigkeit / und meinen nur das Gleiche, / das immer siegend steigt, / obgleich's der Schnitter fällt* heißt es in einem der letzten Gedichte „Ein Lebenslied" (1957), das den Bezug zu literarischen Vorbildern sucht: zu Robert Hamerlings „Lebenslied", Hugo von Hofmannsthals „Lebenslied" (1896) und Franz Werfels „Ein Lebens-Lied" (1913). Es ist auch eine Bestimmung des eigenen Standortes in der deutschsprachigen Literatur, die Fürnberg geradezu prophetisch am Ende seines kurzen Lebens vornahm.

Die Hoffnung Fürnbergs auf die neue alte sprachliche Heimat, die er seiner Dichtung „Der Bruder Namenlos" 1945 in Palästina eingeschrieben hatte, trog. Die deutsche Sprache war zur Sprache von Tätern geworden, nun mußten auch die deutschen Opfer der deutschen Täter darunter leiden. Nicht in Böhmen für sein einstmals deutschsprachiges Publikum veröffentlichte Fürnberg nach dem Kriege seine Hoffnungen, sondern im Schweizer Mundus-Verlag (Basel) erschienen die Gedichte des „Bruder Namenlos" 1947, als sie ein deutschsprachiges Publikum suchten.

[1] Louis Fürnberg, „Prolog" zu „Der Bruder Namenlos. Ein Leben in Versen". Gedichte II, S. 10. - Texte und Briefe Fürnbergs werden nach den Ausgaben des Aufbau-Verlags zitiert; siehe die Fußnote zum Vorwort.

[2] Fürnberg an Gertrud und Karl Kneschke, 19. 11. 1945 (*der letzte Brief ..., den wir Euch in die Emigration schreiben*). Briefe I S. 333ff. Darin heißt es: *Wenn unsere Emigration gar so demoralisiert ist, dann soll man sich nicht wundern. Es wird vielleicht noch einmal geredet werden darüber. Aber Du hast recht, Karl: lassen wir der Sonne Zeit.*

Der Dichter hielt trotz der Enttäuschungen und der verloren gegangenen sprachlichen Bedingungen die Beziehung zu seiner Heimat in den Gedichten aufrecht, von denen einige volksliedhaft wurden („Alt möcht ich werden", „Spätsommerabend"). Zwei Gedichte gehören nicht nur zu den schönsten Texten des Dichters, sondern geben auch Auskunft darüber, wie der enttäuschte Fürnberg Entwürfe der Schönheit und Hoffnung entwickelte. Beide Gedichte sind in der Zeit der Heimkehr in eine Heimat entstanden, die keine Heimat mehr war. Sie nehmen deshalb dieses Thema auf. Beide weisen als ideellen Mittelpunkt ein zentrales Metaphernfeld Fürnbergs auf, den des Gegensatzes von Hellem und Dunklem, von *steigender Sonne*, *Licht* und *Abgrund*, *Schatten*.

Das erste für den Vorgang aufschlußreiche Gedicht entstand am 14. Juni 1948 in Karlsbad; Fürnberg hatte es *also in der Heimat geschrieben, sogar gewissermaßen in der Vaterstadt; denn der in Iglau Geborene wuchs in Karlsbad auf. Da aber noch der Heimgekehrte von einem seltsam gemischten Gefühl aus Heimweh und Fernweh bedrängt und auf diese Weise zum Vergleich mit dem verwandten Odysseus gedrängt wird, sehen wir uns vor die Frage gestellt, warum sich denn die Heimat des Dichters nicht ohne weiteres als das ersehnte und endgültige Ithaka erwies.*[3]

Der neue Odysseus

Am Abend stieg der Wald in mein Gesicht,
schwebende Gondel des Monds. Aus tausend
Träumen und Ahnungen hob sich mein Herz
in ihre silberne Ferne.

Wohin? Um der Fahrten willen, des steten Entdeckens,
um der unersättlichen Neugier planlosen Suchens,
nimmer innezuhalten und hinzutreiben,
tatenarmer Odysseus ohne Ithaka---?

Und wär dies mein Schicksal auch
bis ans ruhmlose Ende, - ach, ich bin nicht müde,
den Sirenen zu lauschen und den
einäugigen Zyklopen Rede zu stehn.

[3] Hans Richter, Der neue Odysseus. In: Hans Richter, Verse, Dichter, Wirklichkeiten. Aufsätze zur Lyrik. Berlin und Weimar 1970, S. 164.

Und auch ihnen wird in der steigenden Sonne
einmal das Herz erglühen und schmelzend
sich ein feuriger Lavastrom über den Abgrund
ergießen, das Böse versteinend.[4]

Das Gedicht erschien in der Sammlung „Das wunderbare Gesetz" (1956), in der Gedichte aus verschiedenen Zeiten vereinigt wurden.

Fürnbergs Weg führte seit 1933 *durch die Gefängnisse von Ostrava, Opava, Neiße, Ratibor, Görlitz, Bautzen, Breslau, Dresden, Eger und Karlsbad, durch Italien, Jugoslawien, Griechenland, die Türkei und über Zypern nach Palästina*, eine Odyssee, die den Dichter mehrfach *über Straßen hinwegführte, auf denen Homers Odysseus einst seinem Ithaka zutrieb*[5]. Fürnberg verstand und bezeichnete seinen Weg durch das Exil als Odyssee. Als er schließlich heimkam, kam er nicht an: *Ich war aus der Emigration heimgekommen, um zu entdecken, daß ich nicht mehr 'daheim' sein sollte.*[6]

Fürnberg erschien die Heimkehr von Anfang an zwiespältig:

Wir sollen nun endgültig in den ersten Januar-Tagen fahren. Die Verhältnisse fangen langsam an, sich zu klären. Wir behalten unsere Staatsbürgerschaft und haben die Möglichkeit, wenn es uns in Prag nicht hält - aus materiellen Gründen -, nach Österreich zu gehen oder nach Deutschland. Nach Deutschland zu gehen, können wir uns nicht entschließen. Nicht aus Gründen der Vorsicht. Aber weil man erst über sein Gefühl ein bißchen Gras wachsen lassen will. Unsere Zukunft ist ungeklärt....und so haben wir keine anderen Pläne, als heimzukehren und Umschau zu halten.[7]

Fürnbergs Zustand nach der Heimkehr, die keine wurde, war von Hoffnung und von Enttäuschung geprägt. Einerseits glaubte er, seine Träume erfüllt zu sehen, wozu nicht zuletzt auch die Gründung des Staates Israel beitrug, andererseits fügten sich leidvolle Erfahrungen aneinander, so auch die Auseinandersetzungen, die um den jungen Staat entstanden, aber auch die *Stürme* in der eigenen Partei. Wenn er auch öffentlich und in viele Briefen unbeirrt optimistisch wirkte, so war er im Innersten verunsichert. Das Gedicht ist ein Beispiel dafür.

Fürnbergs Nachkriegsgedichte scheinen leicht und mühelos geschrieben zu sein. Seine Fähigkeit, einprägsam gängige Reime zu finden, und die glückliche Verbindung von bewährtem Wortmaterial und abrufbaren Bildern brachten sei-

---

[4] Gedichte II, S. 392.
[5] Hans Richter a. a. O. (Anm. 3), S. 163.
[6] Fürnberg an Hugo Huppert, 14. 4. 1957. Briefe II, S.471.
[7] Fürnberg an Arnold Zweig, 11. 11. 1945. Briefe I, S. 332.

nen Liedern große Verbreitung. Zwischen Volkstümlichkeit und Trivialität war dabei die Grenze fließend. Für den „Neuen Odysseus“ trifft davon nichts zu. Aber es ist ein Beispiel der deutschen Literatur, wie eine schwere Niederlage und persönliche Enttäuschungen in Hoffnung und neue Entwürfe gewandelt werden können.

In einer Vorlesung im Literaturinstitut „Johannes R. Becher“ (Leipzig) sagte Georg Maurer 1965 über die jungen Lyriker jener Zeit: *Sie rufen Prometheus und Odysseus herauf und besprechen sich neu mit ihnen. Und so fühlen sie sich wirklich. Sie eignen sich Häuser, Wälder und Wiesen als Heimat neu an ...*[8] Häuser, Wälder und Wiesen stehen für die Heimat. Für Georg Maurer, den aus einer siebenbürgisch-sächsischen Lehrerfamilie stammenden Dichter, war das ein ernsthaftes Problem. Was er den jungen Lyrikern sagte, hatte er in die eigene Dichtung eingebracht. Ähnliches hätte auch Louis Fürnberg, der Dichter deutsch-böhmischer Herkunft, sagen können; er sagte es nicht, aber er dichtete Heimatsehnsucht, Heimaterwartung und Heimatverlust im mythischen Bild. Damit wurden sie von der persönlichen Erfahrung abgehoben und wuchsen zum existenziellen Grunderlebnis, wie es sich in mythischen Bildern ausdrückt.

Odysseus gehörte zu den Leitbildern Fürnbergs zu Kriegsende und danach. Im Umgang mit der mythischen Gestalt unterschied er sich allerdings grundsätzlich von den jüngeren Dichtern. Bei ihnen, die Maurer ansprach, war zu fragen, ob sie noch ihre Heimat befragen mußten und nicht vielmehr in ihr angekommen waren. Ihre Odysseus-Variationen[9] waren nicht von der Heimatsehnsucht des Odysseus ausgegangen, die sie selbst nicht durchlebten; es erfolgte vielmehr der gegenläufige Prozeß: Heimat bedeutete ihnen Beschränkung und Bescheidung, sodaß sie sich unter Berufung auf Odysseus von ihr abzustoßen begannen. Fürnberg und Maurer einerseits und die jungen Dichter andererseits beriefen sich auf die gleiche mythische Gestalt, aber auf unterschiedliche Bilder von ihr.

Für Odysseus' Schicksal gab es zwei bekannte Varianten, die den Dichtern als Material bewußt waren, die Variante Homers und die Dantes. Die Varianten standen für unterschiedliche Erfahrungen:

---

[8] Georg Maurer, Essay 1. Halle 1968, S. 21. - Zu Louis Fürnbergs Gedicht „Der neue Odysseus“ vgl. die Interpretation Hans Richters a. a. O. (Anm. 3), S. 158, von der sich die vorliegende Behandlung vor allem darin unterscheidet, daß sie Fürnbergs Wechsel von Homer zu Dante als Ausdruck des utopischen Denkens versteht.

[9] Zum Gesamtproblem vgl. Rüdiger Bernhardt, „Nenne mir, Muse, den Mann, den vielgewandten...“. Bemerkungen zur Odysseus-Gestalt in der Lyrik der DDR. In: Wissenschaftliche Zeitschrift der Martin-Luther-Universität Halle-Wittenberg. Gesellschafts- und sprachwissenschaftliche Reihe XXIII/1974, Heft 6, S. 77ff., und ds., Odysseus' Tod - Prometheus Leben. Antike Mythen in der Literatur der DDR. Halle-Leipzig 1983, S. 16ff.

In Homers „Odyssee" wird Odysseus nach dem Ende des Trojanischen Krieges zehn Jahre auf dem Meer umhergetrieben. Am Ende der Irrfahrten kommt er in das geliebte Ithaka zurück, findet seine treue Frau Penelope, tötet die sie bedrängenden Freier, dann auch die untreuen Mägde (*Also streckten auch sie in langer Reihe die Köpfe / Mit dem Hals in die Schlinge und starben schmählichen Todes, / Mit den Füßen zuckten sie etwas, aber nicht lange*[10]) und auf brutal perverse Weise den Ziegenhirten Melanthios, der Odysseus verhöhnt hatte (*Schnitten mit grausem Erz ihm Ohren und Nase herunter, / Rissen die Scham ihm aus und warfen sie unter die Hunde*[11]). Odysseus besteht die Erkennungsprobe Penelopes - er soll das Ehebett verrücken, was nicht geht, da dieses vor dem Bau des Hauses in einen Baumstumpf geschlagen worden ist, was nur Odysseus wissen kann (*Ich und kein anderer schuf es / Mühsam*[12]) - zieht auf weitere Rache aus und wird von Pallas Athene schließlich auf einen heiligen Friedensbund verpflichtet.

Als Dante in der „Göttlichen Komödie" mit Vergil im achten Kreis der Hölle die betrügerischen Ratgeber trifft, ist unter ihnen auch Odysseus, der wegen des Trojanischen Pferdes, das auf seinen Rat hin gebaut wurde, bestraft worden ist. Vergil befragt Odysseus nach seinem Schicksal, *wo auf der Irrfahrt sein Gebein geblieben*[13]. Odysseus schildert nun sein verwirrendes Leben nach Kriegsende in anderer Weise als Homer es tat. Nach dem Abschied von Kirke habe er sich nicht nach der Heimat gewandt, nicht zu dem Vater Laertes, der Frau Penelope und dem Sohn Telemach, denn

Nicht tilgten sie in mir die Ungeduld, / Die Welt zu sehn und Alles zu erkunden, / Was drin der Mensch besitzt an Wert und Schuld. / Drum warf ich mich, kaum meiner Haft entbunden, / In einem einz'gen Schiff ins offne Meer, / Samt einem Häuflein, das ich treu erfunden [...] *Verwendet jetzt, um Neues zu erfahren, / Weil Seele noch und Leib zusammenhält, / Den kurzen Rest von eurem Erdenleben / Der Sonne nach zur unbewohnten Welt!*[14]

Odysseus und seine Gefährte verlassen die damals bekannte Welt, endend an den Säulen des Herakles, also Gibraltar, brechen in die unbewohnte Welt und das unbekannte weite Meer auf und zerschellen an einem Berg, *Wie ich noch keinen auf der Erd' erschaut.* Der Kommentator der Übersetzung vermerkte: *Die hier fol-*

[10] Homer, Odyssee. Verdeutscht von Thassilo von Scheffer. Leipzig 1955 (Sammlung Dieterich, Band 14), S. 389.
[11] A. a. O.
[12] A. a. O., S. 397.
[13] Dante Alighieri's Göttliche Komödie. Übersetzt und erläutert von Karl Streckfuß, hg. von Rudolf Pfleiderer. Leipzig o. J. (1876), S. 148.
[14] A. a. O. (Anm. 10), S. 149.

gende Erzählung stimmt nicht mit Homers Gedicht überein, welcher den Helden nach langer Irrfahrt ins Vaterland und zu den Seinen zurückführt.[15]

Dantes Odysseus ist einer *ohne Ithaka*, ist ein Scheiternder und damit ein *Tatenarmer*. Heldentaten wie die des Homer'schen Odysseus hat er nicht aufzuweisen, die Heldentat auf Ithaka, die Rache an den Freiern, sucht er nicht; sein Aufbruch in das offene Meer ist mehr Flucht als Tat. Gegen den Untergang des Schiffes weiß er kein Mittel und setzt keinen Kampf dagegen. Dem vermeintlichen Sieg, mit dem Berg ein neues Land gefunden zu haben - *Erst jubeln ließ er uns*, folgte - *dann bang verzagen* - die Ernüchterung: *Denn einen Wirbelwind' fühlt ich entstehn / Vom neuen Land, und unsern Vorbord schlagen; / Er macht' uns dreimal mit den Fluten drehn, / Dann, als der hintre Teil emporgeschossen, / Nach höh'rem Spruch, den vordern untergehn, / Bis über uns die Wogen sich verschlossen.*[16]

Was den Odysseus Dantes auszeichnet, ist sein unbedingter Glaube an die Zukunft in einer unbefriedigenden Gegenwart, ist sein unbedingtes Streben nach Erkenntnis, auch wenn Untergang droht. Dantes Odysseus ist eine Renaissancegestalt, die ihren Untergang gefaßt hinnimmt, weiß sie doch ihre Ideale bewahrt, weiterhin von anderen verkündet und sich darin erinnert.

Georg Maurers Aufzählung von mythischen Figuren wollte auf Symptomatisches hinweisen: es beginnt eine prometheische Zeit des Schöpferischen, angekommen in einer neu zu gestaltenden Heimat. Aber es war Mitte der sechziger Jahre schon deutlich geworden, daß die Generationen verschiedenartiges Verständnis für diese Gestalten entwickelten. Odysseus wurde von den Dichtern unterschiedlich, wenn nicht gar gegensätzlich gesehen. Der Unterschied stand in direkter Beziehung zur generationsspezifischen Erfahrung. Hin und wieder fand dieser Vorgang einer Umwertung der mythischen Figur sogar beim gleichen Dichter statt: Erich Arendt, einer der größten deutschen Lyriker des 20. Jahrhunderts, fühlte sich in mehreren Gedichten dem umhergetriebenen Odysseus ähnlich, solange er im Exil war oder das Exil noch reflektierte: *Nicht nur von ungefähr getrieben und verschlagen, / vollendet er die große Fahrt. Zur Sendung nimmt / er Wind und Stillen, ins Unbekannte noch zu tragen / sein Lächeln, wo nur Menschenblut den Tag bestimmt.*[17] Als er sich in der wiedergefundenen deutschen Heimat angekommen sah, verbannte er Odysseus aus seinem Figurenensemble und damit aus seinen Gedichten. Die Verdrängung vollzog sich nicht still und unauffällig, sondern

[15] A. a. O., S. 149, Anm. 94.
[16] A. a. O., S. 151.
[17] Erich Arendt, Ulysses' weite Fahrt. In: Erich Arendt, Aus fünf Jahrzehnten. Gedichte. Rostock 1968, S. 84.

wortgewaltig wie die Identifikation zuvor: *Größeres / wollten die Meere! Nicht / das Dach, die Fahne Rauch / überm Herzen, eine / Schwertspitze Rost, / verblätternd Ruhm.*[18]

Versucht man, die divergierenden Bewertungen der Odysseus-Gestalt zu ordnen, werden zwei unterschiedliche Positionen deutlich. Es wird ablesbar, daß die beiden Positionen in einander folgenden Generationen entwickelt wurden. Die einen sahen in Odysseus die Symbolgestalt für den umhergetriebenen Helden, der ohne eigenes Wollen und nicht einmal selbst Einfluß habend zehn Jahre auf Irrfahrten geschickt wird. Erst nach lebensbedrohlichen Schwierigkeiten, allerdings auch nach Genüssen bei Kirke, Nausikaa und anderen, was in dieser Lesart zurücktritt, kommt er in der Heimat an und kann seine Lebensplanung wieder in eigene Hände nehmen. Das ist der Odysseus Homers; ihn suchten und fanden die älteren Dichter, die ins Exil getriebenen, die verfolgten Dichter. - Der andere Odysseus ist neugierig. Krieg und Vertreibung liegen hinter ihm; er hat diese Erlebnisse verdrängt und sie belasten ihn kaum, weil er die Verluste durch neue Erlebnisse und Erfahrungen kompensieren konnte. In einer sich ständig verändernden, bewegenden und überraschenden Welt suchte er der Bewegung voraus zu sein und sogar die Welt so zu verstehen, wie noch keiner zuvor. Dazu brach er zu *neuen Ufern* auf. Diese Formulierung ist an diese Version von Odysseus geknüpft. Es ist der Odysseus Dantes.

Der Vergleich der Irrfahrten des Odysseus mit dem eigenen Schicksal war zuerst die Folge konkreter geschichtlicher Vorgänge. Bereits 1938 hatte Johannes R. Becher einen „Odysseus“ und 1940 ein Gedicht „Ithaka“ geschrieben. Im gleichen Jahr entstand Anna Seghers „Die drei Bäume“; die dritte Sage heißt „Der Baum des Odysseus“ und bietet im Modell des frei variierten Mythos die fast elementare Sehnsucht des Vertriebenen nach der Heimat. Ähnliches findet sich in Brechts „Heimkehr des Odysseus“ und anderen ins Exil getriebenen Dichtern.[19]

Nach Kriegsende erschien Odysseus häufig in der Lyrik. Es war kein Zufall, daß Schriftsteller, die emigriert waren, über ihr Schicksal nachdachten und ihnen dabei Odysseus, das mythische Beispiel für einen zehn Jahre durch die Welt irrenden Vertriebenen, einfiel. In Fürnbergs Briefen aus den vierziger Jahren beschrieb er den Weg seiner Familie als Odyssee; gegen Ende des Krieges hieß es: *Die Dinge in der Welt entwickeln sich ja wunderbar, und ich zweifle nicht, daß unsere Odyssee*

[18] Erich Arendt, Odysseus' Heimkehr. In: A. a. O. (Anm. 17), S. 373.

[19] Zu den Dichtungen, die Odysseus behandeln, vgl. Dorothea Gelbrich, Antike-Rezeption in der sozialistischen Lyrik. Phil. Diss. Leipzig 1973; Dorothea Gelbrich, Antikerezeption in der Lyrik der DDR. In: Weimarer Beiträge. Berlin und Weimar 1973, Heft 11, S. 47ff., und Rüdiger Bernhardt, a. a. O. (Anm. 9).

bald ein Ende haben wird.[20]. Die Dimension der Vertreibung war so groß, daß sich durchaus der Vergleich mit Mythischem anbot, zumal dadurch ein Vergessen schwerer wurde. Mythen sind langlebig.

Ohne hier ausführlich auf den Mythos einzugehen, sei angemerkt, daß der Mythos jene Bildwelt des Menschen benutzt, in der Unfaßbares und Unverständliches, den alltäglichen Erfahrungen Fremdes und von ihm Erträumtes in Bildern erscheint. *Mythische Welt- und Menschenbilder haben die kognitive Funktion, Unverständliches verstehbar zu machen, allerdings nicht ‚um der Erkenntnis willen', sondern um Handeln zu ermöglichen.*[21] Dabei werden existenzielle Grundsituationen in ein feststehendes Bild gebracht: Adam und Eva sind zum Beispiel das mythische Bild von Mann und Frau. Naturereignisse wurden ebenso mit dem Mythos erklärt wie unbegreifliche Geschichtsvorgänge, Kriege wurden oft auf den Trojanischen Krieg projiziert. Werden mythische Beschreibungen in Beschreibungen von Geschichte oder in literarische Ereignisse übertragen, verlieren sie ihre existenzielle Grundbedeutung und werden zum speziellen Fall. So bleibt, ihn in jedem Falle neu zu interpretieren, durch die Projektion des Mythischen auf die aktuelle Situation die Gegenwart als Teil der Menschheitsgeschichte zu begreifen und in Entwurf und Verwirklichung Erfahrungen einzubringen.[22] Solange sich eine Zeit, ihre Menschen und ihre Literatur des Mythos erinnern, sind sie bereit, historische Erfahrungen aufzunehmen. Fehlt diese Erinnerung, verschwinden auch die mythischen Muster, und Geschichte erscheint als willkürlicher Ablauf, nicht mehr gestaltbarer Ablauf.

Fürnberg ist kein Odysseus, auch kein *neuer*. Sein Schicksal nach 1933 aber, wie das anderer deutscher Exilanten, wird zur Odyssee. Das einst göttliche Verdikt des Umhergetriebenen verkommt zum verbrecherischen Akt der Vertreibung und löst damit Vertreibungen gewaltigen Ausmaßes aus. Das Schicksal des Odysseus wird zur alltäglichen Wirklichkeit. Waren es einst Zeus oder mindestens Poseidon, die das Umhergetriebensein für den herausragenden Helden auslösten, so wurden es dann Hitlers Faschisten, später Pinochets Militärs. Heute sind die Vertreibenden kaum noch zu zählen, die Vertriebenen nicht mehr einzelne Menschen, sondern Völker. Der Mythos erinnert, daß Irrfahrten wie die des Odysseus an der Wiege der europäischen Zivilisation die Ausnahme waren, und er läßt erkennen, daß auf einem Höhepunkt dieser Zivilisation die Ausnahme zur Regel geworden ist.

---

[20] Briefe I, S. 266.

[21] Jutta Wermke (Hg.), Moderne Mythen und Mythenkritik. (Texte und Materialien zum Literaturunterricht), Frankfurt am Main 1977, S. 5f.

[22] Vgl. dazu Karl Jaspers und Rudolf Bultmann, Die Frage der Entmythologisierung. München 1954, S. 89.

Auch für in Deutschland Verbliebene war nach 1933 die Angst vor Verfolgung so ungeheuerlich, daß sich das Schicksal des Odysseus assoziativ anbot. Wilhelm Girnus berichtete, daß ihn die Bilder der „Odyssee" bis in die *abgedunkelte Einzelzelle hinein* verfolgten, *und manchmal ließen sie mich trotz großer Ermüdung lange nicht einschlafen, oder ich träumte von ihnen im Schlaf ... Seitdem sind diese Gesänge der Odyssee mir besonders teuer.*[23] Selbst der alte Gerhart Hauptmann, der an Flucht aus Deutschland nicht dachte und deshalb zu Odysseus als Vertriebenem kein Verhältnis entwickelte, gab ihm in „Iphigenie in Aulis" (1940-43) den Charakter des Friedenssuchers und des ahnungsvollen Politikers: *Mich brachten Träume auch dem Wahnsinn nah, / als man die Fahrt nach Ilion erzwang. / Die schwarze Zukunft ließ mich ganz verzweifeln. / Dem Schuldigen Tod! Doch Frieden übers Land!*[24] Förderlich für solche Gedanken war, daß Odysseus trotz Kriegshandlungen, Fehlschlägen und Irrfahrten, trotz eines vom Individuum schwer zu beeinflussenden göttlichen Vorgangs am Ziel festhielt, in seine Heimat zurückzukehren und ihr Frieden zu bringen, und dazu seinen Einfallsreichtum und seine Klugheit einsetzte.

Fürnberg und Becher, Brecht und Erich Arendt, Anna Seghers und Wilhelm Girnus, später auch noch Hanns Cibulka gestalteten im Odysseus-Stoff, oft in mehreren Variationen, ihre Trauer um die verlorene, entbehrte und ihre Freude über die wiedergefundene Heimat.

Fürnbergs Gedicht „Der neue Odysseus" unterschied sich auf den ersten Blick keineswegs grundsätzlich von den Versionen der Seghers und Brecht, auch wenn das Gedicht erst nach dem Kriege geschrieben wurde. Es unterschied sich allerdings auf den zweiten Blick, weil von einem *neuen Odysseus* gesprochen wird; aus *Ithaka*, dem Sinnbild von Heimat, wurde *ohne Ithaka*, heimatlos. Fürnberg wußte von seiner Tragik, in seine Heimat zurückgekehrt zu sein und doch keine Heimat mehr zu haben. In seinem Gedicht ist deshalb ein wesentlicher Grundzug Odysseus' beibehalten. *Ithaka* wird angesprochen und provoziert Parallelität zwischen Odysseus und dem lyrischen Subjekt Fürnbergs. Mit der Ankunft in der Heimat hebt sich jeglicher Fatalismus endgültig auf; das lyrische Subjekt beginnt, sich trotz des Verlustes von der Odysseus-Gestalt zu emanzipieren, ein Vorgang, der erkennen läßt, wie Fürnberg sein eigenes Schicksal gegenüber dem Menschheitsschicksal zurückstellte. Gleichzeitig ist für Fürnbergs Gedicht wesentlich: trotz der Vertreibung und des Exils versucht sein Odysseus, nicht einsam zu sein, antwortet sein lyrisches Subjekt auf Fragen, auch wenn diese aus der eigenen Zwiespältigkeit entstanden sind. Fürnbergs lyrisches Subjekt ist auf einen Dialog aus, in dem es Antworten über das eigene Schicksal hinaus sucht.

---

[23] Gespräch mit Wilhelm Girnus. In: Sinn und Form, Berlin 1977, Heft 2, S. 281.
[24] Gerhart Hauptmann, Iphigenie in Aulis. In: Gerhart Hauptmann, Sämtliche Werke. Centenar-Ausgabe. Band III, Frankfurt am Main, Berlin 1965, S. 919.

Der nochmalige und nunmehr endgültige Verlust der Heimat - *ohne Ithaka* - wird aufgefangen in dem utopischen Entwurf der *steigenden Sonne, das Böse versteinend.* Dantes Odysseus hatte dieses Schicksal, ohne Heimat zu sein, freiwillig gewählt, und folgte der Sonne, das Steuer *morgenwärts gewandt*, nicht den Bug. Das Vertriebensein hatte nicht seine *Ungeduld* zerstört, *die Welt zu sehen und alles zu erkunden*[25].

Fürnberg war in das Schicksal von Mächten gezwungen worden, gegen die er gekämpft hatte; dennoch fügte er sich in den Verlust, den er nicht verschuldet hatte. Sein lyrisches Subjekt gibt ein charakteristisches Merkmal der Gestalt Homers auf, die Heimat Ithaka als Ziel der Sehnsucht, und nimmt dafür ein von Dantes Gestalt beschworenes Element an: *der Sonne nach zur unbewohnten Welt.* Der individuelle Verlust wird nur leise erwähnt; deutlicher wird aus ihm ein neues Vorhaben für die Menschheit entwickelt. Da dafür weder bei Homer noch bei Dante mythisches Material zur Verfügung steht, da noch nichts wirklich Erlebtes und damit Benennbares vorhanden ist und die Vorstellung noch versagt, bezieht das lyrische Subjekt sein Bild aus Märchen und Sage. In zahlreichen Ortssagen, vor allem aus der Böhmischen und Sächsischen Schweiz, aus dem alten Prag, in Wilhelm Hauffs „Kaltem Herz" und schließlich in Franz Kafkas „Prometheus" konnte Fürnberg Beispiele finden, wo Böses oder Trügerisches zu Stein wird. Fürnbergs lyrisches Subjekt gewinnt dem Verlust ohne jeden Anspruch auf Vergangenes Hoffnung ab. Das lyrisches Subjekt, das im „Neuen Odysseus" Züge des Dichters trägt, will *den Sirenen ... lauschen*[26]. Es gehört zu den utopischen Entwürfen Fürnbergs, die Kunst mit dem Menschen vereint zu wissen; auf dem Weg dahin begreift er sich selbst als Missionar. Damit hebt sich Gefahr auf, die von den Sirenen ausgeht: er will ihnen *lauschen.* In Odysseus' Bericht an Penelope, der kürzesten Fassung der Irrfahrten in dem umfangreichen Epos, wurden die Sirenen ausschließlich als Künstler begriffen. Er habe *der Sirenen bezaubernde Lieder vernommen*[27], erzählte Odysseus. Darauf *beruht letzten Endes die Wirkungsweise des poetischen Prinzips, das sich in Fürnbergs Schaffen bewährt. Das empfindende, in der Auseinandersetzung mit der Umwelt sich selbst gestaltende und mitteilende Ich des Dichters verbrüdert sich mit dem Du jedes einzelnen, den es anspricht, erweitert sich zu einem Wir, das alle Gutwilligen einschließt.*[28] Auch die Sirenen gehören für ihn nun dazu, ausgewiesen durch ihre Kunst. Die Welt, die ihre schlimmsten Gefahren nach dem Ende des Zweiten Weltkrieges überstanden zu haben scheint, kann auch mit einzelnen

[25] Dante Alighieri's Göttliche Komödie. A. a. O. (Anm. 13), S. 149.
[26] Gedichte II, S. 392.
[27] Homer, Odyssee. A. a. O. (Anm. 10), S. 402
[28] Henri Poschmann, Louis Fürnberg. In: Hans Jürgen Geerdts (Leiter eines Autorenkollektivs), Literatur der Deutschen Demokratischen Republik. Einzeldarstellungen, Band 1. Berlin 1974, S. 127.

bedrohlichen Existenzen durchaus produktiv weiterleben: mit Sirenen und Zyklopen.

Fürnberg suchte mehrfach seinen Odysseus und verglich sich mit ihm. In der „Nachlese" zum „Bruder Namenlos" (1947) steht das schöne Gedicht „Aber die Liebe". Es beginnt mit der Setzung von Tradition und der Abwendung davon, haben sich doch die Verhältnisse so geändert, daß eine Gleichsetzung nicht möglich ist: *Du nicht Penelope, - ich Odysseus nicht! / Aber heimgekehrt nach vielen Fahrten.*[29] In „Aber die Liebe" wird die Ankunft in der Heimat gepriesen und ein Dichtungs- und Lebensprogramm entworfen. Im „Vorläufigen Abgesang" eines Beamten, ebenfalls aus der „Nachlese", wird der satirisch-heitere Ton, der auch „Aber die Liebe" kennzeichnet, schärfer:

Sieh: alles ist gnädig und neigt sich uns / mit freundlichem Lächeln. Die Klippe umschifft, / steuert der Nachen zum sicheren Port. Es grüßen / vom Eiland Gefährten, - alte und neue. Innig Behagen / strömt. O Preisung, das Land der Phäaken, / das mit der Seele gesuchte, mit eigenen Augen zu sehen![30]

Mythische Inhalte wurden auf Versatzstücke reduziert, sie waren leer geworden, mit ihnen auch klassische Zitate, die nur noch Floskel waren, wie das kaum verhüllte Zitat *Das Land der Griechen mit der Seele suchend* aus Goethes „Iphigenie auf Tauris" zeigt. Konnte der Dichter bei der Erinnerung an die zwanziger Jahre noch locker mit dem mythischen Material umgehen, weil es keine Vergleichsmöglichkeit bot, so hatte der Weltkrieg alle Vorstellungen hinfällig werden lassen und bedurfte des mythischen Bildes, um ihn für den einzelnen Dichter poetisch faßbar werden zu lassen. Sie suchten nach mythischen Vergleichen und fanden sie unter anderem in Totenstädten (Hermann Kasack „Die Stadt hinter dem Strom"), Unsterblichkeitsvorstellungen (Anna Seghers „Die Toten bleiben jung") und Faustvariationen (Thomas Mann „Doktor Faustus"). Im „Neuen Odysseus" Louis Fürnbergs war aus der Hoffnung Ernüchterung geworden: die Heimkehr hatte stattgefunden; eine Heimat gab es nicht mehr. Die Vertreibung schlug auf die Verursacher zurück und traf auch die von den Nationalsozialisten Vertriebenen.

Fürnberg nutzte den Odysseus-Stoff in unterschiedlichen Gestaltungen von Homer und Dante, um das individuelle Schicksal aus der Fülle ähnlicher Schicksale heraustreten und es in der lyrischen Verdichtung exemplarisch werden zu lassen. Während er anfangs noch den Odysseus Homers benutzt und aus der „Odyssee" poetische Versatzstücke verwendet, ändert er das Verfahren im Ge-

---

[29] Gedichte II, S. 106.
[30] Gedichte II, S. 108.

dicht. Nun beginnt das lyrische Subjekt zu reden wie einst Odysseus, und am Ende steht sein Bekenntnis zum neuen Aufbruch. Diese Ablösung vollzieht sich auch in einem sich ändernden Tempus: wird am Anfang nur das Imperfekt eingesetzt, antwortet das lyrische Subjekt auf die Fragen im Präsens, um schließlich bei seinem utopischen Entwurf das Futur zu benutzen. Von der Vergangenheit über die Gegenwart gelangt das lyrische Subjekt so in die Zukunft seiner eigenen Vorstellungen.

Fürnberg hatte die politischen Vorgänge erahnt, erlebt und reflektiert: die Aussiedlung der Deutschen ließ Fürnbergs Publikum schwinden; die Heimat hörte auf, eine poetische Heimat zu sein. Er hat über sein Schicksal nicht geklagt, geschweige es beschrieben. Erst nach seiner Überwindung fand er wenige Worte über das Bewältigte: An August Stadler schrieb er am 19. August 1954, kurz nach seiner Übersiedlung in die DDR, er sei froh, daß er sich „für dorthin entschied, wo man nicht mehr das Gefühl haben muß, Ballast zu sein"[31]. Das Land, das sich 1945 noch seinem Gefühl versperrt hatte, wurde nun zur Alternative. In anderen Briefen zur gleichen Zeit beschrieb er die Zeit des „Ballastes" und umriß sie mit den zurückliegenden acht Jahren, also den Jahren in der ČSR.

Das Weiterdenken auf einen neuen Heimatbegriff hin wurde notwendig, und es kam zum Wechsel von Homer zu Dante. Die Homerschen Vorgänge wurden, wenn sie das lyrische Subjekt betrafen, ersetzt durch Handlungen des „neuen Odysseus" und machten einer Utopie Platz, die sich nicht in der konkreten Metapher fassen ließ, sondern im allgemeinen Bild, also nicht in „Ithaka", der Metapher für Heimat, sondern in der „steigenden Sonne", die eine Art Heimat in der Welt meint und Licht bedeutet, immer mehr Licht. Fürnbergs Utopien leben vom Gegensatz des Hellen und des Dunklen. Der Dichter sah sich aus dem Dunklen kommen, im Dunklen leben und, geht man von den entsagungsvollen Gedichten der fünfziger Jahre aus wie „Herbst" (aus: „Das wunderbare Gesetz"), wieder ins Dunkle gehen. Das Dunkle war dabei der Begriff für Anfang und Ende des kurzen menschlichen Lebens, seinen Verlauf in tödlichen politischen Situationen und im Umfeld einer unmenschlichen gesellschaftlichen Gegenwart. Das Helle, das Licht bedeutete die Einlösung jener bürgerlichen Forderungen, die das Bürgertum in der nationalsozialistischen Diktatur endgültig preisgegeben hatte: Freiheit, Gleichheit, Brüderlichkeit. Das Helle stand auch für die christlichen Gebote, die Fürnberg im Blick hatte, ohne Christ zu sein.

Der Odysseus Homers erlebt Irrfahrten, die Heimkehr nach Ithaka und endlich den „heiligen Bund", mit dem Kämpfe und Töten zu Ende gehen. Der Odysseus Dantes fällt durch seine Rastlosigkeit, Zukunftssehnsucht und in Kauf

[31] Briefe II, S. 8.

genommene Unsicherheit auf; er verzichtet auf die Heimat und folgt der Sonne ins Unbekannte, er schließt keinen Bund des Friedens, sondern weiß sich in Gefahr, in der er auch umkommt.- Beider Schicksal ist kaum vergleichbar. Bei Homer war der Held den Göttern ausgesetzt und blieb irrend durch die bekannte Welt ihr Objekt. In Dantes Dichtung führt der Weg aus der Hölle über den Läuterungsberg in die Nähe der Gottheit; der Mensch wird gottähnlich, läßt die Irrtümer hinter sich und gelangt zu geistigem Heil. Das wird Fürnbergs Odysseus gerecht: sein Odysseus hat zwar die Heimat verloren; statt der Trauer bricht der Dichter dadurch aber in neue, geistige Welten auf.

Bemerkenswert ist, daß es zwischen der verbreiteten Übersetzung der „Odyssee" durch Thassilo von Scheffer und Fürnbergs Gedicht „Der neue Odysseus" eine Parallele gibt, die den Unterschied gerade dadurch ausweist, weil sie wortidentisch ist. In beiden Texten findet sich das Bild *mit steigender Sonne* bzw. *in der steigenden Sonne.* Bei Homer (in der Übersetzung von Scheffer) warnt Odysseus seine Frau, daß sich der Mord an den Freiern, *die Nachricht*, mit *steigender Sonne verbreite*[32], als Schreckensnachricht wirke und sie sich vor der Rache der Angehörigen schützen müsse. Bei Fürnberg ist *die steigende Sonne* weder an eine Tageszeit noch an einen beschreibbaren Vorgang gebunden, sondern eine Metapher für das Licht, die Helligkeit, enthalten sind Zukunftshoffnung und die Utopie vom Ende des Bösen. Bereits während des Krieges hatte Fürnberg diese Utopie konturiert. 1944 ließ er, *ohne Glauben an einen Gott, in einer Kriegszeit, die der göttlichen Gnade bedürftig wäre*, seinen Prolog zu einer Neufassung des „Ackermann aus Böhmen" [33] in der Zuversicht ausklingen:

Wird's endlich Licht? O fällt's dir vom Gesicht, / was dir so lang das Aug' mit Nacht umhüllt? / O zögre nicht! Aus diesem Dunkel bricht / auch dir die Sonne, die das Weltall füllt!...Es hat der Ackermann den Tod besiegt... / Im Spiel?... Im Ernst?... Oh, wär es schon soweit![34]

Fürnbergs „Der neue Odysseus" zeichnet sich trotz zahlreicher emotional aufgeladener Metaphern durch strenge Rationalität aus, die als logische Konsequenz die von Fürnberg als bedrohend empfundene Tatenarmut ausschaltet und ein tatenreiches Leben verkündet. Jedoch vollzieht sich dieser Umschlag nicht im Selbstlauf. Für Fürnberg wurde die Ankunft in der Heimat ein vorläufiger

[32] Homer, Odyssee. A. a. O. (Anm. 10), S. 403: *Dir aber, Frau, und deiner Besinnung geb ich den Auftrag - / Denn mit steigender Sonne wird sich gar eilig die Nachricht / Rings verbreiten, daß hier im Palast die Freier getötet -: / Steig ins obere Stockwerk mit deinen Mägden und bleibe / Ruhig dort oben sitzen und sieh und frage nach niemand.*

[33] Walter Schmitz u.a., Böhmen am Meer. Literatur im Herzen Europas. Chemnitz 1997, S. 31.

[34] Gedichte I, S. 189.

Zielpunkt, der nichts Endgültiges haben konnte. Für den deutschsprachigen Dichter gab es keine Kommunikationsmöglichkeit mehr. Eine direkte Fortsetzung seiner Arbeit konnte es nicht mehr geben. Umso deutlicher betonte Fürnberg über die Ankunft hinaus *stetes Entdecken*, schließlich *Rede zu stehn.* Das aber war der Odysseus des Dante.

Fast gleichzeitig mit Fürnberg schrieb der sehr junge Heiner Müller eine seiner zahlreichen Odysseus-Variationen „Philoktet 1950“[35]. Darin erscheint ein Odysseus der nächsten Generation. Nichts Beispielhaftes, kaum Bemerkenswertes - er ist einer der *Fürsten* - wurde Odysseus belassen. Er wird nicht genannt, aber der Eingeweihte weiß, daß unter den Fürsten, die den *Helden* heimholen sollen, *Gewaltsam mußten sie schleppen an Bord ihn*, auch Odysseus ist. Hier ist der Heimatbegriff völlig entleert und mit gegensätzlicher Bedeutung aufgefüllt worden. Die Fürsten schicken *Schiffe ... heimzuholen den Helden / Daß er mit Ruhm sie bedecke*, denn nur durch seinen Bogen, es ist der unfehlbare Bogen des Herakles, kann nach Aussage des Orakels der Krieg gewonnen werden. Die Heimat der Helden ist der Krieg.[36] Unter Heiner Müllers „Lektionen“ (Anfang der fünfziger Jahre) ist ebenfalls ein „Ulyss“: Dantes Version wird zitiert, aber den Aufbruch ins Unbekannte trägt keine Utopie, sondern er beschleunigt den Weg der Menschheit in den Untergang: *Immer wieder spät früh der rötliche / Himmel mit den zwei drei letzten ersten / Wolken überm Gaswerk Kraftwerk Atommeiler / Seit Odysseus starb fünf Monatsreisen / Westlich von Gibraltar im Atlantik / Weit entfernt von Kranz und Flor, durch Brandung*[37]

In Fürnbergs Gedicht kommt der Übergang, der bei einigen Dichtern lange dauert, bei Erich Arendt fast zwanzig Jahre, in wenigen Zeilen zum Vorschein. Die Ergänzung von Homers Odysseus durch den Dantes, die teilweise auch ein Wechsel ist, geschieht zwischen 1945 und 1948. Von den zahlreichen Abenteuern des Homerschen Odysseus nimmt der Dichter nur Sirenen und Zyklopen in Anspruch. Beides sind Abenteuer, die ihre ursprüngliche mythische Bedeutung eingeschränkt haben: die Sirenen betören durch lieblichen Gesang und werden von den Musen im Wettstreit besiegt; noch heute weist der Begriff *Sirenenklänge* auf verführerische Kunst hin. Sie bedeuteten auch für Fürnberg Kunst, ihnen will sein Odysseus *lauschen* und ist dessen *nicht müde*; Bedrohungen sind dabei nicht mehr erkennbar. Der leidenschaftliche Musikliebhaber Fürnberg findet mit Kunst in den Gefahren seinen Frieden.

---

[35] Heiner Müller, Philoktet 1950. In: Texte 5, Berlin 1977, S. 16.

[36] Vgl. Rüdiger Bernhardt, Antikerezeption im Werk Heiner Müllers. Phil. Diss., Halle 1978, S. 266ff.

[37] Heiner Müller, Lektionen. Ulyss. In: Texte 3, Berlin 1975, S. 116.

Anders die Zyklopen. Ihnen will er *Rede ... stehn.* Das heißt Auseinandersetzung, aber eine Auseinandersetzung im Diskurs, nicht im Kampf. Die Zyklopen sind Söhne des Uranos und der Gaia. Sie gaben Zeus, der sie aus der Erde befreite, Blitz und Donner. Für den Fürnbergschen Odyseus sind sie einerseits Gegner, mit denen er sich auseinandersetzen muß und will. Aber für die Zukunft sind sie keine Feinde, sondern mögliche Verbündete. Indem er mit ihnen, die brutale Stärke, zermürbende Bürokratie und auch tödliche Macht repräsentieren, redet und ihnen nicht ausweicht, sieht er die Möglichkeit, durch sie *Böses* versteinen zu können und sie als Partner für das lyrische Subjekt zu gewinnen. Feinden steht man keine Rede.

Fürnberg kannte Dantes „Göttliche Komödie". Seine Liebe zu der Dichtung war so groß, daß er sich den Anfang des „Paradieses" italienisch laut deklamierte und anderen empfahl, Dantes „Göttliche Komödie" zu lesen und zu übersetzen. 1937 las er sie *wie ein Wilder italienisch, ohne Italienisch zu können.*[38] Er fand es herrlich, es war der erste Gesang des Paradieses aus der „Göttlichen Komödie". Daß in den aus der „Göttlichen Komödie" zitierten Stellen im Brief an Lotte Wertheimer, seine spätere Frau, vom 30. Juli 1937 mehrfach *luce* (Licht) steht, also die poetische Metapher für Fürnbergs utopische Entwürfe, ist wohl Zufall, aber nicht nur, denn Fürnberg verweist darauf, daß er gerade diese Stelle verstehe und wiederholt *O luce eterna*[39].

Fürnberg hatte nach Stefan Zweigs Tod am 23. Februar 1942 einen Essay geschrieben, der 1962 veröffentlicht wurde.[40] Parallel dazu entstand der Vortrag „Die Dichtung im Befreiungskampf", den er 1943 in Haifa hielt. Seine These war, alle Kunst sei politisch. In der Aufzählung ausgewählter Werke nahm Dantes „Göttliche Komödie" eine bevorzugte Stellung ein: sie sei *ein Kunstwerk von unvergänglichem Glanz und zugleich ein eminent politisches Traktat.*[41] Genannt wurde in summierender Reihe die „Ilias" Homers als ein politisches Kunstwerk, der Titel seiner „Odyssee" fiel nicht. Als Fürnberg 1944 einen Italien-Abend im Jerusalem-Book-Club einleitete, beschrieb er den *beispiellosen Glanz* italienischer Dichtung und stellte an die Spitze der Aufzählung Dante.[42] Ähnliche Gewichtungen finden sich zu Homer nicht. Natürlich wußte Fürnberg schon durch die Schule um die Abenteuer des Odysseus, wie sie Homer beschrieb.

---

[38] Fürnberg an Lotte Wertheim, 29./30 Juli 1937. Briefe I, S. 98.
[39] Ebenda.
[40] Vgl. die berühmte zweibändige gesamtdeutsche Anthologie „In unserer Sprache", hg. von Ingeburg Kretzschmar. Berlin 1962, Band 2, S. 134ff.
[41] Reden Aufsätze I, S. 76.
[42] Reden Aufsätze II, S. 172.

Hanns Cibulka nannte Fürnbergs Gedicht „Der neue Odysseus" *eines der schönsten Gedichte, das Louis Fürnberg schrieb*[43]. Er zitierte *und wäre dies mein Schicksal auch bis ans ruhmlose Ende*; er stellte das menschliche Leben, nicht mehr die konkrete historische Situation, als eine Odyssee dar. *Auch künftig wird der Mensch auf der Insel Ogygia landen, die Göttin Kalypso aufsuchen, um sich selbst zu erkennen, auch auf die Gefahr hin, sieben Jahre lang zu schweigen.*[44] Aus dem Zeitproblem Fürnbergs, die individuelle Biographie betreffend, war wieder ein Menschheitsproblem geworden. Der Mythos hatte seinen Anfang wieder erreicht.

Der Dichter Louis Fürnberg hatte sein Wissen um Odysseus und *alles, was er vom Leben wußte, an sich gerafft*[45], ins Gedicht, vor allem in den „Neuen Odysseus" gefügt, das zu einem Abbild menschheitlicher Existenzformen wurde, aber zurückverwies auf das Grundmodell aller Heimatsuche: die Heimat als das Sichere nach jeglichem Krieg. Die Ursache für diese Zusammenballung unterschiedlicher poetischer Verfahren, vom Mythos bis zum Volkslied, lag in Fürnbergs Vielseitigkeit, seiner gehobenen Bildung und dem ständigen Versuch, verständlich schreiben zu wollen. So entstanden außergewöhnlich volkstümliche Gedichte, in denen gleichzeitig höchste Bildungsansprüche gestellt wurden.

Die Fähigkeit dazu hatte Fürnberg erworben, wie mehrfach von Freunden und Kritikern betont wurde, indem er an verschiedene Traditionen, an die deutsche und die tschechische vor allem, knüpfte und seine Bildwelt unentwegt mit bedeutenden Beispielen des Mythos, der Weltliteratur und der Weltgeschichte - von Odysseus bis Dädalus, von Villon bis Goethe, von Belisar bis Napoleon - anreicherte. Die Fähigkeiten, *volkstümlich zu schreiben, entsprangen so in hohem Grade seinem innigen Verhältnis zur tschechischen Poesie.*[46] An Ludvik Kundera schrieb er am 9. September 1955: *Du weißt, wie sehr ich die Tschechoslowakei liebe, die tschechische und slowakische Literatur, und bis zu meinem letzten Atemzug werde ich nicht aufhören, ihr wie ein - wenn auch allerkleinster - Apostel zu dienen. Irgendwie stamme ich aus ihr.*[47] Die Heimat hatte er verloren und die Utopie gefunden; aber die geistige Heimat, die Kunst und die Literatur, war ihm geblieben und konnte durchaus als Baustein verwendet werden, wenn es darum ging, der Utopie die realisierbaren Entwürfe an die Seite zu stellen. Macht man die volksliedhafte Verständlichkeit und den hohen Bildunganspruch zu Maßstäben für Fürnbergs Gedichte, lassen sich auch

---

[43] Hanns Cibulka, Sanddornzeit. In: Tagebücher. Halle 1976, S. 142.

[44] Ebenda.

[45] A .a. O., S. 141.

[46] Reinhard Weisbach, Menschenbild, Dichter und Gedicht. Aufsätze zur deutschen sozialistischen Lyrik. Berlin und Weimar 1972, S. 133.

[47] Ludwik Kundera, „Jedes Glück heißt Böhmen". In: Sinn und Form, 2/1959, S. 304.

mühelos jene herausfiltern und zurückstellen, in denen er mit überschwenglichem Pathos, aber trivialen Bildern aktuelle politische Anlässe bediente.

Das Gedicht „Der neue Odysseus" ist ein besonders bemerkenswerter Text, aber keineswegs das einzige Gedicht dieser Art. Eine vergleichbare Gefühlshaltung wie „Der neue Odysseus" beschreibt auch das Gedicht „Schwere Stunden" aus der Sammlung „Wanderer in den Morgen":

Wer ein schweres Herz hat, starrt in den Abend hinaus, / wo still der Wald in die sinkende Sonne sich hebt überm Hang. / Dunkelblau löschen die Schatten die Berge aus. [...] *Geht eine Türe auf, kommt nur die Leere herein, / ausgekühlt wie die Asche im eisernen Ofen bei Nacht. / Wer ein schweres Herz hat, ist furchtbar allein / und erschauert vor Kälte und Einsamsein* [...][48].

Nicht mehr das Schicksal des Individuums als eines gesellschaftlichen Wesens wird beschrieben, sondern das individuelle Schicksal; Trauer, Resignation und Entsagung beherrschen den einsamen Menschen. Schwermütiger und trauriger ist das Gedicht als „Der neue Odysseus". Es verwendet ähnliche Metaphern wie dieses Gedicht, die jedoch völlig anders, geradezu gegensätzlich verwendet werden: der Abend wird von der *sinkenden Sonne* beherrscht, *Mond bleibt fort*[49]. Das etwa gleichzeitig zum „Neuen Odysseus" entstandene Gedicht ist ein Gegenentwurf: das Individuum steht allein; Hoffnung ist keine. Im „Neuen Odysseus" geht das Individuum in der Welt auf und glaubt sich durch Hoffnung erlöst. Der Titel „Schwere Stunden" findet sich im Singular mehrfach in Fürnbergs Werk; er könnte in Beziehung zu Thomas Manns Schiller-Erzählung „Schwere Stunde" stehen: es sind die Dichter, die in *schweren Stunden* um das Werk ringen und dabei zu zerbrechen drohen. Fürnberg setzt für diese Situation ähnliche Metaphern ein wie in „Der neue Odysseus" (Abend, der in die Sonne steigende Wald). Aber am Ende steht das *Antlitz zur Nacht*, das Dunkel, und es bleibt nicht einmal *sein Stern*, geschweige eine *steigende Sonne.*

Wenn Fürnberg über seine Dichtung nachdachte, legten sich Schatten über sein Denken, wurde die Trauer groß, das Gewollte nicht zu erreichen, wurde Entsagung spürbar, weil er sich dem eigenen Anspruch nicht gewachsen fühlte. Immer wieder auch hatte er das Gefühl baldigen Todes. Dagegen setzte er eine Hoffnung, die kaum ein deutliches Profil hatte, aber grenzenlos auf die Menschheit gerichtet war. Die Trauer und Entsagung des einzelnen hob sich auf in der Hoffnungsfreude für die Menschheit. Die poetische Metapher in Fürnbergs

---

[48] Gedichte II, S. 173.
[49] Ebenda.

Werk für alle Hoffnung, die immer zukünftig ist, weil Hoffnung stets zukünftig ist, war die synonymische Reihe für Licht und Helligkeit, Sonne und Feuer.

Die Metapher vom Licht hat einen Höhepunkt in dem Gedicht „Herbst“[50] gefunden, das mit dem Wort *Licht* endet. Helle, Feuer, Sonne usw. werden zum *Licht.* Rilkes „Herbsttag“ klingt an, wenn Vergänglichkeit in Schönheit von Farben und Klang beschrieben wird. Der Dichter Rilke scheint im Herbst-Gedicht gegenwärtig. Gerhard Wolf, erster Biograph Fürnbergs, beschrieb es 1961 treffend: *Was bei Rilke Abschied und Alleinsein ist, wird Licht und Traum bei Fürnberg.*[51] Fürnbergs Gedicht „Herbst“ ist eines der schönsten und vollkommensten Gedichte. Es stammt aus „Wanderer in den Morgen. Ein Gedichtkreis“ (1951); eine Variante zu der Metapher des Lichts ist schon im Titel präsent: *Morgen.* Die erste Ausgabe widmete Fürnberg Pavel (Paul) Reimann, dem Freund und Literaturwissenschaftler. Der Band enthält Gedichte, die zwischen 1946 und 1951 nach der Rückkehr aus der Emigration geschrieben wurden.

Die intensiven und umfangreichen Beziehungen Louis Fürnbergs zu Rilke sind bekannt, nur eine Anekdote sei erwähnt: ein Deutschlehrer am Gymnasium empörte ihn; dieser offenbarte den Schülern eines Tages beim Lesen Rilkescher Gedichte,

Rilkes Lehrer gewesen zu sein. Er vermochte sich dessen nur mit Bedauern zu erinnern, es empörte ihn noch nach Jahrzehnten, diesen ‚arroganten, hochmütigen' Knaben zum Schüler gehabt zu haben, der ihm zum Trotz zu einem Dichter wurde, welchen man in Schullesebüchern abdruckte. Und so unglaublich es mir heute erscheint, hielt er uns Rilke als abschreckendes Beispiel vor, als den mittelmäßigen Schüler, der sich, wie er zu sagen pflegte, ‚durch ein Hintertürl den Weg in die Nähe Schillers und Uhlands' erschlichen hätte.[52]

Die Beziehung zu Rilke sei an einer Gegenüberstellung von zwei Gedichten belegt, die einander ähnlich sind und dadurch ihren Unterschied ausweisen.

1947 glaubte der Dichter zeitweise, seine Hoffnungen stünden alle kurz vor ihrer Erfüllung. An Arnold Zweig schrieb er am 25. Juni 1947:

Unser Optimismus hat recht behalten, und es ist alles in Wahrheit schöner und größer, als wir es erträumten. Wir haben wirklich die Volksrepublik und verwirklichen auf unsere besondere Weise, d.h. angepaßt den politischen und ökonomischen Vorbedingungen auf diesem besonderen

[50] Gedichte II, S. 133.
[51] Gerhard Wolf, Der Dichter Louis Fürnberg. Leben und Wirken. Ein Versuch. Berlin 1961, S. 83.
[52] Louis Fürnberg, Promemoria. Prosa II, S. 250.

Stück Welt und Zentraleuropa, den Sozialismus. Wir sind einerseits noch lange nicht soweit wie das herrliche Jugoslawien, andererseits wirtschaftlich und politisch konsolidiert wie kein anderes europäisches Land...[53].

Aber schon wieder schlummerte Gefahr hinter Fürnbergs überschwenglichem und kaum gerechtfertigtem Optimismus: das von ihm gepriesene Jugoslawien wurde bald darauf als Feind angesehen. Schon im Sommer 1947 mußte er seine Auffassung von Jugoslawien gegenüber Joachim Chaim Schwarz, einem Erzähler und Journalisten, der bis 1950 im Exil in Palästina lebte, verteidigen. Im Herbst 1947 berichtete er Otto Schudel in Basel, daß es *nicht gar weihnachtsfriedlich* aussähe und die *Reaktion* zurückgeschlagen werden müsse. Auch gab es Nahrungssorgen, die erst durch die Hilfe der Sowjetunion behoben wurden.[54] Zum 30. Jahrestag der Oktoberrevolution 1947, in dessen Umkreis das Gedicht entstanden ist, waren Fürnbergs Träume weit entfernt von jeglicher Erfüllung. So wurde das Gedicht, in dem der Träumer überall das *Licht* sah, wiederum Sinnbild für die Utopie, nicht eine poetische Verdichtung der Realität. Nur im Privaten erfüllten sich Träume, ein erfülltes Familienleben und die Geburt des zweiten Kindes.

Der Untertitel „Ein Gedichtkreis" weist auf den zyklischen Charakter des Bandes „Wanderer in den Morgen"; das Gedicht „Herbst" steht an achter Stelle im Band, der 63 Gedichte umfaßt.

Fürnberg verstand den Band als *etwas anderes, d.h. für mich anderes. Möglichst volkstümliche Verse. Daß ich dabei doch die paar privaten, schweren Stunden nicht unterschlug, hat seinen Grund in der Notwendigkeit der inneren Wahrhaftigkeit. Denn der Mensch oder vielmehr ..., weil der Mensch ein Mensch ist ...*[55].

Die Lebensqualität sucht das lyrische Subjekt in der Gemeinschaft, ihre Grundlage ist die tägliche Arbeit. Die Beziehung zu einem Gedicht Rilkes wird bewußt gesucht, die Ähnlichkeit in der Struktur und der Metaphorik (Bildwahl) erweist sich als Versuch, einen Gegensatz zu finden und dennoch eine ähnliche poetische Vollkommenheit wie Rilkes Gedicht zu erreichen. Rilke hatte Fürnberg, seit er ihm als Siebzehnjähriger begegnet war, immer fasziniert. Noch kurz vor seinem Tod beschrieb er Lew Ginsburg diese *Pilgerschaft* zu Rilke:

Der Dichter empfängt ihn, der Eindruck, den der Jüngling von Rilke mit nach Hause nimmt, ist stark, aber er hat seine eigenen Wirrnisse und Ängste dem Leben gegenüber nicht geklärt, sondern nur noch vertieft. Und wenn der junge Dichter von nun ab die Meisterschaft seines

---

[53] Briefe I, S. 436.
[54] Briefe I, S. 464.
[55] Fürnberg an Anton Einig, 16. 9. 1949. Briefe I, S. 504f.

verehrten Ideals Rilke noch stärker empfindet und noch höher schätzt, so muß er sich doch einbekennen, von Rilke keine Antwort erwarten zu dürfen auf seine brennenden Fragen.[56]

Schon beim ersten Lesen von Fürnbergs „Herbst" wird man an Rilkes „Herbsttag" erinnert.

Wer spürt nicht die Verwandtschaft im Formgefühl, mit der Fürnberg hier das Naturthema auf seine Weise variierte?. Natürlich klingt dabei mehr an, als ein Herbstbild im Treiben welker Blätter, ein ganzes Lebensgefühl findet in der Herbststimmung seinen gemäßen Ausdruck, besonders wenn man das Gedicht in Zusammenhang mit Rilkes Gesamtwerk betrachtet. Der Herbst ist geradezu die Jahreszeit, in der sich die Abschiedsstimmung bildlich fassen läßt, ein Abschied, der keine Wiederkehr, keinen Frühling zu kennen scheint. Fürnberg wählt für sein Herbstgedicht die Klarheit eines sonnigen Tages. Ein Herbst, der nie schöner war in seiner Fruchtbarkeit.[57]

Rilkes Gedicht „Herbsttag" stammt aus der Sammlung „Buch der Bilder" (1902). Entstanden ist es am 21. September 1902. Rilke hatte sein Familienstipendium verloren, dafür aber den Auftrag für eine Rodin-Monographie erhalten. Er hielt sich in Paris auf und ist mit der Welt und Gott, seinem Gott, der nicht der Gott der Christen ist, im reinen. In Rilkes Gedicht ist die Einsamkeit eine Lebensqualität, die der Dichter sucht, weil sie sein Schreiben auslöst.

Der Herbst ist die Jahreszeit der Einsamkeit, Trauer und Wehmut. Das lyrische Subjekt, ein Sprecher, äußert seine Zustimmung zum Rhythmus der Jahreszeiten als eines gesetzmäßigen und sinnerfüllten Vorgangs. Die Anrufung des *Herrn* ist nicht die Anrufung Gottes, sondern meint eine Macht, die im Rhythmus des Lebens wirksam wird und immer wiederkehrt.

Das Gedicht ist zu einem Musterbeispiel für Gedichtinterpretationen der Literaturwissenschaftler geworden und hat auch Dichter, so wie den von Louis Fürnberg mit Ratschlägen bedachten Rainer Kirsch, zur Deutung angeregt[58]. Kirschs Deutung wurde in die „Frankfurter Anthologie" aufgenommen.

Die Anrede, die Rilkes lyrisches Subjekt verwendet, ist verblüffend: nicht Mein Gott, O Gott, Herrgott oder anderes wird verwendet., sondern gleichberechtigt spricht das lyrische Subjekt jenen Weltgeist mit *Herr* an und teilt Endgültiges oder Mahnendes mit (*Es ist Zeit*). Der Dichter redet zu seinem Gott,

[56] Fürnberg an Lew Ginsburg, 20. 2. 1957. Briefe II, S. 441.
[57] Gerhard Wolf a. a. O. (Anm. 51), S. 82 f.
[58] Rainer Kirsch, Man muß arbeiten. In: Neue Deutsche Literatur. Berlin 1990, Heft 9, S. 49ff.

Fürnberg, *Herbst* (1947)

1	Es	war	ein	Herbst,	nie	werd	ich	ihn	ver	ges	sen,
2	die	bun	ten	Wäl	der	gin	gen	in	mich	ein,	
3	der	ro	te	Wein	rann	aus	den	Trau	ben	pre	sen.
4	Mein	Herz	war	leicht,	es	ging	im	blau	en	Rauch,	
5	der	a	bends	auf	stieg	von	den	Stop	pel	fel	dern,
6	und	wo	ein	Vo	gel	fort	flog,	war	er	auch.	
7	Es	war	ein	Herbst,	der	schmieg	te	sein	Ge	sicht	
8	in	al	le	Fal	ten,	al	le	Trä	nen	spu	ren.
9	Die	Schat	ten	schwan	den	von	den	Son	nen	uh	ren,
10	und	wo	der	Träu	mer	hin	sah,	war	es	Licht.	

Rilke, *Herbsttag* (1902)

1	Herr:	es	ist	Zeit.	Der	Som	mer	war	sehr	groß.	
2	Leg	dei	nen	Schat	ten	auf	die	Son	nen	uh	ren,
3	und	auf	den	Flu	ren	laß	die	Win	de	los.	
4	Be	fiehl	den	letz	ten	Früch	ten,	voll	zu	sein;	
5	gib	ih	nen	noch	zwei	süd	li	che	re	Ta	ge,
6	drän	ge	sie	zur	Voll	en	dung	hin,	und	ja	ge
7	die	letz	te	Sü	ße	in	den	schwe	ren	Wein.	
8	Wer	jetzt	kein	Haus	hat,	baut	sich	kei	nes	mehr.	
9	Wer	jetzt	al	lein	ist,	wird	es	lan	ge	blei	ben,
10	wird	wa	chen,	le	sen,	lan	ge	Brie	fe	schrei	ben
11	und	wird	in	den	Al	le	en	hin	und	her	
12	un	ru	hig	wan	dern,	wenn	die	Blät	ter	trei	ben.
	1	**2**	**3**	**4**	**5**	**6**	**7**	**8**	**9**	**10**	**11**

dem er sich ebenbürtig fühlt: Auch der Dichter ist ein Gott. Man trifft sich zu dienstlichem Gespräch der großen Einsamen. Gott wirkt am Wetter, an den Wolken und am Wein; der Dichter ist sein Chronist.

Die Landschaft könnte nördlich des Mittelmeers liegen, in den härteren Regionen herbstlicher Stürme. Man wünschte sich für diese Landschaft noch *zwei südlichere Tage*, ehe es zur Weinlese kommt. Wetter, Wachstum und Ernte sind Grundvorgänge der Natur und damit jenes Gottes oder Weltgeistes, dem die Natur folgt. Der Herbst macht einsam, aber gleichzeitig bietet die Einsamkeit Trost, besonders dem Lesenden und Schreibenden, dem Dichter. Geistige Tätigkeit in Einsamkeit ist die Grundlage eines Lebenskonzeptes, in dem das lyrische Subjekt, der Chronist des Weltgeistes, der Dichter Erfüllung findet.

Fürnberg knüpfte dort an und entwickelte mit dem poetischen Material Rilkes einen Gegensatz: praktisch-ländliche Arbeit in der Gemeinschaft ist die Grundlage dieses Lebenskonzeptes, bei dem das lyrische Subjekt, der Chronist eines ewigen Lichtes, auf die Erfüllung seiner Träume hofft. -

In der skizzierten Entstehungszeit 1947 beschäftigte sich Louis Fürnberg intensiv mit Rilke, plante ein Vorwort für einen Bildband, das dann nicht entstand, und den Bildband selbst, in dem rund dreißig Rilke-Bilder, die *Rahmenbilder seines Lebens*, und eine unbekannte Handzeichnung Rilkes zusammengefaßt werden sollten.[59] An ihm hielt er selbst dann noch fest, als das Projekt wegen nicht erteilter Rechte zu scheitern drohte[60]: *eine 12-Bilder-Mappe um Muzot und Raron herum ... Mit einem schönen Text zur Landschaft. Und der Handzeichnung Rilkes im Titel, die mir durch Salus' Bereitschaft ganz gehört.*[61]

Die Verbindung zu Rilke ist deutlich. War es ein Zufall oder ein Zeichen der Huldigung, daß Fürnberg bei seiner Übersiedlung in die DDR ein Haus in Weimar in der Rainer-Maria-Rilke-Straße 17 als Wohnsitz bekam?[62] *Viele Gedichtthemen, poetische Motive, Metaphern, Reime und Verszeilen hat er von Rilke übernommen, teilweise seinem Werk direkt einmontiert, häufig aber auch zuvor gewendet und modifiziert.*[63]: In der Ähnlichkeit liegt auch der Unterschied. In der neu erworbenen Gemeinsamkeit kann man nun auch selbst Herr werden und die Schatten von den Sonnenuhren nehmen.

Fürnberg sah in Rilke 1946, verkürzend um seiner Reihe willen, durchaus einen deutsch schreibenden Arbeiter aus Prag, sich berufend auf den tschechischen Schriftsteller Rudolf Vasata[64], der ein Sohn des tschechischen Böhmen und ein *Treuhänder des großen Erbes des Humanismus von Comenius und Tolstoi* sei, wie er es auch selbst sein wollte. Am 29. Dezember 1946 trug Fürnberg in sein Tagebuch ein, daß vor zwanzig Jahren Rilke gestorben sei. Die sich anschließende Beschreibung konturierte ein Rilke-Bild, daß von der geradezu fanatischen Leidenschaft Fürnbergs geprägt ist, Rilke als seinen Geistesgenossen und seine Vatergestalt vorzuführen, sich in eine Reihe mit ihm zu stellen. Dazu benannte er Rilkes Verständnis für die Slawen, seine geistige Verwandtschaft mit Tolstoi -

[59] Fürnberg an Otto Morf, 23. 6. 1947. Briefe I, S. 448.

[60] Anton Kippenberg verweigerte die Genehmigung, da er ein ähnliches Buch gemeinsam mit dem Rilke-Archiv vorbereitete. Vgl. Briefe I, S. 775.

[61] Fürnberg an Otto Morf, Ende September 1947. Briefe I, S. 432ff.

[62] Vgl. Briefe II, S. 9 und öfter.

[63] Reinhard Weisbach, Menschenbild, Dichter und Gedicht. Aufsätze zur deutschen sozialistischen Lyrik. Berlin und Weimar 1972, S. 158.

[64] Louis Fürnberg, Gustav Mahlers Heimkehr. Reden Aufsätze II, S. 149.

nicht mit Dostojewski -, seine Bewunderung für *Masaryk und die Tschechen*[65]. Sein *Ekel vor der deutschen Katastrophe* trieb ihn ins Schweizer Exil und war die Ursache für den Gedanken, sich von der deutschen Sprache abzukehren usw., kurzum: *Er war überhaupt anders, als man sich ihn vorstellt.*[66] Als er im Januar 1948, also einige Monate vor dem Gedicht „Der neue Odysseus", im Rundfunk über den Schöpfer der tschechoslowakischen Nationalhymne Josef Kajetan Tyl sprach, beschloß er seine Rede mit einem Rilke-Gedicht über Tyls Zimmer und ließ eine Reihe erkennen, in die er sich einordnen wollte: Tyl - Rilke - Fürnberg, gekennzeichnet durch Rilkes Verse *Wen die Musen lieben, / dem gibt das Leben nicht zuviel* und *Doch wär er nicht für tausend Louis / von Böhmen fort. Mit jeder Fiber / hing er dran.*[67]

Die Ähnlichkeit der Gedichte ist verblüffend; sie beginnt beim Titel, „Herbst" und „Herbsttag", und endet bei der übereinstimmenden Form, der Verwendung des Endecasillabos (einem Elfsilber, der im Deutschen auch mit zehn Silben vorkommt). Die Unterschiede sind ebenso auffallend: Rilkes lyrisches Subjekt hat den Herbst vor sich und will ihn in Einsamkeit genießen; die Zeiten der Verben sind, mit der Ausnahme des *Der Sommer war sehr groß*, Präsens und Futur. Fürnbergs lyrisches Subjekt ist aus dem Herbst in eine zeitlose, fast bewegungslose Schönheit eingetreten, die abgeschlossen ist: er verwendete, mit der Ausnahme *nie werd ich ihn vergessen*, durchgehend das Präteritum.

Die beiden Ausnahmen bei den Zeitformen der Verben stehen in den Gedichten an den gleichen Positionen. Ein weiterer Unterschied läßt den Vorgang von Aneignung und Aufhebung zwingend werden. Wiederum in vergleichbarer Position, bei Fürnberg als Schlußwort des vorletzten Verses, bei Rilke als Schlußwort des zweiten Verses, steht *Sonnenuhren*. Während sie bei Rilke beiläufig werden, indem ein großer Schatten sich auf sie legt, der Schatten des Weltgeistes, werden sie bei Fürnberg bedeutungsvoll, weil sie - die Schatten schwanden, die Sonne scheint also - wieder Zeit anzeigen können. Daß dennoch kein Schatten genannt wird, hat eine andere Ursache. Das Licht wird so gewaltig, groß und zentral, daß es keinen Schatten, keine Schatten, nichts Dunkles mehr wirft. Der Schatten der Menschen und Dinge fällt mit der Größe der Standfläche zusammen. Die Zeit ist in der Dauer angekommen. (In seinem berühmten Gedicht „Steine von Chios" sollte Erich Arendt später Dauer und Ewigkeit mit dem Begriff des *Schattenlosen* zu fassen versuchen.)

Nach den sofort auffallenden Parallelen zwischen den beiden Gedichten geht die Übereinstimmung auch bis ins Detail. Es sind semantische Gegensätze, fast

[65] Louis Fürnberg, Deutschland in Pankrac. Tagebuchblätter. Reden Aufsätze II, S. 280.
[66] Ebenda.
[67] Louis Fürnberg, Josef Kajetan Tyl. Reden Aufsätze II, S. 176.

Antonyme zwischen den Gedichten vorhanden; ihre Stammsilben finden sich jeweils beim vierten und achten Versfuß: Herbst und Zeit, Wein und Süße, Wälder und Haus, schwanden und wandern usw.

Während bei Rilke diese Wörter alle mit einem Begriffsfeld *Einsamkeit* in Verbindung zu bringen sind, gewichtig daher kommen (*letzten*, *allein*) und Abschluß ahnen lassen, drängen sie bei Fürnberg ins Offene und Weite, muten leicht und locker an und suggerieren Bewegung. Die entscheidende Verszeile ist die wörtliche Entsprechung von Fürnbergs Vers 9 und Rilkes Vers 2, die mit den gleichen Wörtern arbeiten, aber Entgegengesetztes aussprechen: in Fürnbergs Gedicht kommt die Sonnenuhr zur Geltung, weil die Schatten, die sich auf sie legten, schwanden; in Rilkes Vers bleibt die Zeit stehen durch den Herrn, das All, das Wetter, die ihre Schatten auf die Uhr legen, die nichts mehr angeben kann. Durch die Zeit wird das Thema präsent: gibt es kein Zeitmaß mehr, ist das Einsamkeit, da man zu nichts mehr verpflichtet ist, man gibt eine wesentliche Übereinkunft, den Zeitablauf, auf und hat oder erwartet auch keinen Partner mehr. In Rilkes Gedicht ist die Einsamkeit ein Kulturvorgang, bestimmt vom Lesen und Schreiben. Bei Fürnberg ist es anders: Traubenpressen und Stoppelfelder signalisieren Arbeit, der aufsteigende Rauch bedeutet Leben und Tätigsein. (Das erinnert an Brechts berühmtes Gedicht „Der Rauch"). Mit dem Wein und dem Brot (*Stoppelfelder*) wird ein christliches Motiv in beiden Fällen säkularisiert. Das lyrische Subjekt erwartet sein Abendmahl bei Rilke für das Individuum, bei Fürnberg für die Gemeinschaft. Das Abendmahl ist die Übereinkunft des lyrischen Subjekts mit seinen Vorstellungen und bedeutet in beiden Fällen Glück.

In beiden Gedichten liegt die wichtigste Bedeutung in jedem Vers auf der vierten Silbe, erst mit dieser Silbe stabilisiert sich der Vers, der sich sonst frei bewegen kann. Das ungewöhnliche Versmaß ist durch Dante-Übersetzungen im Deutschen bekannt geworden und führt zur Struktur der Terzinenstrophe, die ebenfalls durch Danteübersetzungen im Deutschen verbreitet worden ist.

Beide Dichter fügten über die strenge Form des ungewohnten Verses zusätzliche Reime ein, um die Klangvollkommenheit zu erhöhen. Assonanzen finden sich durchgängig. (Fürnberg: *nie werd ich ihn*, *gingen in mich*, *wo ein Vogel fort flog*; Rilke: *Haus-baut*, *allein-bleiben*); Alliterationen (Stabreime) ebenfalls (Fürnberg: *wo-war*, *Vogel-fort-flog*, *Schatten-schwanden-Sonnenuhren*; Rilke: *Sommer-sehr*, *Schatten-Sonnenuhren*; (be)*fiehl-Früchte-voll*, *Süße-Schwere*, *wird-wachen*, *lesen-lange*, *wandern-wenn*).

Die beiden Gedichte sind eng verwandt; Fürnbergs Gedicht ist der Versuch der Aufnahme eines vorgefundenen Themas und seiner Umwertung. Die Gedichte sind sich ähnlich in der Form, im Inhalt sind sie gegensätzlich. Fürnberg hat den Herbst hinter sich; es war ein erfüllter Herbst, ein tätiger. An die Stelle der Schatten ist Licht getreten, hier schlägt das Gedicht vom Naturgedicht in das politische Gedicht um.

Das Gedicht entstand im Jahr der 30. Wiederkehr der Oktoberrevolution; die Situation war nicht glanzvoll und keineswegs so hoffnungsfroh, daß Fürnberg seine Utopie vom *Licht* darauf hätte beziehen können. Die Briefe dieser Zeit sprechen von anderen Gefühlen, von Hunger und Sorgen, Mißverständnissen und Ärgernissen. Es entsteht aus dem biographischen Umfeld der Eindruck, als ob die Realität störend auf den Dichter wirkte, der deshalb ein weiteres Mal im Gedicht an die Utopie erinnerte. Ein zusätzlicher Grund dafür war, daß am 14. Oktober 1947 die Fürnbergs ihr zweites Kind bekamen, die Tochter Alena Jana, die nicht nur sehnlich erwartet, sondern auch von Beginn an außergewöhnlich geliebt und zum Gegenstand der poetischen Produktion wurde.

So wurde dieses Gedicht „Herbst", in dem der Träumer überall das *Licht* sah, Ausdruck eines glücklichen privaten Lebens, in dem die Widrigkeiten der Außenwelt vor den Türen blieben. Es wurde aber auch das Sinnbild für eine geistige Utopie und einen gesellschaftlichen Wunsch, nicht für die politische Realität. Wenn er in diesem Gedicht zu rhythmischen und semantischen Entsprechungen auf Rilkes „Herbsttag" zurückgriff und fast deckungsgleiche Bilder verwandte, war das erneut ein Versuch, sich von der schönen Einsamkeit in Rilkes Gedicht abzusetzen und einen Weltentwurf der Gemeinsamkeit, *und wo der Träumer hinsah, war es Licht*, dagegenzusetzen.

Eines der letzten Gedichte Fürnbergs „Ein Lebenslied" nimmt diese zentralen Metaphern von Helle und Dunkel nochmals auf und fügt sie zu einem Vermächtnis. Das Leben erscheint als ein jahreszeitlicher Ablauf, in dem der Herbst auf den Tod verweist (*In Pfützen / schwemmt sich der Herbst zu Tod*[68]). Der Mensch ist vergänglich, seine Ideen nicht. Da erscheint wieder die von Fürnberg geliebte Formulierung Dantes vom *ew'gen Licht*. Es ist das Sinnbild einer glücklich freien Erde, von der die *Dunkelheit* gewichen ist. Die *steigende Sonne* des „neuen Odysseus" wird erinnert:

Daß erst die Dunkelheit / von dieser Erde weiche, / sind wir zu reiner Tat / im Leben hier bestellt. / Wir sagen Ewigkeit / und meinen nur das Gleiche, / das immer siegend steigt, / obgleich's der Schnitter fällt.[69]

[68] Gedichte II, S. 465.
[69] A.a.O., S. 466.

Mit Menschen verbindet sich für Fürnberg immer die Hoffnung auf die *steigende Sonne*, auch wenn er 1957 in keiner günstigen Zeit dafür lebte und auch die gegenwärtigen Umstände für Fürnbergs Utopien kaum empfänglich sind. Aber weder Christentum noch bürgerliche Revolutionen haben bis heute ihre Entwürfe verwirklichen können, die mit den gleichen Lichtmetaphern ausgestattet waren. Fürnbergs Utopien befinden sich in guter Gesellschaft.

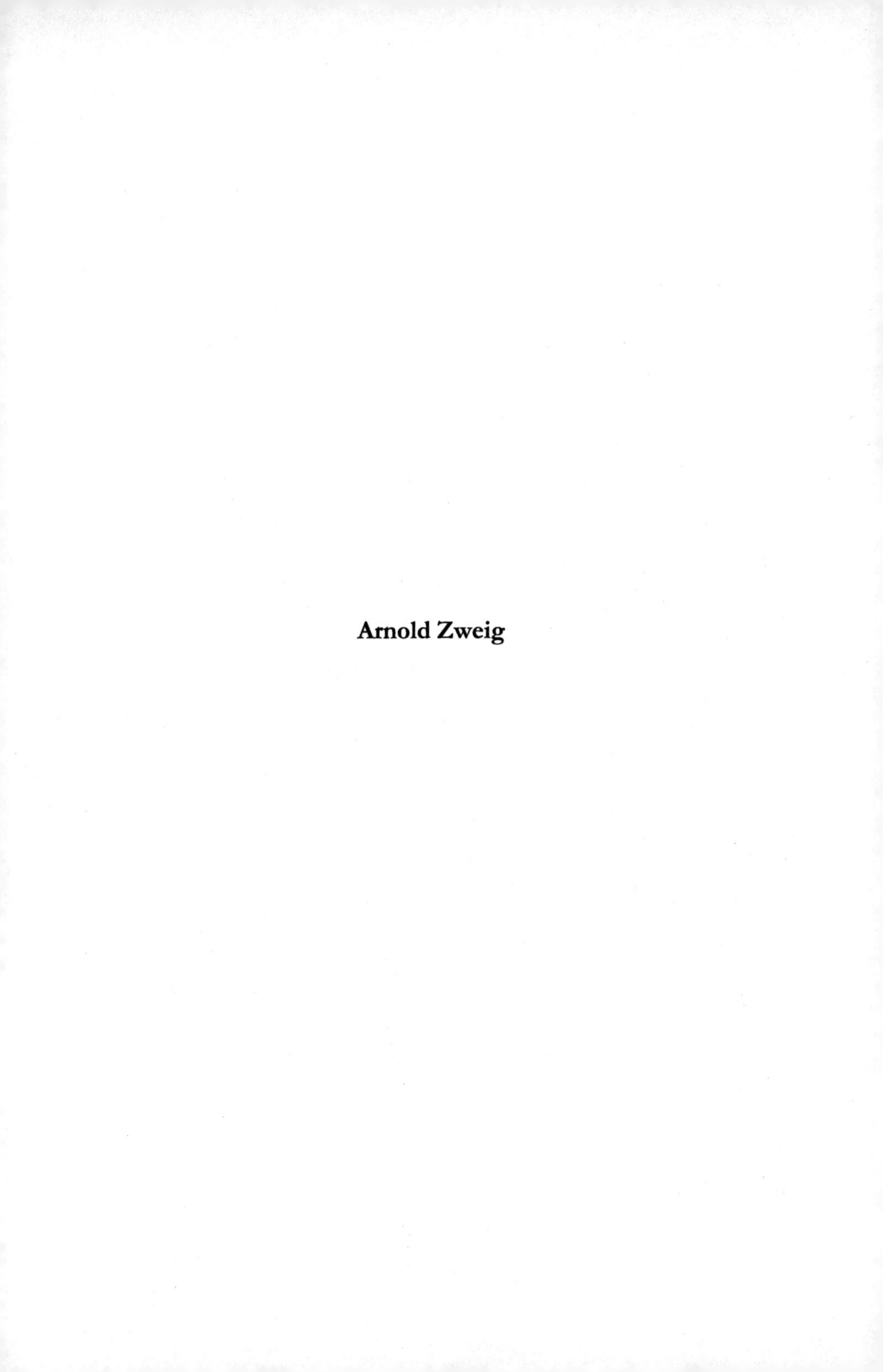

Arnold Zweig

Einführung

RÜDIGER BERNHARDT

Mit dem Erscheinen von zehn der auf neunzehn Bände angelegten „Berliner Ausgabe" hat die Rezeption des deutsch-jüdischen Schriftstellers Arnold Zweig einen vielversprechenden Schritt nach vorn getan. Den Romanen und Essays sollen weitere Bände zu Erzählungen, Novellen und Publizistik folgen. Andererseits sollte diese Ausgabe bereits 2003 abgeschlossen sein; das ist sie bis heute nicht. So wird das erzählerische, essayistische und publizistische Hauptwerk wieder zugänglich, zudem in geprüften und teils auch wiederhergestellten Texten. Anderes - wie Zweigs Dramen und seine Lyrik - wurde bisher jedoch noch nicht in die Konzeption der Berliner Ausgabe einbezogen.

Georg Wenzel, dessen Standardwerk von 1978 zu Arnold Zweig[1] als *die weitaus wichtigste Zweig-Publikation, die in der DDR erschien*, benannt wurde[2], stellte in einer Rezension zur Berliner Zweig-Ausgabe die Frage, ob es wirklich stiller geworden sei um ein Nachleben des Schriftstellers, das zum 100. Geburtstag 1987 seinen Höhepunkt hatte. In einer beeindruckenden Bilanz belegte Georg Wenzel, daß es um die wissenschaftliche Beschäftigung mit Zweig zwar gut bestellt sei und auch die internationale Debatte durch die Symposien der Arnold-Zweig-Gesellschaft erfreuliche Kontinuität bekommen habe. Andererseits sei Arnold Zweig ein Thema nur für Eingeweihte, vor allem für die Zweig-Gesellschaft und die von ihr veranstalteten Symposien.[3] *Eine Heimkehr ist nicht in Sicht*, urteilte ein Journalist zu Ende des Jahrhunderts im Blick auf die Leser. [4]

Magerer als in der Bilanz Georg Wenzels sieht es mit Arnold Zweig im Buchhandel aus. 1990 erschien von Jost Hermand in der Reihe der Rowohlt-Monographien eine Arnold-Zweig-Biographie; deren erste Auflage ist heute noch im

---

[1] Arnold Zweig 1887-1968. Werk und Leben in Dokumenten und Bildern. Mit unveröffentlichten Manuskripten und Briefen aus dem Nachlaß hg. von Georg Wenzel. Berlin und Weimar 1978.

[2] Deborah Vietor-Engländer, Marx, Herzl oder deutsch-jüdische Symbiose? In: Arnold Zweig. Text und Kritik, Heft 104, Oktober 1989, S. 83. Die Verfasserin war seinerzeit Vorsitzende der Arnold-Zweig-Gesellschaft.

[3] Georg Wenzel, Arnold Zweig im Forschungsfeld der Germanistik. In: Zeitschrift für Germanistik. Neue Folge 2002, Heft 3, S. 708ff.

[4] Christian Eger, Roter Preuße auf der engagierten Suche nach dem gelobten Land. In: Mitteldeutsche Zeitung, 26. 2. 1999.

Buchhandel, eine für Rowohlt-Monographien ungewohnte Ausnahme.[5] Wilhelm von Sternburgs Arnold-Zweig-Biographie „Um Deutschland geht es uns", erschienen 1998, wurde 2001 mangels Absatz verramscht.[6] Die sehr schöne Ausgabe des Briefwechsels einer ungewöhnlichen Freundschaft zu dritt zwischen Arnold Zweig, Beatrice Zweig und Helene Weyl, 1996 erschienen, ereilte 2001 das gleiche Schicksal.[7]

Unter den vielen Aussagen über Arnold Zweig will mir jene über den „Grischa"-Zyklus am besten gefallen, die Hans Mayer prägte. Unter Paraphrasierung eines Goethe-Zitates aus „Prometheus" sagte er:

Das heilig glühende Herz des großen Schriftstellers, seine sittliche Leidenschaft, seine tiefe Menschenliebe haben über die ästhetischen Rezepte entscheidend gesiegt. Der Dichter Arnold Zweig ist vor Verdun entscheidend auch als Dichter und Schriftsteller umerzogen worden. So konnte er ein episches Werk unternehmen, das aus der deutschen Literatur der Gegenwart nicht weggedacht werden kann. Das Schönheit der Sprache, Tiefe des Gefühls besitzt; das alle Ernsthaftigkeit geistiger Anstrengung verrät und dem Leser unwiderstehlich mitteilt: das Lehre bedeutet und Warnung![8]

Bereits 1968 hatte Hans Mayer im „Spiegel" angemerkt, daß Arnold Zweig in der Bundesrepublik keineswegs *nach Gebühr geschätzt* würde, im Gegensatz zur DDR.[9] Daran hat sich geändert, daß es die DDR nicht mehr gibt und nunmehr Arnold Zweig in ganz Deutschland nicht *nach Gebühr geschätzt* wird, weil ihn sein Sozialismusverständnis verdächtig macht, obwohl dieses keineswegs identisch war mit dem Sozialismus der DDR. Er trat als Präsident der Akademie der Künste 1950 bis 1953 engagiert gegen dogmatische und bürokratische Auswüchse der Gesellschaft auf, gegen die Kulturkommission unter der Leitung Helmut Holtzhauers, gegen die Absetzung seines Filmes „Das Beil von Wandsbek" und

---

[5] Jost Hermand, Arnold Zweig in Selbstzeugnissen und Bilddokumenten. Reinbek 1990 (rowohlts bildmonographien 381).

[6] Wilhelm von Sternburg, „Um Deutschland geht es uns." Arnold Zweig. Die Biographie. Berlin 1998.

[7] „Komm her, wir lieben dich!" Briefe einer ungewöhnlichen Freundschaft zu dritt (Arnold und Beatrice Zweig, Helene Weyl). Hg. von Ilse Lange. Berlin 1996.

[8] Hans Mayer, Arnold Zweigs Grischa-Zyklus. In: Ds., Deutsche Literatur und Weltliteratur. Reden und Aufsätze. Berlin 1957, S. 591.

[9] Vgl. Wilhelm von Sternburg (Hg.), Arnold Zweig. Materialien zu Leben und Werk. Frankfurt am Main 1987.

gegen Streichungen und Änderungen in seinen Artikeln im „Neuen Deutschland".[10]

Die drei Beiträge des Arnold-Zweig-Kolloquiums der Lübecker Academia Baltica vom Frühjahr 2004, die dieser Band druckt, gehören in eine Reihe mit den vorausgehenden Essays zu Louis Fürnberg. Sie gehören auch deshalb zusammen, weil beide Schriftsteller sich nicht nur als ehrliche Freunde begegneten, sondern auch die Grenzen des anderen erkannten und benannten. So sprach Arnold Zweig gelegentlich von *unserem bedauernswerten Louis Fürnberg ..., dessen menschliches Karat seine Begabung weit übertraf*[11].

Das Arnold-Zweig-Kolloquium leistete auch einen bescheidenen Beitrag, *die zögerliche Entdeckung eines bekannten Autors*, wie Volker Riedel 2003 einen informativen Abriß der Arnold-Zweig-Editionen überschrieb, voranzutreiben und die *Diskrepanz zwischen der Ausgabe* [des Werkes in der Berliner Ausgabe] *in Wissenschaft und Kritik und dem Interesse der Leser* zu kompensieren.[12]

In gleichem Maße, wie sich das Echo auf die Berliner Zweig-Ausgabe zurückhielt, wuchs unter Zweig-Forschern, Literaturinteressierten und Zeitgenossen der Wunsch, sich über die Möglichkeiten und Grenzen dieser Ausgabe zu verständigen und gleichzeitig Eckpunkte für eine Erneuerung der Zweig-Rezeption zu erörtern[13]. Die hier vorgelegten Beiträge kommen diesem Wunsch entgegen.

---

[10] Zwischen Diskussion und Disziplin. Dokumente zur Geschichte der Akademie der Künste (Ost) 1945/50 bis 1993. Hg. von der Stiftung Archiv der Akademie der Künste. Berlin 1997, S. 67ff., 76 u. a.

[11] In einem unveröffentlichten Brief an Eberhard Hilscher. In: Eberhard Hilscher: Prominente Gäste in Prag und Weimar. Über zwei Erzählungen von Fürnberg. In: Studia niemcoznawcze, Warschau 2000, Band XIX, S. 308.

[12] Volker Riedel, Die zögerliche Entdeckung eines bekannten Autors. Probleme der Arnold-Zweig-Edition. In: Berliner Hefte zur Geschichte des literarischen Lebens, hg. von Peter Wruck und Roland Berbig. Institut für deutsche Literatur der Humboldt-Universität Berlin, 2003, Heft 5, S. 159.

[13] Vgl. Fritz J. Raddatz, Arnold Zweig und die Liebe zur Gerechtigkeit. In: Die Zeit Nr. 5, 28. 1. 1999, S. 39f.

Arnold Zweigs „Ostjüdisches Antlitz". Erlebnisbild deutscher Juden in Ober-Ost zur Zeit des Ersten Weltkriegs

GEORG WENZEL

Die Seele des jüdischen Ostens überschrieb ein Rezensent seine erregenden Eindrücke von der Lektüre des Buches „Das ostjüdische Antlitz von Arnold Zweig zu zweiundfünfzig Steinzeichnungen von Hermann Struck", das 1920 im Berliner Welt-Verlag erschien. Wie selten eines gab dieses Werk Kunde von der *Berührung* deutscher Soldaten mit den *Brüdern des Ostens* in den Jahren des Krieges. *Struck und Zweig, der Künstler des Stiftes und des Wortes, haben sich zu einer glücklichen Einheit in diesem Buche zusammengefunden,* um ein damals noch äußerst lebendiges jüdisches Volksleben festzuhalten.

Struck hat die Tage seiner Tätigkeit im okkupierten Litauen dazu benutzt, um wahre Kostbarkeiten der jüdischen Seele, die er sozusagen von der Straße auflas, in meisterlichen Zügen auf den Stein zu bannen. [...] *Zweig, der innerlich wohl ziemlich unvorbereitet aus westjüdischer Assimilation in die Wunderwelt des jüdischen Ostens hineintrat, spricht in formschönen dichterischen Ergüssen, die den Rahmen eines Kommentars weit übersteigen, von allem, was die Welt des Ostjuden erfüllt.* [...] *Wir können unseren deutschen, unseren westeuropäischen Brüdern nur raten, selbst zu lesen und zu urteilen.*[1]

Und ein anderer Rezensent resumierte: *Wenn die Kriegsliteratur am Ostjudentum viel verbrochen hat: dieses Buch macht alles wieder gut!*; denn Zweigs Text stärkt das Empfinden, *daß hier ein Letztes und Endgültiges über den ostjüdischen Menschen gesagt worden ist, - selbst dann, wenn objektiv manches falsch gesehen sein sollte.*[2] Gewiß, Arnold Zweig war nicht der erste, der ostjüdisches Leben neu entdeckte und um dessen Kenntnisnahme und Verständnis, nicht nur innerhalb des Judentums, warb; die Linie führt zurück bis zu Heinrich Heine (1797-1856) und erreichte eine ungeheure Aufgipfelung in Forschungen und Deutungen zum Chassidismus durch Martin Buber (1878-1965). Um Erlebnisraum und Motivationen für die Neuentdeckung des Ostjudentums näher zu charakterisieren, zumal nach dem verbrecherischen Holocaust das Bedingungsgefüge für uns Heutige kaum noch vorstellbar erscheint, ist jenes Kapitel näher zu betrachten, das mit der Formel

[1] Die Seele des jüdischen Ostens. In: Der Israelit. Frankfurt am Main, Jg. 62 (1921), Nr. 2, 13. 1. 1921, S. 2 und 4.

[2] Kl., Das ostjüdische Antlitz. In: Jüdische Rundschau. Berlin, Jg. 25 (1920), Nr. 81/82, S. 613.

„Ober-Ost" einhergeht, dem räumlichen wie ideellen Schnittpunkt der Begegnung deutscher Juden mit der Judenheit des Ostens in den Jahren 1915 bis 1918. So soll unsere Betrachtung zuerst Ober-Ost als militärpolitischer und verwaltungsspezifischer Realität gelten, dann auf jene Persönlichkeiten verweisen, die großen Anteil an der Aufarbeitung und Fixierung der ungewöhnlichen ostjüdischen Erlebniswelt hatten, um schließlich ihre Aufnahme und künstlerische Veranschaulichung im „Ostjüdischen Antlitz" zu beschreiben. Angesichts der Materialfülle können in einem Vortrag jedoch nur Impressionen, abrißartig, gegeben werden. Sie wollen den Leser zu eigener Lektüre über den Fragenkreis anregen und helfen, eine untergegangene Welt ins gegenwärtige Bewußtsein zurückzuholen. *Eines Menschen Zeugnis vergeht nicht*, notierten Struck und Zweig im Sommer 1919 für die „Vorrede" zur ersten Auflage[3] und griffen schon damals in die aktuellen Auseinandersetzungen ein.

Zum Kriegs- und Etappengebiet von Ober-Ost

Im Roman „Der Streit um den Sergeanten Grischa" (1927) schreibt Arnold Zweig:

Das besetzte Land des Oberbefehlshabers Ost, Ober-Ost oder schließlich Ob.-Ost gekürzt, baute sich in stumpfem Winkel der großen Kerbe vor, die die preußische Ostgrenze von der baltischen Küste bis nach Oberschlesien beschreibt. Es drängte im wesentlichen zu den beiden Strömen hin, der Düna und dem Dnjepr. Im Süden grenzte sein Machtbereich an das von Warschau beherrschte Verwaltungsgebiet ‚Polen' und das österreichische; im Norden verteidigten die Russen noch Riga und das Land hinter dem Strom. Ob.-Ost umfing also im wesentlichen Kurland, Litauen, Nordpolen - Getreideboden, Waldland, Steppe, Sumpf, Kartoffeln, Geflügel, Vieh; geringe Bodenmineralien, Landstädte, Festungen, Dörfer. [...] *Das Heer der verbündeten deutschen Stämme haftete mit Tausenden von Saugnäpfen auf dem ungeheuren Gebiet.* [...] *Im Grunde sahen die obersten Behörden das ganze Land als requiriert an. Als störenden Bestandteil empfand man nur die Eingeborenen, Behinderung, die in möglichst hohem Grade besiegt werden mußte.*[4]

Das Heer der deutschen Stämme war eine Besatzungsarmee, umfaßte über eine Million Menschen, Offiziere, Beamte und Soldaten unterschiedlichsten Glaubens, von denen die meisten wohl erstmals in ihrem Leben Gelegenheit fanden, mit ostjüdischen Menschen, ihrer Lebensweise und Kultur bekannt zu werden, deren Wertigkeit zu erfahren und, bei angemessener Toleranz, in ihr Weltbild

[3] Das ostjüdische Antlitz von Arnold Zweig zu zweiundfünfzig Zeichnungen von Hermann Struck. Berlin 1920, S. 9.

[4] Arnold Zweig, Der Streit um den Sergeanten Grischa. Ausgewählte Werke in Einzelausgaben, Band IV. Berlin 1959, S. 73ff.

aufzunehmen. Das galt auch für viele assimilierte Juden. Produktiv aber konnte das nur sein, wenn hinter den Besonderheiten der ostjüdischen Bevölkerung und den in ihr kreisenden Überlieferungen und Geschichten das historisch-soziale Profil erkannt und - befreit von märchenhaften, legendären und exotischen Elementen - als So-Sein akzeptiert wurde. Mit deutscher Gründlichkeit nahm die Besatzungsmacht die ostjüdische Realität zur Kenntnis, ging es ihr doch auch darum, die Juden für die eigenen politischen Optionen zu gewinnen. Der negativen Beurteilung jüdischen Lebens unter den Polen und Russen, die *gewetteifert* haben, die Juden *in der Enge der Ghettos und später des Aussiedlungsrayons zusammenzupferchen*[5], stehen die nicht minder negativen Folgen der deutschen Ostpolitik im ersten Weltkrieg gegenüber. Richard Dehmel brachte es aus eigener Erfahrung auf den Punkt: Man vertreibt *den russischen Teufel mit dem preußischen Beelzebub und macht überall böses Blut.* Die deutsche Verwaltung hat sich *um alle Sympathien gebracht* und *das deutsche Heer hat da gründlich mitgeholfen*, es hat gehaust *wie die Kosaken in Ostpreußen*[6], sodaß die Erkenntnis gedieh, *die russische Knute tat manchmal weh, die preußische Fuchtel immerfort*[7].

Prägendes Signum der Zeit ist nicht der Friede, sondern der Krieg - wenn auch, vorübergehend, zum Stillstand gekommen, ein nicht in den Frieden übergeleiteter Kriegszustand. Zur Diskussion stehen die Jahre 1915 bis 1918, in denen das Verwaltungsgebiet Ober-Ost aufgebaut und durchorganisiert wurde mit dem im § 6 der „Verwaltungsordnung" vom 7. Juni 1916 erklärten Ziel: *1. Aufgabe der Verwaltung ist die Herstellung und Erhaltung geordneter politischer und wirtschaftlicher Verhältnisse im besetzten Gebiet. 2. Die Interessen des Heeres und des Deutschen Reiches gehen stets denen des besetzten Landes vor.*[8] Zweig stellte im Grischa-Roman fest, daß niemand daran dachte, *das Land je wieder zu räumen; wer immer, zu einstweiliger Leitung befehligt,* [...] *gedachte nach Friedensschluß dank ersessener Rechte an diesem Platz zu beharren*[9].

Ober-Ost entstand, nachdem bereits das Gebiet von Suwałki (der Grenzbereich zwischen Polen, Ostpreußen und Litauen) nach der Schlacht an den Masurischen Seen vom 10. bis 12. September 1914 unter deutsche Verwaltung gestellt worden war. Mit dem Einmarsch ins russische Gouvernement Kowno (litauisch Kaunas) nach der masurischen Winterschlacht im Februar 1915 erweiterte sich

[5] Das Land Ober Ost. Deutsche Arbeit in den Verwaltungsgebieten Kurland, Litauen und Białystok-Grodno. Hg. im Auftrage des Oberbefehlshabers Ost. Bearbeitet von der Presseabteilung Ober Ost. Stuttgart/Berlin1917, S. 19.
[6] Richard Dehmel, Zwischen Volk und Menschheit. Kriegstagebuch. Berlin 1919, S. 460.
[7] A. a. O., S. 461.
[8] Das Land Ober Ost. A. a. O. (Anm. 5), S. 85.
[9] Der Streit um den Sergeanten Grischa. A. a. O. (Anm. 4), S. 75.

die Region. Im August fielen Kowno, Anfang September 1915 Grodno und am 19. September 1915 Wilna. Die Eroberer besaßen nun eine *Grenzmark* zwischen der *westeuropäischen Welt und dem Großrussentum*[10]; Kurland, Litauen und Weißruthenien (der spätere Verwaltungsbezirk von Grodno und Białystok) waren *Übergangsland zu dem eigentlichen Rußland*[11]. Der militärische Zusammenbruch der Mittelmächte im Herbst 1918 und der am 11. November 1918 auf der Basis der „Vierzehn Punkte" des amerikanischen Präsidenten Wilson abgeschlossene Waffenstillstand annullierten nicht nur den Frieden von Brest-Litowsk vom 3. März 1918, in dem Rußland auf Livland, Kurland, Litauen, Estland und Polen verzichtet hatte - der einst stärkste Trumpf der Herren von Ober-Ost -, sondern beendete auch die deutsche Besatzungszeit. Ober-Ost wurde geschichtliche Makulatur.

Für unseren Zweck ist nun zu fragen, wie sich in einem der Verwaltungsbereiche, dem der „Presseabteilung" direkt unterstellten „Buchprüfungsamt Ober-Ost", jenes geistige Zentrum herausbilden konnte, das für die Begegnung jüdischer und nichtjüdischer deutscher Soldaten mit dem Ostjudentum - und nur dieser Bevölkerungsteil des Besatzungsgebietes interessiert jetzt unmittelbar - zu einem Kraftpol werden konnte, gar nicht zu reden von der *Lebensrettung*[12] vieler durch die Kommandierung in eine Etappenaufgabe bei Ober-Ost.

1917 erschien im Auftrage des Oberbefehlshabers Ost ein umfangreiches Buch, Berichterstattung und Rechtfertigung der deutschen Besatzungspolitik in einem: „Das Land Ober Ost. Deutsche Arbeit in den Verwaltungsgebieten Kurland, Litauen und Białystok-Grodno". Geschichte, Bevölkerung, Landeskultur, Handel und Gewerbe, Kirche, Schule, Kunst und Wissenschaft im besetzten Gebiet sind die Verhandlungsgegenstände. Ober-Ost umgriff die ehemaligen zaristischen Gouvernements Grodno, Kowno, Wilna, Witebsk und einen Teil von Minsk. Mit 108.808 km^2 war das Verwaltungsgebiet etwa so groß wie Bayern, Württemberg und Baden; andere von den Militärs verwalteten Okkupationsgebiete waren kleiner; das Generalgouvernement Warschau betrug 61.350 km^2, Belgien 29.456 km^2. Die Bevölkerung in Ober-Ost, 4.200.000 Einwohner vor 1914, war auf 2.910.000 Personen zurückgegangen. Geschlossene Sprachgebiete hatten die Groß- und Kleinrussen, die Polen, Weißruthenen, Litauer, Esten und Letten. Um 1900 lebten in diesem Raum etwa 607.896 Juden, etwa 13,5 % der gesamten Bevölkerung[13]; fünfzehn Jahre später erbrachten Gebietserweite-

[10] Das Land Ober Ost. A. a. O. (Anm. 5), S. 9.
[11] Das Land Ober-Ost. A. a. O. (Anm. 5), S. 11.
[12] Victor Klemperer, Buchprüfungsamt Ober-Ost. In: Klemperer, Curriculum Vitae. Erinnerungen eines Philologen 1881-1918. Berlin 1989. Zweites Buch 1912-1918, S. 634.
[13] Das Land Ober-Ost. A. a. O. (Anm. 5), S. 433.

rungen und Zuwanderungen insgesamt 688.782 Juden mosaischen Glaubens. Von ihnen getrennt waren jüdische Minderheiten evangelischen Glaubens (106), römisch-katholischen Glaubens (639) und russisch-orthodoxen Bekenntnisses (157). Aus der nichtjüdischen Bevölkerung kamen Minderheiten mit mosaischem Bekenntnis hinzu: 470 Letten, 140 Polen, 637 Weißruthenen, 231 Litauer, 4.494 Russen und 13.316 Deutsche. Diese Relationen sind zu beachten, weil hier Sympathien entstanden, die deutsche Eingriffsmöglichkeiten begünstigen konnten, und auf unterschiedliche Reaktionen gegenüber deutschen Anordnungen zu schließen war. Insgesamt wurden 708.070 Einwohner mosaischen Glaubens gezählt, deren Lebenssituation knapp zu charakterisieren ist, um ihr wirkliches „Antlitz" zu sehen.

Bei den Ostjuden spielten Wirtschafts-, Gewerbe- und Handelsleben eine große Rolle. Für die deutsche Verwaltung waren sie *unentbehrliche Vermittler, Abnehmer und Bringer* von Waren. In vielen Gebieten war der Ostjude die *Seele des wirtschaftlichen Lebens*, und seine Ausschaltung *würde zunächst das ganze wirtschaftliche Leben lahmlegen*[14]. Juden, die wie *wandelnde Warenhäuser*[15] durchs Land zogen, waren nicht selten. Da sie andere *Gewohnheiten* hatten als jene eines *königlichen Kaufmanns*, wurde *strenge Aufsicht* verfügt[16]. Da alle Teile der Bevölkerung einander nötig hatten, war die Kommunikation *im allgemeinen gut.* Probleme ergaben sich aber aus der nationalen Abschließung gegenüber anderen Landesbewohnern, den anderen Rechtsbegriffen und einem übermäßig ausgeprägten Erwerbssinn, verfestigt durch starres Festhalten am Althergebrachten, orthodoxer Gläubigkeit und der Rolle des Jiddischen. Dadurch geriet besonders die junge Generation in Konflikte und verstärkte ihre Ablösungswünsche, ein gravierendes Problem, das Zweig im „Ostjüdischen Antlitz" aufnahm. Das Militär war an einem guten Verhältnis zur jüdischen Bevölkerung interessiert, belastete es aber durch das strenge Reglement und maßlose Ausplünderungen.

Die Literatur wurde geschätzt, soweit sie ostjüdisches Leben freundlich artikulierte (z.B. die Arbeiten von Nathan Birnbaum, Davis Treitsch, Felix Goldmann und J. Wohlgemuth). Im Ansehen standen das von Hermann L. Struck edierte Lesebuch „Jüdisch deutsche Texte", das in Leben und Sprache der Ostjuden einführte (Leipzig 1917), und zwei Sondernummern der „Süddeutschen Monatshefte", „Ostjuden" (Februar 1916) und „Fragen des Ostens" (Februar 1917). Von eminenter Bedeutung waren Kultur und Religion. Allein Wilna hatte 105 Synagogen. Die Ausbildung geeigneten Nachwuchses an den Rabbinerschulen, den

[14] Das Land Ober-Ost. A. a. O. (Anm. 5), S. 207.
[15] A. a. O., S. 208.
[16] A. a. O., S. 322.

„Jeschiwos", in Wiliampol bei Kowno und in Lida, wurde gefördert.[17] Zurücksetzungen jüdischer Personen beim Besuch von Gymnasien und Universitäten wurden durch *Privat- und Chederschulen* kompensiert. Im *Cheder*, was soviel wie Stube bedeutet, wurde bis zu acht Stunden am Tag unterrichtet. Zuspruch fanden die Theatergesellschaften, unter ihnen das hochstehende jiddische Theater in Wilna, das nach dem Kriege Sammy Gronemann nach Berlin vermittelte. Arnold Zweig erschien es ein *Wunder sozialistischer Empfindung*, das die Wilnaer Truppe überhaupt entstehen konnte. Er war von dem *atmosphärischen Zauber* ihrer Stücke überwältigt, *die von der jüdischen Gasse selbst für den jüdischen Menschen geschrieben zu sein schienen*, von der unerhörten *Lebensechtheit der Gestalten, durch die bis zum Letzten Kunst gewordene Charakteristik.*[18] Das Eindringen deutscher Intellektueller von Ober-Ost in die Kulturschicht der ostjüdischen Bevölkerung objektivierte die Sicht auf Lebensnormen, kulturelle Riten und Antworten auf Grundbedürfnisse des Ostjudentums. Sah Victor Klemperer in Ober-Ost eine *Rettungsinsel für die Reste der verblutenden Intelligenz*[19], so wurde diese zugleich ein geistiges Erneuerungszentrum.

Die Militärverwaltung erfaßte, um *Neues zu schaffen*[20], alle Bereiche des öffentlichen Lebens. Jeder Einwohner bekam einen *Ober-Ost-Paß*, wer keinen besaß, hatte mit Bestrafung zu rechnen[21]. Zur Entlastung der Presse-Abteilung, mit ständigem Sitz in Białystok, wurde das Buchprüfungsamt Ober-Ost eingerichtet. Abteilungschef war Hauptmann Friedrich Bertkau, sein Adjutant Oberleutnant Hans Frentz, der 1931 die geistige Infrastruktur der Abteilung beschrieb: „Über den Zeiten. Künstler im Kriege". Eine von Baron von Wilpert geleitete Übersetzungsstelle überwachte die fremdsprachigen Zeitschriften und übernahm Dolmetscherarbeiten. Das Buchprüfungsamt kontrollierte Herstellung und Einfuhr von Büchern, für die es besondere Vorschriften gab. Die Kontrolle der Bucheinfuhr fiel der Deutschen Bücherei in Leipzig zu. Diese „Prüfstelle Leipzig des Buchprüfungsamtes beim Oberbefehlshaber Ost" beschäftigte unter dem Kommando von Hauptmann Neumann-Hofer fünf Zensoren, von denen einer der Romanist Victor Klemperer (1881-1960) war, der, nach einem *Intermezzo* in Kowno (20. 7. - 1. 8. 1916), am 7. August 1916 in Leipzig die Arbeit aufnahm. Im zweiten Buch des „Curriculum Vitae" gibt Klemperer ein anschauliches Bild der immer sinnloser werdenen stupiden Zensorenarbeit.[22] Die größte Zensurstelle befand sich in Wilna. Alle Arbeit war darauf gerichtet, *preußisches Regiment auf*

[17] A. a. O., S. 367.
[18] Arnold Zweig, Juden auf der deutschen Bühne. Berlin 1927, S. 270f.
[19] Victor Klemperer, a. a. O. (Anm. 12), S. 477.
[20] Das Land Ober-Ost. A. a. O. (Anm. 5), S. 79.
[21] A. a. O. (Anm. 12), S. 175.
[22] Victor Klemperer, a. a. O., S. 498f.

fremden Boden zu verpflanzen. Eine *Militärbürokratie, die jedes Augenmaß verloren hatte, produzierte täglich Verordnungen in solcher Fülle, daß es selbst den deutschen Beamten schwerfiel, sich alle zu vergegenwärtigen.*[23] Ihre Realität widerspricht so mancher Vorstellung aus deutscher Feder, die Idylle statt Wirklichkeit setzte. Der Einfluß von Persönlichkeiten, *die sich nicht als Werkzeuge eines Ludendorff*[24] mißbrauchen ließen, war jedoch gering.

Künstler und Schriftsteller in Ober-Ost

Presseabteilung und Buchprüfungsamt waren Sammelpunkte für deutsche Intellektuelle, die uns ein plastisches Bild jener Zeit, besonders aber vom Leben der Ostjuden überlieferten. Wie Straßen durch ein fremdes Land ziehen sich ihre Erinnerungsbücher und essayistischen Darstellungen, erkunden es genau und gelten heute als Denkmale eines unwiederbringlich verlorenen Daseins. Herausragende Leistungen sind zweifellos Herbert Eulenbergs „Skizzen aus Litauen, Weißrußland und Kurland" (Berlin 1916) und Arnold Zweigs „Ostjüdisches Antlitz" (Berlin 1920). Zu beiden Büchern gab Hermann Struck seine Steinzeichnungen. *Ein seltsames Gemisch von Künstlernaturen hatte die Zeit hier zusammengewürfelt,* schreibt Hans Frentz. *Die Presseabteilung beim Oberbefehlshaber Ost war für frontungeeignete, aber schöpferische Geister, die sich hier immer mehr zusammenfanden, in dieser eigenartig bunten Umwelt zwischen den östlichen Fremdvölkern ohne Zweifel eins der bedeutsamsten Kriegsunterschlüpfe.*[25]

Sammy Gronemann charakterisiert in „Hawdoloh und Zapfenstreich" (Berlin 1924) vor allem den *Klub ehemaliger Intellektueller*[26], der Schriftsteller, bildende Künstler, Philosophen, Journalisten, Schauspieler und Zeitungsredakteure vereinte. Manche von ihnen hatten wie Arnold Zweig zuvor die härtesten Seiten des Frontsoldatenalltags erlebt, waren dadurch besonders empfänglich für Nöte und Leiden der Menschen im Besatzungsgebiet. Jedoch gelang es nur wenigen, sich *nach ihrer seelischen Schichtung mehr oder weniger nutzbringend*[27] zu betätigen. Wo etwa ließen sich Schauspieler wie Hemberger, Werth und Roessler einsetzen? Dagegen kamen Journalisten wie Oskar Kuehl und Wallenberg, der zum Chefredakteur der „Wilnaer Zeitung" avancierte, oder Paul Fechter, der in Wilna die „Gegen-

---

[23] Abba Strazhas, Deutsche Ostpolitik im ersten Weltkrieg. Der Fall Ober Ost 1915-1917. Wiesbaden 1993, S. 27ff.. Vgl. die Rezension. von Friedrich Andrae, Deutsche Besatzung in Litauen und Kurland im Ersten Weltkrieg. Der Fall „Ober Ost". In: Die Zeit, Nr. 19, 6. 5. 1994.

[24] A. a. O., S. 29.

[25] Hans Frentz, Über den Zeiten. Künstler im Kriege. Freiburg im Breisgau 1931, S. 6f.

[26] Sammy Gronemann, Hawdoloh und Zapfenstreich. Erinnerungen an die ostjüdische Etappe 1916-1918. Mit Zeichnungen von Magnus Zeller. Königstein im Taunus 1984, S. 44f.

[27] Hans Frentz, a. a. O. (Anm. 25), S. 49.

wart" redigierte, eher zum Zuge. Der Romanschriftsteller Alfred Schirokauer redigierte die „Suwalkier Nachrichten", der Sexualethiker und Wirtschaftstheoretiker Hans Goslar, der in Berlin den Theodor-Herzl-Club begründet hatte, betreute die litauische Zeitung „Dabartis". Heinrich Auerbach und Leo Deutschländer fungierten als Dolmetscher für Hebräisch. Friedrich Bertkau, früherer Redakteur der „Vossischen Zeitung", leitete die Presse-Abteilung, war aber wenig beliebt. Dehmel charakterisierte ihn als *geborenen Polizei-Inspektor*[28], und Klemperer behielt ihn als *bösartigen und mächtigen Tyrannen*[29] in Erinnerung. Sehr geschätzt dagegen wurde Hans Frentz, *flott, klug, graziös, musikalisch und von leuchtender Herzensgüte, ein Leutnant nach Liliencrons Ideal*, meinte Dehmel[30].

Einige Persönlichkeiten aus dem Kreis von Ober-Ost traten auch nach dem Kriege im deutschen und europäischen Kulturleben hervor. Der Maler und Architekt Karl Schmidt-Rottluff (1884-1976), Mitbegründer der expressionistischen Künstlergemeinschaft „Brücke" und Weltkriegsteilnehmer von 1915 bis 1918, stellte seine Humanitätsauffassung in dem 1918 geschaffenen Holzschnitt „Christus und Judas" (aus dem neunteiligen Christus-Zyklus) vor. Der Maler und Graphiker Magnus Zeller (1888-1972), Schüler von Lovis Corinth, brachte es in Ober-Ost nur zur Postordonanz. Das Kriegserlebnis jedoch prägte einen revolutionär-expressionistischen Realismus aus, der sich in „Entrückung und Aufruhr" mit Gedichten von Arnold Zweig (1917/18) ebenso zeigt wie in der Illustrierung von Gronemanns „Hawdoloh und Zapfenstreich" (1924). Mit expressionistischen Kurzdramen und dem Roman „Die verlorene Erde" (1926) trat Alfred Brust (1891-1934) hervor, seinem Durchbruchswerk, das 1929 den Kleist-Preis erhielt.

Der Kriegsfreiwillige Richard Dehmel (1863-1920) hatte wie Klemperer in Ober-Ost nur ein Intermezzo zu bestehen (4. 9. - 10. 11. 1916). Erfahrungen und Enttäuschungen reichten ihm aus, angewidert vom *militärischen Verwaltungsapparat* und dessen *Schiebungsverfahren*[31] sich von Ober-Ost zu trennen und Rückversetzung an die Front zu beantragen. Wohl ein seltener Idealismus! Im Kriegstagebuch „Zwischen Volk und Menschheit" (1919), einem bedrängenden Zeugnis des Aufbegehrens gegen die *herrschende Kaste* und ihre *brutale Schinderei*[32], rechnet Dehmel unbarmherzig mit *Buchprüfungsamt* und *Zensurpolizei* ab[33].

[28] Richard Dehmel, a. a. O. (Anm. 6), S. 456.
[29] Victor Klemperer, a. a. O. (Anm. 12), S. 520.
[30] Richard Dehmel, a. a. O. (Anm. 6), S. 456.
[31] A. a. O., S. 448.
[32] A. a. O., S. 20.
[33] A. a. O., S. 453.

Herbert Eulenberg (1876-1949), promovierter Philosoph, zog als kriegsfreiwilliger Berichterstatter an die Front, wurde durch Fürsprache von Hans Frentz vor den *Chikanen der Kommißtyrannei* gerettet und sollte nun *diplomatische Feuilletons* schreiben, die das *Publikum des Bezirks Ober-Ost für das Deutschtum gewinnen sollen*[34]. Erzählerisches Talent, das ihm half, knappe historische Porträts gleichsam als *Schattenbilder* zu entwerfen, beweisen auch die „Skizzen aus Litauen, Weißrußland und Kurland" (1916), Entdeckungsfahrten zum Ostjudentum. Vom erlebten Grauen sprechen die Kriegserzählungen „Der Bankrott Europas" (1919).

Unter den Schreibenden in Ober-Ost trat auch Sammy Gronemann (1875-1952) hervor, überzeugter Zionist und Verfechter jüdischer Interessen für eine nationale Heimstatt. In „Hawdoloh und Zapfenstreich. Erinnerungen an die ostjüdische Etappe 1916-1918" (1924) setzt er sich mit dem Erlebnis des Ostjudentums auseinander. „Hawdoloh" (hebr. Hawdalah = Unterscheidung) benennt die religiöse Zeremonie am Ausgang des Sabbat. In dem Roman „Tohuwabohu" (1920) diskutiert Gronemann das Ringen des jungen deutschen Juden Heinz Lehmann im Konflikt zwischen Assimilation und Rückkehr zum Judentum, der sich durch das traditionsverbundene Leben des jungen orthodoxen Ostjuden Jossele Schlenker verschärft.

Gronemanns Denken verwandt, aber kulturphilosophisch, politisch und künstlerisch weit überlegen, ist Arnold Zweig (1887-1968) die am weitesten in die Zukunft ausgreifende Persönlichkeit unter den Intellektuellen in Ober-Ost. Zweig, seit 1912 mit Martin Buber verbunden, hatte sich zionistischen Aufgaben zugewandt, die durch ostjüdische Erfahrungen vertieft wurden. Vergleichbar seinem Fronterlebnis vor Verdun ist nun das aufwühlende Erlebnis des Ostjudentums, das zu intensiver Auseinandersetzung mit der gesamten jüdischen Problematik zwang. Die erste Stufe ist das „Ostjüdische Antlitz" (1920), das mit dem Essay „Das neue Kanaan" (1925), dem Hermann Struck fünfzehn Lithographien beigab, zum Band „Herkunft und Zukunft. Zwei Essays zum Schicksal eines Volkes" (1929) verbunden wurde. Zuvor erschienen „Caliban oder Politik und Leidenschaft. Versuch über die menschlichen Gruppenleidenschaften, dargetan am Antisemitismus" und „Juden auf der deutschen Bühne" (beide 1927). Mit der Figur des Sargtischlers Täwje Frum aus dem Grischa-Roman, einem Mann in der Nachfolge des Chassidismus wissend um Thora und Talmud, *die das gesamte Leben enthalten*[35], entwarf Zweig eine Komplementärstruktur zur Grischa-Handlung; denn *mehr als die Juden weiß von Gott und der Welt doch niemand*[36].

---

[34] A. a. O., S. 457.
[35] Der Streit um den Sergeanten Grischa. A. a. O. (Anm. 4), S. 200.
[36] A. a. O., S. 223f.

Der mit Zweig eng befreundete Maler, Radierer und Zeichner Hermann Struck (1876-1944) ging 1914 kriegsfreiwillig an die Front, kam später nach Ober-Ost, war in Kowno Dolmetscher für Hebräisch und, zum Segen der Juden, Referent für jüdische Angelegenheiten. Martin Bubers Erschließung der chassidischen Welt bestimmte Strucks religiösen Zionismus. Schon 1900 signierte er seine Graphiken mit dem Davidsstern. Bekannt wurden die Skizzen im Kriegstagebuch „In Russisch-Polen" (1915), die sechzig Steinzeichnungen zu Eulenbergs „Skizzen aus Litauen, Weißrußland und Kurland" (1916), fünfzig Originalsteinzeichnungen in einer Mappe „Skizzen aus Rußland. Ostjuden" (undatiert, *in der Druckerei des Oberbefehlshabers Ost hergestellt in 50* [numerierten] *Exemplaren*, wie das Titelblatt vermerkt), schließlich die 52 Zeichnungen (teils identisch mit denen der vorgenannten Mappe), zu denen Zweig von Sommer bis Oktober 1919 den Essay „Das ostjüdische Antlitz" schrieb.

Realität und utopische Vision im „Ostjüdischen Antlitz"

Wie bereits gesagt, ist das Werk an zwei Trägergestalten gebunden. Hermann Struck hatte seinen realistischen Stil in der Schule von Joseph Israel (1847-1934) und des Impressionisten Max Liebermann (1847-1934) gefunden und entwickelt. Das Leben in Ober-Ost begünstigte die Vervollkommnung. Ihn reizte der ostjüdische Mensch, arme und weise Juden, junge jüdische Menschen als Hoffnungsträger des Volkes. Bereits im Sommer 1904 hatte Martin Buber, beeindruckt von Landschaften und Menschen Palästinas im „Jüdischen Almanach" (Berlin 1902), dem Künstler attestiert, daß seine *Judenköpfe das innerste Wesen unseres Volkes*[37] offenbaren. Enthusiastisch rezensierte Arnold Zweig in der „Jüdischen Presse":

Ostjuden hat Struck gezeichnet; und wer immer von diesem Teile unseres Volkes reden will, ohne längere Zeit mit seinen Söhnen und Töchtern gelebt zu haben, findet hier und nur hier ihre Gesichter. Alle Lebensalter und alle Stufen ihrer sozialen Gliederung sind da; unverschönt durch Sentiment, unverzerrt durch Karikatur, unabgelenkt durch das Äußerliche und Zufällige.[...] *der Künstler, der Liebende, hat sie gegeben wie sie sind, voll grenzenlosen Vertrauens in das Gesetz der Harmonie, nach der eine so liebenswerte Geistigkeit unmöglich ohne die liebenswerte Leiblichkeit bestehen kann. Die Leidenschaft macht blind; die Liebe sieht hell.* [...] *Hersehen! rufen diese Gesichter; Sehen! verlangen sie. Die Sprache des Künstlers ist die Sprache seines Werkes; die Politik des Künstlers ist die Gesinnung seiner Form, ist die Intensität des Geschaffenen und seine Sprache.*[38]

[37] Martin Buber, Briefwechsel aus sieben Jahrzehnten. In drei Bänden hg. von Grete Schaeder. Band 1 (1897-1918). Heidelberg 1972, S. 227.

[38] Arnold Zweig, Strucks „Ostjuden". In: Vossische Zeitung, Abendausgabe vom 29. 10. 1918, S. 2.

Diese Besprechung läßt vermuten, daß Zweig beim Betrachten der Japanblätter den Impuls empfing, mehr zu diesen Zeichnungen zu sagen, eigene Auffassungen vom Ostjudentum und der Zukunft des Jüdischen mit auszudrücken, die Zeichnungen gleichsam denkend zu verdichten. Bild und Rezension sollten helfen, das beim deutschen Bürger haftende Vorurteil vom *Kaftanjuden* abzubauen, die in ihm wurzelnde antisemitische Komponente zu eliminieren. Der assimilierten Judenheit im Westen sollten, mit Blick auf die Ostjuden, ihre Brüder, Gemeinschaftsgefühl für sie und der Solidaritätsgedanke vermittelt werden. Analog zu dem Dramentitel Zweigs „Die Umkehr" (1914/27) orientierte der Dichter auf die Notwendigkeit einer innerjüdischen Wende. Um voll zu wirken, bedurften Strucks Bilder erklärender Unterstützung. Mit der Beschreibung eines geistigen Weges des Judentums (Verbindung der Haskala-Rationalität des Westjudentums mit der Chassidim-Irrationalität des Ostjudentums) wollte Zweig den Zionisten den Weg der Erneuerung weisen.

Wie bei Struck reichten auch bei Zweig die Wurzeln in die Vorkriegszeit. Die jüdische Frage, Erwägungen zu ihrer Lösung beschäftigten ihn schon im Briefwechsel mit Buber seit dem 16. Dezember 1912. Das Erlebnis des Krieges, Verdun und Ober-Ost, zwangen den Dichter auf den *Boden der Not.* Der Gedanke verfestigte sich, *für Juden mit Juden eine Gemeinschaft einzurichten, in der der Mensch die besten Kräfte seiner Menschlichkeit so rein entfalten kann, als es in der Zeit und auf der Erde nur möglich ist*[39]. Am 13. Mai 1918 teilte Zweig Martin Buber den Plan mit, *über die Juden des Ostens* zu berichten, *soweit ich sie in Litauen kennenlernen konnte*, *ausführlich* zu schreiben *in einem Text zu etwa 50 neuen Lithographien Strucks. Und ich werde dort das Urteil begründen, das ich hier nur hinschreibe: der jüdische Mensch ist unzerstörbar, unverzerrbar und unablenkbar auf Güte, Herzlichkeit und Offenheit gerichtet. Selbst in verworrendsten und verführendsten Umständen bleibt er reiner, als ich es an seinen Mitwohnenden sehen konnte - um wieviel heller und gerader wird er dort aufstehen, wo er nach den Gesetzen seines Geistes wird schaffen dürfen.*[40]

Wie bitter hat die Wirklichkeit diese schwärmerische Stimmung schon vor Beginn der Niederschrift korrigiert! Von Wilna aus gestand Zweig Buber am 21. Oktober 1918, an seiner *Unfreiheit* zu ersticken, da die ostjüdische Nationaljugend *ziemlich gegen den Geist eingenommen* sei. Letztlich aber überwiegt doch der Entschluß, den Versuch zu wagen. Arnold Zweigs Korrespondenz mit Hermann Struck gibt Einblick in den konkreten Arbeitsprozeß. Anfang Januar 1920 liest Zweig die letzten Korrekturen. Der *Knecht des Schreibrohrs, Abraham ben Ahron, der Nomade*, wie sich Zweig gern nannte (in einem unveröffentlichten Brief an Struck

[39] Martin Buber, a. a. O. (Anm. 37), S. 534.
[40] A. a. O., S. 534f.

vom 12. März 1919), hatte seine Arbeit getan. Das ostjüdische Antlitz sah auf die Menschen.

„Ostjuden“ hieß die Mappe Strucks von 1918. „Ostjüdisches Antlitz“ aber deutet auf einen Typ, auf das Erscheinungsbild einer Gesamtheit, auf Verallgemeinerung gegenüber dem Gesicht, das Einzelbild eines ausgewählten Individuums sein kann. Mit Ausnahme von drei Bildnissen (Synagoge, Jüdische Gasse, Karrenziehender Bauer) gab Struck nur Gesichter, die sich in ihrer Vielzahl zum *Antlitz* der Ostjudenheit steigern. Oft wird in diesem *Antlitz* eine bewußt gewählte Überhöhung des individuellen Gesichts angenommen, sodaß der Weg vom Gesicht zur *Gesichtslosigkeit* erschaubar wird. *Antlitz* deutet auf den Grundgedanken des Buches und auf die Eigenart des Volkes: *Die Juden des Ostens wollen auf ihre jüdische Art leben, in eignem Kulturkreis, eigenem Glauben und mit eigenen Sprachen. Das Jidisch ist eine Sprache für sich wie Holländisch und Englisch - was auch polnische Assimilanten denunzierend lügen mögen.*[41] Diese Aussage verbirgt bereits die Judenpogrome im neugegründeten Polen. Zwei Jahre später sind die Juden in Ungarn und der Ukraine betroffen, deren Bevölkerungen gezeigt haben, *daß ihre Helden weit energischer, erfindungsreicher, weiser und breiter gegen das Leben unbewaffneter Juden vorzugehen wußten als die polnischen, doch auch keine Stümper immerhin. Europa aber, mit Ausbeutung der Besiegten von Versailles beschäftigt, durfte sich darum nicht kümmern*, so in der „Vorrede zur zweiten Auflage“, Frühling 1922, die den zeitgeschichtlichen Kontext spiegelt. Es ist also notwendig, *wenn man sich nicht am allgemeinen Schweigen beteiligt: sondern redet*[42].

„Das ostjüdische Antlitz“ ist im strengen Sinne kein Essay, wohl aber ein essayistisch gebauter Text. Er gliedert sich in fünf Kapitel mit jeweils einem thematischen Zentrum, die mit Blick auf wesentliche Momente nun referiert werden sollen. Kapitel I stellt den Ostjuden als Greis, als Lebensweisen vor. Als Individuum symbolisiert er Lebenswillen und Ausdauer, im allgemeinen aber die Dauerhaftigkeit des Ostjudentums. So ist der Greis verknüpft mit der ostjüdischen Jugend, dem Garanten eines Neubeginns (Kapitel V). Der Greis steht für jüdische Traditionstreue, für den Triumph des Gebets über das *Joch des menschlichen Lebens. Pures Geld* wird (noch!) verachtet, der *Nichts-als-Besitz*-Standpunkt[43] ebenso verworfen wie der Zwangsstaat. Leid und Hoffnung prägten das Leben. In dieser von Struck gezeichneten und von Zweig ausgedeuteten Gestalt sind die Nachwirkungen des Chassisdismus lebendig, jenes naiven Gottesglauben, der sich - folgenlos - gegen die westjüdische erstarrende Konfession stellt.

---

[41] Das Ostjüdische Antlitz. A. a. O. (Anm. 3), S. 8.
[42] A. a. O., S. 11.
[43] A. a. O., S. 25.

Kapitel II konzentriert sich auf Beschreibung und Durchleuchtung des kulturellen und religiösen Lebens. Das Gebet und seine bindende Kraft, die Lehre, das Talmudstudium und die Institutionen, das religiöse Lied, aber auch die Bereitschaft zum Verzicht, die Leugnung des sinnlichen Lebens, Zwiespältigkeit gegenüber Mode und Tracht und schließlich die ungebrochene Solidarität: *Wo Juden sind, werden Juden nicht Hungers sterben*[44]. So differenziert sich das zentrale Thema in eine Vielzahl von Einzelthemen. Kapitel III widmet sich dem ostjüdischen Familienleben und der Stellung der Frau, deren heroische Leistung im Alltag hervortritt. Haus und Familie sind für den Ostjuden lebens- und seinsbestimmende Größen. *Familie und nicht Ehe ist das entscheidende Wort* [...] *auf sie kommt es dem Ostjuden allein an*[45]. Geradezu hymnisch gerät Arnold Zweigs Lobpreisung der *Frau des Volkes, die ganz der Familie geopfert wird, und die sich ihr darbringt* und die *der Jugend erst ermöglicht, ihr Dasein zu bestehen*[46]. Stützpfeiler ihres Lebens sind eine *unbändige Lebenskraft*, eine *tiefe, dankbare Treue, mit der ihr Mann dauernd ihr zugewendet bleibt* und die *große Achtung und Liebe der Kinder gegen die Eltern*[47], ungeachtet aller Nöte und Sorgen. Wie einsturzgefährdet aber dieses Standbild der ostjüdischen Frau ist, zeigen Aussagen im Folgekapitel mit der nicht verschwiegenen Emanzipationshaltung der jungen Generation gegenüber erstarrten Bindungen ans Elternhaus. Von der Revolutionierung des Lebens um 1917/19 gehen erdbebenartige Stöße aus, so daß Zweigs Realitätssinn zu folgern zwingt: *Die unmittelbare Ablehnung der Jugend gilt dem Hause der Eltern, gilt der Familie*[48]. Die Jungen wissen, *wovon sie weg wollen*, ziehen es oft vor, *im Unbekannten schlimm* zu enden, als *in diesem elenden Bekannten erträglich* zu bestehen[49]. Dennoch erweisen sich aber *Würde und Aufgabe des Hauses und die Liebe zu den Kindern* als Rettungsanker in einem ohnehin schwer zu bestehenden und unentwegt gefährdeten Leben.

Kapitel IV diskutiert im einzelnen die Probleme der ostjüdischen Jugend. Da Zweig und Struck *Zeugnis* geben wollen für das *Gegenwärtige des Lebens* verschließen sie sich nicht dem Aufbegehren der Jugend, deren Herz und Recht eine solche Haltung fordert. Sie erkennen aber auch die Gefahren für die Erhaltung des reinen Ostjudentums. Zweigs Betroffenheit ist unverkennbar. Die Beschreibung von Sachverhalten wechselt mit der Nachzeichnung bewegender Impressionen. Appellativ wird gewarnt, sich nicht aus dem Judentum schleudern zu lassen. So sehr sich Zweig bemüht, die Vorurteile gegenüber den Ostjuden als *Galizier*, Hausierer und Schacherer, als *Kaftanjuden* abzubauen, so wenig kann er daran

---

[44] Das ostjüdische Antlitz. A. a. O. (Anm. 3), S. 83.
[45] A. a. O., S. 88.
[46] A. a. O., S. 90.
[47] A. a. O., S. 100.
[48] A. a. O., S. 123.
[49] A. a. O., S. 124.

vorbeisehen, daß auch in der ostjüdischen Gemeinschaft alle menschlichen Typen und Verhaltensweisen, Vorzüge, Schwächen und Laster vorhanden sind und daß der zähe Kampf ums Überleben oft einer Gratwanderung zwischen der vom Eroberer bestimmten Gesetzlichkeit und der Kriminalität gleicht. Nicht nur bei Zweig sind ambivalente Wertungen vorhanden: der Westjude lebt in äußerem Glanz und Überlegenheitswahn, der Ostjude lebt in Elend und Rückständigkeit, dies aber kompensiert durch geistig-religiösen Reichtum und seelische Feinheit. Zu oft jedoch zerstörte die Wirklichkeit dieses Bild. Aus diesem Konflikt versucht sich die ostjüdische Jugend in ihrer *Sehnsucht ohne Grenzen* zu lösen. Er billigt ihr das Aufbegehren gegen das *größte Ungeheuer, den autokratischen Kapitalismus*, zu, einen Gegner, *den es lohnt zu bekämpfen*[50]. Aber er weiß auch um die Gefahren der Preisgabe, wenn die *Revolutionszukunft* Europa erfaßt.

Kapitel V ist dem Kind, dem ostjüdischen Knaben vorbehalten, verstanden als Garant der Wiedergeburt, für den Neubeginn. So richtet sich Zweigs Blick auf die Möglichkeiten der Ostjuden beim Aufbau einer Heimstatt in Palästina. Der von Theodor Herzl (1860-1904) im Buch vom „Judenstaat" (1896) und seiner epischen Veranschaulichung im Roman „Altneuland" (1902) beschriebene und von Martin Buber gedanklich ausgestaltete Weg wäre zu gehen. *Arbeit und Land - die wirkenden Kräfte sind im Ostjuden tätig gewesen von jeher, Land als Sehnsucht, Arbeit in ihrer harten, selbst entgeisteten und doch auch so noch halbfreudigen Form*[51]. Durch Arbeit wird die innere und äußere Befreiung des jungen Menschen ermöglicht werden, nur durch sie wird die Überwindung der *perversen Ordnung* gelingen, *wo der Verkaufende mehr gilt als der Erzeugende*[52]. Doch können die Jungen vom *Irrwahn des Besitzenwollens*[53] geheilt werden? Das Volk der Juden gleicht in seiner Gesamtheit keinem *Greis*; *Knaben, immer Knaben!* [...] *Selbst Jisrael, ein ganz junges Volk*[54]. Nur zu bald mußte Zweig seine *wohltätigen Täuschungen* erkennen. Im „Nachwort" von „Herkunft und Zukunft" (1929), im November 1928 geschrieben, relativiert Zweig sein Pathos und resumiert, daß der Dichter das Recht habe, *wesenmäßig zu sehen; so wird es manchmal geschehen, daß sich die Erkenntnis der Wirklichkeit mit seinen Gesichten erschreckend deckt, um nach einer gewissen Veränderung der Wirklichkeit ihr wieder einmal ferner gerückt zu werden.*[55] Und schließlich:

---

[50] A. a. O., S. 133.
[51] A. a. O., S. 158.
[52] A. a. O., S. 162.
[53] A. a. O., S. 163.
[54] A. a. O., S. 174.
[55] Arnold Zweig, Herkunft und Zukunft. Zwei Essays zum Schicksal eines Volkes. Wien 1929, S. 229.

Wir sehen heute die jüdische Sache eingebaut in die Sache der weißen Menschheit. Entweder siegen die Strömungen der Verbundenheit, der Solidarität und der Verhinderung von Gewalttaten, oder die reaktionären Kräfte siegen, die mittels Gewalt die bestehende Verteilung des Reichtums der Erde festhalten wollen. Dieser Gegensatz muß scharf gesehen und scharf ausgekämpft werden. Es geht nicht um Redensarten und nicht um sogenannte „Ideale", sondern um wirkliche Ideale, deren Verwirklichung abhängt von einer gerechteren, d.h. vernünftigeren Verteilung des Arbeitsertrages der Menschen. Das Schicksal der Juden wird gelöst werden nur im Zusammenhang mit diesen Strömungen, nur getragen von der großen Flutung der Menschheit nach links.[56]

Fünf Jahre später senkte sich die Nacht über Deutschland und Europa. Von einer nationalen Zukunft des Judentums, für die Zweig und Struck mit vielen anderen stritten, konnte vorerst keine Rede mehr sein. Die grandiose Vision war jedoch nicht aufgehoben oder gar aufgegeben.

Noch einmal geht der Blick zurück in die ostjüdische Welt von Ober-Ost, deren Bild Arnold Zweig auch in Romanen des Fragment gebliebenen Zyklus „Der große Krieg der weißen Männer" (1927/57) bewahrt hat. Hier sind auch neben dem „Grischa" die Romane „Einsetzung eines Königs" (1937) und „Die Feuerpause" (1954) zu nennen. Im „Streit um den Sergeanten Grischa" führt der Dichter den Leser in eine Judenstadt mit dem fiktiven Namen Merwinsk. Ohne Beschönigung das Dunkel kärglichen Lebens.

In den niederen Holzhäusern seiner langgedehnten oder rundgewobenen Straßenzüge [das ist das Bild vom Schtetl] *sitzen - oder saßen - Tausende von jüdischen Familien. Wie in Wilna, der geliebten Mitte, machen sie in all den kleineren Flecken, Städtchen, Mittelstädten bis zu neun Zehnteln der Bevölkerung aus. Sie sind die Schneider und Schuster, die Glaser und Klempner, die Zimmerleute und Kutscher, die Buchbinder und Wagenmacher. Sie sind die Kleinhändler, sie sind die Bürger. Eine unnennbare Armut zehrte sie schon im Frieden aus. Fürchterlich in der Enge klebt Jude an Jude, Nahrung, Verdienst einander vom Munde wegreißend wie Fische in den gläseren Bassins der großen Fischhändler - nicht freiwillig, sondern dank der Politik des Zarentums, das sie* [...] *von den Dörfern vertrieb, in den Städten zusammenpferchte* [...]. *Ununterbrochen werden ihnen Kinder geboren, die ununterbrochen wieder sterben*[57].

Hatten wir das nicht gerade woanders gelesen? Gewiß; denn Zweigs epische Darstellung von 1926 basiert auf Erlebnissen und Anschauungen, die im „Ostjüdischen Antlitz" festgehalten wurden und die zeitig genug die pathetisch vor-

[56] A. a. O., S. 230.
[57] Der Streit um den Sergeanten Grischa. A. a. O. (Anm. 4), S. 198f.

getragene Sicht auf eine idyllische ostjüdische Lebensform oder gar die Erwartung einer deutsch-ostjüdischen Symbiose relativierten:

Ganz auf sich gestellt [ist der Ostjude] *in einer Umwelt, deren reibungsvolle Enge nur an den Fischkästen großer Speisehäuser veranschaulicht werden mag,* [...] *nicht anders drängt sich der Jude in den kleinen und größeren Städten des Ostens zusammen, einer vom andern wenig unterschieden, kleiner Händler, Handwerker, gelernter oder gelegentlicher Arbeiter, Fuhrmann, Träger, Bote, Makler - alle einander gleich im Ideal des eigenen Hauswesens, sich mit Frau und Kindern im Besitze einer Küche zu sehen, deren Herd ihm die Würde des Baal habajith, des 'Balbos', des Hausherrn gibt.*[58]. Und sie lesen und arbeiten in den kleinen Gassen, *zermürbt, vergilbt, gebrechlich*, oft geht eine *Haustür in die Straße*, die aus einem *düsteren Lädchen* führt.[59]

In diese Welt taucht auch Grischa ein, um Rat und Trost zu suchen bei dem chassidischen Tischler Täwje Frum (Täwje = Tobias, d.i. der Heimkehrer), ein Mann, der im Talmudstudium Lebenswillen und Körper diszipliniert hat und nun in der Lage ist, Grischa den Sinn des unvermeidlichen Sterbens erkennen zu lassen und den Tod anzunehmen als Zeichen der Unterwerfung unter Gottes Willen. Täwjes Denken läuft in welt- und heilsgeschichtliche Perspektiven; Einzelschicksale werden wie Gruppen- und Völkerschicksale verstanden. Hier zeigt sich, wie sehr im epischen Werk Zweigs das „Ostjüdische Antlitz" und der „Streit um den Sergeanten Grischa" als Schlüsseltexte zu bewerten sind in der gewiß nicht kleinen Reihe aufs Judentum gerichteter Konfessionen Zweigs. Vehement greift er in die politischen Debatten der zwanziger Jahre ein, um ostjüdisches Schicksal begreiflich zu machen. Zweig wird nicht müde, zu erklären, daß der ein *schlechter Politiker* sei, *wer nicht den Westjuden mitgemeint spürt, wenn auf den Ostjuden losgeschlagen wird.*[60]

Nichts Bewegenderes aber läßt sich mit Arnold Zweig sagen:

Ich kenne viele nichtjüdische Soldaten, Männer aller Bildungsstufen, vom jungen Leutnant bis hinauf zum bejahrten Landsturmmann, die mir dies alles bezeugen werden, die im Umgang mit den Ostjuden wieder das Staunen vor dem Menschen gelernt haben, das sie im Graben und in der Feuerzone vorher zu verlernen, Gelegenheit hatten.[61]

---

[58] Das ostjüdische Antlitz. A. a. O. (Anm. 3), S. 19.
[59] A. a. O., S. 86.
[60] Arnold Zweig, Ostjuden - und Abwehr? In: Jüdische Rundschau. Berlin Jg. 28 (1923), Nr. 100/101, S. 579f.
[61] Arnold Zweig, Ostjudenfrage und Politik. In: Das jüdische Echo. München Jg. 11 (1924), Nr. 48, S. 418.

Die Erde Tellus, ein kleiner Planet...
Arnold Zweig, die Zeitgenossen und die Literatur

RÜDIGER BERNHARDT

Arnold Zweig und die Literatur

Arnolds Zweigs Herkunft aus dem Bürgertum war eine Voraussetzung dafür, daß er mit wesentlichen Bildungselementen, fast einer *gutbürgerlichen* Erziehung ergänzt von der *ganzen Sorgfalt einer jüdischen Familie*[1], früh vertraut wurde. Seine literarischen, philosophischen und literarhistorischen Interessen und Kenntnisse waren groß und weit gespannt. Sie reichten schon beim jugendlichen Zweig von dem Gesamtwerk Karl Mays und Felix Dahns über Gustav Freytag und Dumas bis zur Moderne, die für den Siebzehnjährigen mit Hermann Bangs kleinem Roman „Am Wege" (1886) begann, zu Felix Holländers „Der Weg des Thomas Truck" (1902) führte und in Zolas Rougon-Maquart-Zyklus den Höhepunkt fand. Die anarchistische Tendenz des Holländer-Romans und die Antistaatlichkeit, die dort verkündet wurde zu Gunsten einer freien Persönlichkeit, wären einer besonderen Untersuchung wert.

In Holländers Roman entsteht der geistige Ausgleich zwischen unterschiedlichen Religionen wie Buddhismus und Christentum, zwischen unterschiedlichen Philosophien wie der des Stirner'schen Anarchismus und der Landauer'schen Sozialisierungsvorstellungen, zwischen Entwurf und Wirklichkeit. Holländer stand mit diesem Roman, den er den Gebrüdern Heinrich und Julius Hart widmete, ganz unter deren Einfluß, dem der „Neuen Gemeinschaft" und Gustav Landauers, den auch Arnold Zweig bewunderte. Die Faszination ging für Zweig sowohl von Landauers anarchistischer Konzeption einer staatenlosen Siedlungsstruktur, wie sie in der „Neuen Gemeinschaft" mitgedacht wurde, als auch von Landauers Literaturverständnis für Hölderlin, Shakespeare und andere aus: *Und Gustav Landauer lehrte mich: umfassend sehen. Kunstwerke, eingebettet in die Lebensaufgaben des Menschen auf der Erde. Um ihn war eine Vollständigkeit des Seins, die sich überall an ihm manifestieren mußte.*[2] Er galt Zweig als Partner im Bekenntnis zum Geist; Lan-

---

[1] Georg Wenzel (Hg.): Arnold Zweig 1887-1968. Werk und Leben in Dokumenten und Bildern. Mit unveröffentlichten Manuskripten und Briefen aus dem Nachlaß. Berlin und Weimar 1978, S. 3.

[2] Arnold Zweig, Vorrede zu „Lessing. Kleist. Büchner". Berlin 1925, S. 11.

dauer erklärte Revolutionen nur aus dem Geiste, weil sich der Geist seinen Körper baue. Landauer steht für Zweigs besonderes Bildungserlebnis - hier war Zweig Lion Feuchtwanger ähnlich -, denn zu den spezifisch deutschen Traditionen kamen die jüdischen der Holländer, Landauer und Erich Mühsam hinzu. Beide Traditionen korrepondierten miteinander. Früh wurde Arnold Zweig von Martin Bubers Kulturzionismus fasziniert. Buber dagegen bestätigte Zweig nach dessen Tragödie „Abigail und Nabal", ein hervorragendes Werk geschaffen zu haben.

So entstanden zwingende Beziehungen, die mit der jüdischen Assimilation, gegründet auf die deutsche Kunst und Kultur, ebenso umgehen konnten wie mit einer inneren Umkehr, die Assimilation nicht um jeden Preis fordert, sondern jüdische Sammlung im Geiste. Wollte man der Gesamtheit der literarischen und philosophischen Beziehungen und ihren Auswirkungen auf Arnold Zweig nachgehen, würde das zu einer schier endlosen summierenden Reihung führen. - Eine Auswahl von Essays Arnold Zweigs über Schriftsteller vereinigte 36 Arbeiten, längst nicht alle, vor allem nicht berücksichtigend die großen Essays und Einleitungen zu Kleist, Georg Büchner und den „Versuch über Lessing" (1922) sowie „Lessings Totenmaske" (1926), nicht berücksichtigend die zahllosen Nennungen und Verweise in den großen essayistischen Arbeiten und in den Romanen. Unter diesen 36 Arbeiten waren profunde Darstellungen zu Else Lasker-Schüler, Lion Feuchtwanger und Robert Louis Stevenson, um die Unterschiedlichkeit der Interessen anzudeuten. In den Essays waren oft weitere Dichter verborgen: Wenn er bei Else Lasker-Schüler zu den Leistungen zählte, daß sie *Dokumente ihres Herzens in Prosaseiten nieder(gelegt habe), die das Gedächtnis einiger Menschen in die ewigen Sphären hinüberretteten*[3], meinte er ihr „Peter-Hille-Buch". Als Annie Voigtländer 1967 Äußerungen von Schriftstellern und Literaturwissenschaftlern über Arnold Zweigs „Der Streit um den Sergeanten Grischa" herausgab, konnte sie 43 Texte vereinigen, darunter von Lion Feuchtwanger, Kurt Tucholsky, Robert Neumann, aber auch von Erik Neutsch, Günter de Bruyn, Willi Bredel und Eberhard Hilscher.

Das mag als Andeutung zum Materialhintergrund der Überlegungen genügen. Wir wollen eine Schneise durch den Urwald schlagen und durch sie hindurch einem einzigen Text nachgehen, seine Herkunft, seine zeitgeschichtliche Funktion und seine Wirkung verfolgen, um so punktuell Arnold Zweigs Stellung im literarischen Prozeß des 20. Jahrhunderts zu beschreiben. Das Verfahren ist nicht nur methodisch legitim, sondern findet seine zusätzliche Unterstützung durch Arnold Zweigs vielfältige Überlegungen zur Struktur eines Romans

[3] Arnold Zweig: Else Lasker-Schüler. In: ds., Über Schriftsteller. Berlin und Weimar 1967, S. 126.

(„Theorie des großen Romans"; „Roman, Realismus und Form"). Dabei ist anzumerken, daß ein Teil des Materials von der Literaturwissenschaft bisher ungenügend aufgearbeitet worden ist wie etwa die Bedeutung Gustav Landauers für Arnold Zweig auf der Grundlage der Berliner Sozialkommune „Neue Gemeinschaft" und der zionistischen Siedlungsbewegung.

Die zahlreichen direkten Beziehungen Zweigs zu Schriftstellern, die umfangreichen Kenntnisse der Literatur der Jahrhundertwende bis in die zwanziger Jahre und die kritisch-essayistischen Auslassungen Zweigs über Schriftsteller und Literatur lassen sein literarisches Werk als Ergebnis umfangreicher Aufnahmen, Brechungen und Variationen erscheinen. Zwei Prinzipien erscheinen spezifisch für Arnold Zweigs episches Schaffen und sollen deshalb am Einzelbeispiel anschließend verfolgt werden.

Das eine ist das Anknüpfen an naturalistische Beschreibungsmethoden, in denen der Erzähler weit zurücktritt oder ganz ausscheidet, um eine möglichst getreue und detaillierte Abbildung der Wirklichkeit zu erreichen. Dazu gehörte auch die sprachliche Differenzierung bis zum Dialekt - Heimatkunst jedoch wurde von Zweig scharf abgelehnt - und der Umgangs- oder Alltagssprache. Für den Dialekt sah Zweig Gerhart Hauptmann als Vorbild, für die „Alltagsredeweise" Shakespeare und Ibsen.[4]

Romane Émile Zolas und frühe Erzählungen Gerhart Hauptmanns („Bahnwärter Thiel") seien als orientierende Beispiele für den erfolgreichen Einsatz naturalistischer Gestaltungsmethoden genannt; sie waren auch für Zweig maßgebend. Für Zola hatte er lebenslang großes Interesse: 1903 las er während seiner Buchhändlerlehre intensiv Zola; Zolas „Germinal" war ihm 1909 in einem seiner grundlegenden kunsttheoretischen Essays trotz der politischen Tendenz ein wichtiges Kunstwerk und gehörte zu einem Kanon der *Kunstgipfel*[5] *Germinal, Weber, Uhde, Ibsen*. Schließlich war für ihn Zolas „Der Zusammenbruch" eine der drei gigantischen Kriegsdarstellungen des 19. Jahrhunderts.[6]

Zweigs Interesse an naturalistischen Schriftstellern war generell groß; oft stellte er sie, wie 1907 Bierbaums Lyrik, als Modell hin. Andererseits war ihm der Romancier Bierbaum suspekt, weil er *persönliche Skandalaffären* abgeschrieben

---

[4] Arnold Zweig, Das Werk und der Betrachter. Eine Studie (1909). In: Wenzel, a. a. O. (Anm. 1), S. 515ff., hier S. 526.

[5] A. a. O., S. 517.

[6] Die Zola-Beschäftigung Zweigs beschreibt Eberhard Hilscher differenziert in seiner Zweig-Biografie, die eine geeignete Quelle für Zweigs Leben darstellt und von Zweig autorisiert wurde: Eberhard Hilscher, Arnold Zweig. Leben und Werk. Berlin 1985, S. 20 und 68.

habe.[7] 1909 bediente er sich in seiner „Studie“ „Das Werk und der Betrachter“ des Vokabulars der naturalistischen Programmatik „Milieu“, „Temperament“ oder unterlegte seine These von der Nebensächlichkeit des Stoffes im Kunstwerk mit einer Beweisführung, die an Arno Holz erinnerte (*...es ist vollkommen gleichgültig, woher und von welcher Art er* [der Stoff] *ist.*[8]

Zola und Hauptmann brachte Zweig großes Interesse entgegen und erklärte beider Methode am Beispiel Hauptmanns: ... *ferner kam er vom Naturalismus, dem Heutigen zugewandt, dem Leben im ganzen, mit einer Achtung vor dem Leben, die jedes Ausscheiden, jedes Stilisieren zum Verbrechen machte*[9]. Die Methode wiederum erklärte er aus *der weiterwandernden Revolution des vierten Standes* (1921)[10] und stellte sich damit auf Positionen der frühen naturalistischen Programmschriften.

Arnold Zweigs „Der große Krieg der weißen Männer“ läßt sich mit Émile Zolas „Die Rougon-Maquart. Natur- und Sozialgeschichte einer Familie unter dem zweiten Kaiserreich“ vergleichen[11] und stellt ein deutsches Pendant zu dem französischen Zyklus dar. Gestützt wird das durch Zweigs Bekenntnis, in Zola den *Schutzpatron des literarischen Lebens* zu sehen, an dem er sich orientiert habe, als er *gegen den preußischen Militarismus alle Register der menschlichen Reife und des literarischen Könnens* zog.[12]

Beim anderen Prinzip wird ein vorhandenes Kunstwerk genutzt - ein Text, ein Bild oder ein Musikstück -, um die Rezeption und Verarbeitung der Vorlage ins eigene Werk einzubringen. Darüber hat Zweig in seinem Essay „Das Werk und der Betrachter“ (1909) ausführlich geschrieben. Er nannte die Künstler, *die zur Produktion als Vorbedingung ein fertiges Kunstwerk brauchen,* die *reproduktiven Künstler.*[13] Wie stark bei ihm selbst Musik Texte prägte, wird in den „Novellen um Claudia“[14] und beim Brahms-Klavierspiel in „Erziehung vor Verdun“ erkennbar.

---

[7] Arnold Zweig, Das Werk und der Betrachter. Eine Studie (1909). In: Wenzel, a. a. O. (Anm. 1), S. 527. Gemeint sind Bierbaums Roman „Prinz Kuckuck“ (1906/7), möglicherweise auch Bierbaums Roman „Stilpe“ (1897), beides Künstlerromane, die wie ein Experimentalroman die gesellschaftliche Entwicklung am Beispiel literarischer Gruppierungen vorzustellen versuchen. In „Stilpe“ sind unter anderem Stanislaw Przybyszewski, Paul Scheerbart und Peter Hille die Schlüsselgestalten, in „Prinz Kuckuck“ sind es Alfred Walter Heymel und Rudolf Alexander Schröder.

[8] A. a. O., S. 516.

[9] Zitiert nach Wenzel, a. a. O. (Anm. 1), S. 43.

[10] A. a. O., S. 116.

[11] Einen solchen Vergleich deutet auch Hilscher an, a. a. O. (Anm. 6), S. 110.

[12] Arnold Zweig, Dem Meister Émile Zola. In: Über Schriftsteller. A. a. O. (Anm. 3), S. 148.

[13] Arnold Zweig, Das Werk und der Betrachter. In: Wenzel, a. a. O. (Anm. 1), S. 524.

[14] Hilscher, a. a. O. (Anm. 6), S. 27f.

Arnold Zweig reflektierte die Vorlagen, ging mit ihnen einen Diskurs ein, geriet in Distanz zu ihnen und schuf das neue Kunstwerk. Seine Texte bzw. Textabschnitte hatten im literarischen Prozeß wiederum ein ähnliches Schicksal. Zweigs Schaffensmethode war kein Ersatz für einen originären Schaffensvorgang, ließ diesen aber nicht nur von der realen Wirklichkeit, sondern auch von Kunstwirklichkeiten bestimmen.

Die Eröffnung des Romans „Der Streit um den Sergeanten Grischa"

Schon der junge Zweig beschäftigte sich mit der Frage, *was unser Leben auf diesem Stern Erde für einen Sinn habe*, und stellte sich diese Frage immer dringlicher.[15] Es ist kein Zufall, wenn diese Formulierung vom *Stern Erde* geradezu leitmotivisch Zweigs Schaffen durchzieht und auch seinen bekanntesten Roman eröffnet; in seinen Werken ist diese Eröffnung des „Streit um den Sergeanten Grischa" die auffälligste. Wenden wir uns deshalb dieser Eröffnung des Romans zu. Sie besteht aus zwei großen Abschnitten: Der erste beginnt:

Die Erde, Tellus, *ein kleiner Planet, strudelt emsig durch den kohlschwarzen, atemlos eisigen Raum, der durchspült wird von Hunderten von Wellen, Schwingungen, Bewegungen eines Unbekannten, des Äthers, und die, wenn sie Festes treffen und* Widerstand sie aufflammen läßt, Licht werden, Elektrizität, *unbekannte Einflüsse, verderbliche oder segnende Wirkungen. Die Erde hat, umwallt von ihrer schweren, wohligen Lufthülle, auf ihrer elliptischen Bahn jene Phase hinter sich, die ihre Nordwestgefilde am weitesten vom Lebensquell der Sonne weghält; unaufhaltsam kreisend arbeitet sie sich in günstigere Stellung. Da prallen die Strahlen der großen Glut erregender in Europas Bereich; die Atmosphäre gerät in Gärungen, rasende Winde stürzen von den kalten Zonen überall zu den schon wärmeren Landgebilden, in denen es sich gelockt von der Magie des wieder wachsenden Lichtes, zu regen beginnt, zu* keimen. *Die Welle des Lebens in den Nordländern steigt langsam an, in ihren Menschen vollziehen sich, wie Jahr für Jahr, befremdende Wandlungen.* (Hervorhebungen vom Autor)

Der zweite Abschnitt:

Es steht ein Mann im dicken Schnee, unten am Fuße eines schwarz angekohlten Baumes, der spitzwinklig in gute Höhe ragt mitten im verbrannten Walde, schwarz auf vielfach zertretener Weiße. Der Mensch, gekleidet in viele Hüllen, versenkt die Hände in die Taschen der äußersten, blickt vor sich hin und denkt.

Dieser Mensch ist der Landsturmgefreite Birkholz aus Eberswalde, er bewacht Gefangene, darunter auch Grischa.

[15] Hilscher, a. a .O. (Anm. 6), S. 13.

Der Grischa-Stoff lag zuerst als Drama „Der Bjuschew" 1920 vor und wurde 1927 unter dem Titel „Alle gegen einen" im Zweiten Morgenblatt der „Frankfurter Zeitung" in 82 Fortsetzungen veröffentlicht. Als Zweig 1927 den „Streit um den Sergeanten Grischa" in Buchform veröffentlichte, schrieb Kurt Tucholsky eine ungewöhnliche Rezension. Arnold Zweig antwortete ebenso ungewöhnlich mit einem langen Brief, in dem er sein Buch erklärte aus *Intuition und dichterischer Leidenschaft, künstlerischer Weltkritik, ungeheuer viel besessenem Gedächtnis und einem bißchen literarischer Tradition*[16]. Ein Briefwechsel entspann sich. Tucholsky bescheinigte dem Roman Detailfleiß und gute *handwerkliche Anständigkeit*, kritisierte aber die Eröffnung. Zweig ging auf diese Kritik nicht ein.

Es handelt sich bei der Eröffnung um antithetische Setzungen zu Raum, Zeit und Erzählerfigur: dem planetarischen Ort wird der irdische Ausschnitt entgegengestellt, dem Planeten Erde, Tellus, zuerst der *Fuß eines schwarz angekohlten Baumes*, dann der einzelne Mensch. Der Jahreslauf der Erde wird kontrastiert mit Winterzeit.

Zweig liebte antithetische Setzungen, die Folge seiner Neigung zum Drama. Shakespeares Dramenkonzept schien ihm auch für den Roman möglich zu sein, ja er meinte, eine Romanfabel unterliege denselben Gesetzen *wie die Fabel eines großen Dramas, also eines Shakespearischen Trauerspiels* („Theorie des großen Romans")[17]. In seinem Kleist-Essay setzte er sich für die kontrapunktische Kunst ein und das *Gegeneinanderführen von Charakteren*. Das traf auch für Orte in den Romanen Zweigs zu und führte zu bestimmenden Strukturen.

Die Romaneröffnung des „Grischa" hatte Tucholsky in seiner „Weltbühnen"-Rezension kritisiert; es war der einzige Einwand, neben Kleinigkeiten, an einem Buch, das nach Tucholsky so geschrieben werden mußte und den Fall Grischa benutzte, einen Querschnitt durch die deutsche Militärführung des Ersten Weltkrieges zu geben. Tucholsky reagierte leidenschaftlich auf das Buch, weil er in dem Schicksal Bertins auch das eigene sah. Wie Zweig war er 1914 ähnlich den meisten jungen Deutschen begeistert in den Krieg gezogen und hatte geglaubt, jetzt erst beginne das eigentliche und - man kannte seinen Nietzsche - das gefährliche Leben. Zweig wurde, wie er später selbstkritisch bekannte, *Militarist aus Überzeugung.*[18] Zweigs Bertin reagierte auf seine Einberufung *Jetzt rief ihn Deutsch-*

[16] Zitiert nach Wenzel, a. a. O. (Anm. 1), S. 563.

[17] Zitiert nach F. S. Grosshut, Welt und Wirkung eines Romans. Zu Arnold Zweigs „Der Streit um den Sergeanten Grischa". Berlin und Weimar 1967, S. 101.

[18] Arnold Zweig, Warum ich schwieg. In: Die literarische Welt, Jg. 1, Nr. 12/13 (25. 12. 1925), S. 3.

land, er würde es nicht warten lassen.[19] Die Vorbehalte gegen Wilhelm II. traten nicht nur hinter der Kriegsbegeisterung zurück, vielmehr lebt Bertin mit der offiziellen bürgerlich-wilhelminischen Welt in Einvernehmen. Trotz zahlreicher widriger Erlebnisse stellt er diese Welt erst vor Verdun in Frage, aber seine Frau Lenore sah, daß er selbst dort noch voller Gläubigkeit auf die Weisheit von Regierungen vertraute („Erziehung vor Verdun").

Tucholsky lobte den zweiten Absatz der Grischa-Eröffnung, mit dem der Roman hätte beginnen sollen - aber *Nein, so fängt es leider nicht an*[20]. Dagegen sei die nun vorliegende Eröffnung ein Zugeständnis an Gott und die *Relativität* - Tucholsky meinte Einstein:

...könnt ihr denn nicht begreifen, daß der liebe Gott benebst anhängendem Kosmos im Zwiebelmuster einer Kaffeekanne zu finden ist und nicht in dem, was ihr als „Relativität" ausgebt? Wozu das? Entehrt Naturalismus? Erscheint er euch zu niedrig, wenn ihr ihn nicht durch pathetische Beziehungen zum „All" adelt?[21]

Tucholsky begrüßte die naturalistische Eröffnung des zweiten Absatzes, lehnte aber den scheinbar unnaturalistischen ersten Absatz ab. Richtig ist, daß Zweig fast populistisch Einsteins Relativitätslehre aufnahm. Er hatte den Physiker, der 1921 für seine Relativitätstheorie den Nobelpreis bekommen hatte, in Caputh besucht und sich bereits 1919 gerühmt, er kenne Einstein persönlich. Der wiederum nahm an Zweigs zionistischem Engagement teil und schrieb für einen Sonderdruck von Zweigs Erzählung „Alter Mann am Stock" 1928 im Rahmen der Jüdischen Altershilfe ein Nachwort, in dem er den Autor als *feinen Künstler und edlen Menschen* bezeichnete.[22] Zweig unternahm es sogar in der „Bilanz der deutschen Judenheit", 1933 im Haus Lion Feuchtwangers in Sanary sur Mer entstanden, die Relativitätstheorie zu erklären. Bei der Lektüre dieser Erklärung fällt die Nähe zur Eröffnung des Grischa-Romans auf:

Das Weltall: kein unendliches System mehr, sondern eines, dem auf bestimmte Art die Eigenschaft des Geschlossenseins zugeschrieben werden muß! Die Zeit: nicht mehr absolut, eine selbständige Komponente unseres Welterfassens, sondern eine Funktion des Raumes, nämlich abhängig vom Standpunkt des beschreibenden Beobachters! Das Licht: der Gravitation unterliegend, also von einer bestimmten Schwere! Alle Zeit- und Größenmaße abhängig vom Bewe-

[19] Arnold Zweig, Junge Frau von 1914. Berliner Ausgabe, Romane 3. Berlin 1999, S. 10.
[20] Zitiert nach F. S. Grosshut, a. a. O. (Anm. 17), S. 47.
[21] Ebenda.
[22] Zitiert nach Eberhard Hilscher, Albert Einsteins Leben und Gedankengänge. In: ds., Dichtung und Gedanken. Stuttgart 2000, S. 325f.

gungszustand des Beobachters und die Masse eines Körpers abhängig von seiner Geschwindigkeit gegen den Beobachter hin![23]

Zweig wußte durch Gustav Landauer von der All-Einheit der Natur und des Menschen, wie man sie in der „Neuen Gemeinschaft" der Harts und bei den Friedrichshagenern schon früher entwickelt und in monistisch-freidenkerische Bildungsvorhaben umgesetzt hatte. Von Landauer hörte Zweig auch über den Plan einer zionistischen Siedlerbewegung, die als Utopie auch aus der „Neuen Gemeinschaft" der Harts entstanden war. Dadurch erklären sich einige Begriffe des Eröffnungsabschnitts, die den Menschen als Teil einer All-Einheit ausstellen und in ihm, dem kleinen Organismus, den großen Organismus in seiner Bewegung vorstellen wollen. Das war differenzierter, als Tucholsky hatte sehen wollen.

Zweig ging nicht direkt auf den Titelhelden zu, wie es die Romantradition des 19. Jahrhunderts vorgemacht und die großen Romane der Jahrhundertwende verwendet hatten. Das große Vorbild hieß „Madame Bovary" (1857) und begann: *Wir waren im Arbeitszimmer bei den Schulaufgaben, als der Direktor eintrat. Ihm folgte ein Neuer ...* Ein Roman hieß „Effi Briest" (1894) und begann: *In Front des schon seit Kurfürst Georg Wilhelms von der Familie Briest bewohnten Herrenhauses ...* Ein anderer hieß „Buddenbrooks" (1901) und wurde mit zwei unverständlichen Dialogzeilen und *Die Konsulin Buddenbrook...* eröffnet. Um noch ein Beispiel zu nehmen, in dem kein Name die Eröffnung vorgibt und das zu jenen gehört, die Zweig begeisterten: „Krieg und Frieden" (1868/69) wurde mit einer französischen Rede eröffnet, die übersetzt begann: *Nun, mein Fürst, Genua und Lucca sind nur noch Domänen der Familie Bonaparte. Nein, ich warne Sie, wenn Sie nicht sagen, daß wir Krieg haben ...* Tolstois Roman hatte in anderer Weise auf den Grischa-Roman gewirkt: Grischas Deckname Bjuschew, der sich verhängnisvoll auswirkt, entspricht dem Besuchows aus Tolstois Roman.[24] Die sowjetische Literaturwissenschaft hat zahlreiche weitere Einflüsse Tolstois auf den Roman festgestellt, nicht aber auf die Romaneröffnung.[25]

---

[23] Arnold Zweig, Bilanz der deutschen Judenheit 1933. Ein Versuch. Berliner Ausgabe. Essays 3.2. Berlin 1998, S. 173.

[24] Vgl. Jürgen Happ, Arnold Zweigs „Der Streit um den Sergeanten Grischa". Probleme des Aufbaus. Stockholm 1974 (Stockholmer Germanistische Forschungen Nr. 15), drittes Kapitel, erster Exkurs.

[25] Pawel Toper in: F. S. Grosshut, a. a. O. (Anm. 17), S. 197.

Zweig verzichtete im „Grischa" auf die vielfältig-variable und weit verbreitete Romaneröffnung, die sich seit dem 19. Jahrhundert als *Erzählkunst „alten Stils"*[26] durchgesetzt und bewährt hatte und die er sonst verwendete. Er nahm auch nicht, wie es Tucholsky vorschlug, seinen zweiten Absatz als ersten und als Eröffnung, der wie eine Bildbeschreibung Caspar David Friedrichs klang und ganz deutsch und romantisch erschien. Solche Anklänge wurden im anschließenden Text konsequent zerstört: Der Handlungsraum sollte nie als territorial nationaler, sondern als planetarischer erscheinen. Zweig meinte nicht Deutschland, sondern Tellus, die Erde. Der räumliche Abstand zwischen Tellus und Deutschland war ihm wichtig. Die Handlung sollte zudem nicht in einen speziellen Zeitabschnitt eingebunden werden, sondern stellte trotz der Ansiedlung im Ersten Weltkrieg einen zeitlichen Abstand zu den Ereignissen her. Aus dem geschichtlichen Ereignisse sollte die allgemein gültige Parabel werden.

Schließlich wurde ein dritter Abstand angestrebt: Der Erzähler trägt Züge Zweigs, bietet aber das Geschehen als distanzierten Bericht. Damit erreicht Zweig Abstand; nicht die Emotionen des Lesers sind gefragt, sondern rationale Wertungen. Damit das Konzept auch noch allgemeiner wird, nennt er seinen Zyklus nicht „Der Erste Weltkrieg", sondern „Der Große Krieg der weißen Männer". An Kurt Tucholsky schrieb er 1928 über die zuerst geplante Trilogie „Erziehung vor Verdun", „Der Streit um den Sergeanten Grischa" und „Einsetzung eines Königs": *...wenn der dritte Band glücklich hinter mir sein wird, wird man hoffentlich den Titel gerechtfertigt finden, den ich dem ganzen Dreibänder zu geben gedenke: „Der Große Krieg der weißen Männer, Trilogie des Übergangs".*[27]

So wird die Distanzierung abgeschlossen und ins Ethnische getrieben. Die Betonung des weißen Mannes legt nahe, in dem Berichterstatter einen Andersfarbigen zu vermuten. Der Titel klingt so, als würde ein heutiger Schriftsteller über den Untergang der Indianer schreiben „Der große Krieg der roten Männer". Hans Mayer ging einen Schritt weiter: Er meinte, es klinge *beinahe wie das Urteil eines Marsbewohners über jene Lebewesen, die den anderen Planeten, den Planeten Tellus, bevölkern.*[28] Mindestens kennt der Berichterstatter aus späterer Zeit noch die antike Mythologie und weiß von Tellus, der Erde und der römischen Göttin der Erde, die gleichzeitig Vegetationsgöttin - die Göttin des Keimens - ist. Die Eröffnung bekommt einen mythischen Charakter. Der wird verstärkt, indem der

[26] Georg Lukács, Arnold Zweigs Romanzyklus über den imperialistischen Krieg 1914 bis 1918. Zitiert nach: Arnold Zweig. Materialien zu Leben und Werk. Hg. von Wilhelm von Sternburg. Frankfurt am Main 1987, S. 136.
[27] Wenzel, a. a. O. (Anm. 1), S. 166.
[28] Hans Mayer, Arnold Zweigs Grischa-Zyklus. In: Hans Mayer: Deutsche Literatur und Weltliteratur. Reden und Aufsätze. Berlin 1957, S. 593.

Erzähler Grischas Schicksal mit dem des *Odysseus, de*[m] *Heimkehrer des Trojanischen Krieges*, vergleicht (1. Buch, 1. Kapitel).

Daß der mythische Charakter beabsichtigt ist, erfährt man in Zweigs „Bilanz der deutschen Judenheit 1933“, wenn eine ähnliche Beschreibung des Planeten Erde ohne den mythischen Verweis auskommt:

Wir wollen nicht, wir Geschlecht von 1933, durch den Großen Krieg der weißen Männer hindurchgegangen sein, um vor seinen Folgen zu kapitulieren. Wir wollen weiter unsere Pflicht tun, auf der linken Seite der Welt fechten und das Heer derer stärken, die hinter sich alle schöpferischen Geister der Menschheit spüren, vor sich aber das Chaos, welches in Kosmos zu verwandeln wahrscheinlich der Sinn der merkwürdigen Tatsache ist, daß auf dem Planeten Erde etwas so Seltsames entstand wie ihre graue Hirnrinde, das Menschengeschlecht, Träger der Vernunft.[29]

Der historische Vorgang, der Sieg der Vernunft, wird nicht mythisch umschrieben, sondern ist aktueller Vorgang.

Vom Planetarischen blickt der Erzähler auf die Erde, Tellus, dann auf die Nordländer und schließlich bis zu einer Nichtigkeit hinunter, die zwischen Planetarischem und Großem Krieg kaum von Belang ist, zum einzelnen Menschen, zuerst zum Landsturmgefreiten Birkholz, dann zu Grischa, damit angekommen *auf dem untersten Grunde der Gesellschaftspyramide* (1. Buch, 3. Kapitel) und bei einem *von heftiger Selbstempfindung bebendem Stein.* Zweig beschreibt einen Übergang vom Winter zum Frühling - *Winter 1917, genauer: zweites Märzdrittel* -, aber es ist nicht frühlingshaft heiter, sondern drohend, kalt und gefährlich. Selbst die Winde sind *rasende Winde.*

Eine Fülle realer Erlebnisse Zweigs ist in dieser gefährlich wirkenden Eröffnung mitzudenken: Zweig hatte nicht nur den Ersten Weltkrieg erlebt, sondern wurde ebenso erschüttert durch die bayrische Konterrevolution, die ihm einen verehrten Menschen genommen hatte: Gustav Landauer. Am Ende seines „Versuchs über Lessing“ kam Zweig darauf zu sprechen, daß heute *die Gewalt* aufmarschiere und der *Geist ... erschlagen* werde.[30] Da wirkte bei Zweig auch ein kämpferischer Schriftsteller wie Zola nach, zumal seine Romane eine Art Modell für diese Auffassung boten.

---

[29] Arnold Zweig, Bilanz der deutschen Judenheit 1933. A. a. O. (Anm. 23), S. 239.
[30] Arnold Zweig, Versuch über Lessing (1922). Ausgewählte Werke in Einzelausgaben, Band 15. Berlin 1959, S. 78f.

Arnold Zweig und Zola

1955 hat Arnold Zweig auf die Frage „Ist der Roman tot?" seine Beziehung zu Zola einmal mehr bestätigt:

... so konnte es kommen, daß wir, die Überraschten des ersten Weltkrieges, mit dem zeitgenössischen Roman Neuland eroberten und das Wesen des modernen Aggressionskrieges zum Thema epischer Gestaltungen wählten - oder vielmehr von ihnen gewählt wurden, denn weder Barbusse noch Mottram oder ich hatten in unserer Jugend davon geträumt, jemals in die Fußstapfen des Iliasdichters oder jenes Meisters Émile Zola treten zu müssen, der den bonapartistischen Krieg und seine Vorspiele auf noch heute gültige Art entlarvt hatte ...[31]

Die Eröffnung des „Grischa"-Romans folgte nicht dem Erzählen *alten Stils*, hier irrte Georg Lukács. Sie griff auf eine moderne Vorlage zurück. Es war zudem eine naturalistische Vorlage; hier irrte auch Tucholsky, als er nur dem zweiten Abschnitt eine naturalistische Herkunft bescheinigte. Das Vorbild für die Eröffnung des Grischa-Romans war Émile Zolas „Germinal". Zola hatte Arnold Zweig begeistert, *Meister* nannte er ihn mehrfach, nur ihn. 1930 stellte er eine Liste der Beispiele zusammen, die er *gelesen, geehrt und geliebt* habe.[32] Sie war lang, betraf vorwiegend die „Moderne" (von Herman Bang und Felix Holländer über Heinrich und Thomas Mann bis zu Wedekind und Strindberg), und sie war umfangreich, denn sie führte von der Moderne aus Naturalismus, Symbolismus und Expressionismus rückwärts über Kleist und Georg Büchner, in dessen Tradition er sich als Dramatiker sah, bis zur Bibel und Homer, den Zweig mehrfach als Vorbild für die epische Großform der literarischen Kriegsanalyse nannte.

Aber diese Reihe war nicht als Aufstellung von Vorbildern gedacht, denn Vorbilder hat man nach Zweigs Ansicht nur dort, *wo man nicht bewundert*, sondern *mit denen man eine Art Identifikation vollziehen kann*[33]. Das traf auf Zola zu. Daß Zweig vorhandene Beispiele in seinen Werken reproduzierte, hat er mehrfach bestätigt. So überarbeitete er im „Beil von Wandsbek" das Kapitel „Frau Timme verabschiedet sich", weil es nicht der deutschen Wirklichkeit von 1938 entsprach. Er hatte *diese Stelle aus Flaubertschen Maximen gestaltet, und es ist falsch geworden.* Bei der Eröffnung des Grischa-Romans war alles richtig.

Zweigs Essay über Zola ist ein erstaunliches Stück Literatur und eine Analyse von brennender Aktualität: Daß ein Krieg nötig war, um die *Ausgeburt der bayri-*

[31] Arnold Zweig, Der Roman lebt (1955). In: Wenzel, a. a. O. (Anm. 1), S. 375.
[32] Arnold Zweig, Über literarische Freundschaften und literarische Kritik. In: ds., Über Schriftsteller. A. a. O. (Anm. 3), S. 23.
[33] Ebenda.

schen Gosse zu beseitigen, ließ ihn erschaudern über die Gesittung seiner Zeit. Zweig lobte Zola wegen seines Lebens, seines Einsatzes für Demokratie und für seinen Wahrheitswillen. Er bekannte aber auch, daß er schon als junger Mensch *die Magie einer anschaulich gestalteten Seite*[34] zu begreifen begann. Zola sei der Wegweiser durch *die Dickichte aller menschlichen Triebe* gewesen, und besonders habe die Darstellung der Bergwerke in „Germinal" berauscht, aber auch „Le Débacle" gegen die preußische Kriegsvergötzung. In seinem Essays nennt er beeindruckende Schlußszenen, die ihm unvergeßlich geblieben seien: die tote Nana, der dem Tod entgegenrasende Zug in „Die Bestie im Menschen". Auch Eröffnungsszenen haben auf ihn gewirkt, vor allem eine, die auch in Zolas Roman-Zyklus eine Besonderheit darstellt: die Eröffnung von „Germinal". Daß eine mythische Überhöhung von Zola gesucht wurde, machte der Titel „Germinal" (= Keimmonat) deutlich, der sich des Monatsnamens der ersten französischen Republik nach der Revolution von 1789 bediente. „Germinal" gehörte für Zweig zu den großen *Kunstgipfeln.* Die Grischa-Eröffnung ist von der in „Germinal" inspiriert, bis hin zum Beginn des *Keimens*:

Über die kahle Ebene ging in einer sternenlosen Nacht von tintiger Finsternis und Dichte ein Mann allein die Landstraße von Marchiennes nach Montsou entlang, deren Pflaster zehn Kilometer schnurgerade die Rübenfelder durchschnitt. Er sah nicht einmal den schwarzen Boden vor sich, und den unermeßlichen Horizont fühlte er nur durch das Wehen des Märzwindes, gewaltige Böen wie über einem Meer, die eisig geworden waren beim meilenweiten Daherfegen über Sümpfe und nackte Äcker. Kein Baumschatten fleckte den Himmel. Das Pflaster zog sich hin mit der Geradlinigkeit eines Hafendamms inmitten des blind machenden bedeckten Himmels der dunklen Nacht.[35]

Teilen wir den Abschnitt und vertauschen wir die Teile, haben wir die Eröffnungsstruktur von Zweigs „Grischa":

Kein Baumschatten fleckte den Himmel. Das Pflaster zog sich hin mit der Geradlinigkeit eines Hafendamms inmitten des blind machenden bedeckten Himmels der dunklen Nacht.

Über die kahle Ebene ging in einer sternenlosen Nacht von tintiger Finsternis und Dichte ein Mann allein die Landstraße von Marchiennes nach Montsou entlang, deren Pflaster zehn Kilometer schnurgerade die Rübenfelder durchschnitt. Er sah nicht einmal den schwarzen Boden vor sich, und den unermeßlichen Horizont fühlte er nur durch das Wehen des Märzwindes, gewaltige Böen wie über einem Meer, die eisig geworden waren beim meilenweiten Daherfegen über Sümpfe und nackte Äcker.

---

[34] Arnold Zweig, Dem Meister Émile Zola. In: Über Schriftsteller. A. a. O. (Anm. 3), S. 148.
[35] Émile Zola, Germinal. Berlin 1955, S. 5.

Eine ähnliche Parallele ist auch für den Schluß von Zweigs Roman vorhanden; sie findet sich jedoch nicht in „Germinal“: Da stirbt Catherine im verschütteten Schacht, nachdem sie sich im Angesicht des Todes mit Etienne bis zur Verzweiflung geliebt hat. Etienne wird gerettet und tritt in das mythische Bild des Frühlings ein, des Keimmonats zu Beginn, während die Bergleute unter Tage wieder ihre Arbeit aufgenommen haben:

... mit diesem Gedröhn ging die Erde schwanger an diesem jugendlichen Morgen unter den flammenden Strahlen des Gestirns. Männer drängten empor, ein schwarzes Heer von Rächern, deren Same langsam in den Furchen aufging und heranwuchs für die Ernte des kommenden Jahrhunderts - und bald würde dieses Keimen die Erde sprengen.[36]

Trotz des Todes von Catherine bleiben Hoffnung und die Ahnung von Weltveränderungen. Der Bogen von der Eröffnung aus planetarischer Sicht bis zum Ende einer Hoffnung in kommenden Zeiten hat sich geschlossen. Für sein Ende griff Arnold Zweig auf ein anderes Modell des gleichen Schriftstellers zurück, dem er die *bannende Ausprägung großer Symbole* zugesprochen hatte: *...wie in „La Bête Humaine“ ein Eisenbahnzug voll eingezogener Soldaten der Grenze des zum Krieg schreitenden Diktaturstaates zurast, führerlos*[37]. Die führerlose Lokomotive bekommt dämonische Konturen, wird zum *Tier* und fährt Soldaten, *die schon stumpfsinnig vor Müdigkeit und betrunken waren und sangen*[38], in Krieg und Untergang.

In Arnold Zweigs Grischa-Roman ist das „Letzte Kapitel“, so ausgewiesen, ein „Abgesang“. Der Gefreite Hermann Sacht rennt verzweifelt nach dem Urlaubszug, der ihn weg von der Front bringen soll, und verpaßt ihn um wenige Minuten. Er hofft auf ein Wunder, und das tritt ein: Der Zug bremst, nimmt ihn auf und fährt danach gen Westen weiter, weg von der Ostfront. Der nochmalige Halt ist gegen die Vorschrift, und einige Offiziere sehen darin schon eine Rebellion des Lokführers, aber die Stimmung ist nicht so, daß sie Beschwerde einlegen könnten. Es ist Ende November 1917, also unmittelbar nach der Oktoberrevolution und ein Jahr vor der Novemberrevolution: *Der Zug voller Urlauber hat hohe Fahrt. Wälder, schwarze Stämme auf weißem Grund, und die vollbeschneiten Schottersteine mit Ölspuren und Ruß sausen an den Trittbrettern, den Fenstern des Zuges vorüber.*

Während sich Lokführer und Heizer bei Zola gegenseitig umbringen und der Zug führerlos ins Verderben fährt, sind sich Lokführer und Heizer bei Zweig einig, zumal der Lokführer *heute unabkömmlicher als Schieffenzahn figuriert*, wie ein

[36] A. a. O., S. 511.
[37] Arnold Zweig, Dem Meister Émile Zola. In: Über Schriftsteller. A. a. O. (Anm. 3). Berlin und Weimar 1967, S. 150.
[38] Émile Zola, Das Tier im Menschen. Berlin 1969, S. 450.

junger Infanterieleutnant einem murrenden Reserveoberleutnant, der Meldung machen will, entgegnet.

Die Funktion der Romaneröffnung im Grischa-Roman

Der Verfasser einer Dissertation, die wesentliche Aussagen aus Hans Mayers Arnold-Zweig-Essay wortwörtlich abschreibt, ohne sie auszuweisen, erklärt die Eröffnung zum *eigenartigen Absatz* , versteht sie aber auch als Kompositionsprinzip.[39] Die Herkunft der Eröffnung erklärt der Verfasser aus Zweigs ideologischer Unsicherheit, schließlich sogar aus der Anwendung des *falschen Prinzips* der Tiefenpsychologie, die wiederum aus Zweigs Beziehung zu Freud herrührten: *Die planetarischen Schilderungen wirken im Ablauf des Geschehens als Fremdkörper. Glücklicherweise ist ihr Umfang so gering, daß sie die realistische Darstellungsweise Arnold Zweigs nicht ernsthaft zu gefährden vermögen.*[40] Der Autor verkennt die besondere Bedeutung des ersten Absatzes des Romanes. Sein entscheidender Fehler ist, daß er den Erzähler mit Arnold Zweig gleichsetzt und damit eines der einfachsten Gesetze der Erzählinterpretation verletzt.[41]

Der Leser von Zweigs Roman konnte annehmen, der Berichterstatter erzähle aus einer fernen Zukunft, in der möglicherweise die Kriege überwunden sind. So weiß der Erzähler nicht recht, was ein Gewehr ist (*ein langer schwerer Prügel, Holz gefügt an maschinenartig geformte Eisenteile*[42], er kennt keine Uniformen (*Er hat einen eisengrauen Mantel an, mit sinnlosen roten Vierecken auf dem Kragen unterm Kinn und einem Streifen blauen Tuches mit einer Nummer auf jeder Schulter*[43], er scheint andere Lebensverhältnisse zu kennen, denn es ist ihm des Mitteilens wert, daß die Familie des deutschen Soldaten *in einigen würfeligen Räumen eines gemauerten Hauses* auf ihn

---

[39] Helmut Nitsche, Die Bedeutung des Grischa-Zyklus von Arnold Zweig (Phil. Diss. Leipzig 1959, Auszug). Zitiert nach F. S. Grosshut, a. a. O. (Anm. 17), S. 157.

[40] A. a. O., S. 160f.

[41] Der Eröffnung im 1. Buch des „Grischa" wird die Eröffnung im 2. Buch entgegengesetzt. Der Blick wird nicht aus planetarischer Ferne systematisch auf Tellus, die Erde, verengt und konzentriert, sondern aus *einer Ebene* nach oben geführt. Es erhebt sich *ein langsam steigender Landrücken*, ein Berg. Diese von unten nach oben sich entwickelnde Blickrichtung hat eine besondere akzentuierte Bewegung nach oben, *die erst vor drei Jahrzehnten hingesetzte Russenkathedrale* (S. 89), ein für den Erzähler indiskutables Gebäude, auch deshalb, weil Merwinsk *eine Judenstadt* (S. 192) ist. Deshalb ist *die Holzsynagoge von Merwinsk, eine gewisse Berühmtheit* (S. 298), wichtiger als die russische Kathedrale. Damit wird der distanzierenden Eröffnung eine identifizierende entgegengesetzt, denn nun wird keine im Weltall kreisende Erde beschrieben, sondern eine wimmelnde menschliche Siedlung. Die Zitate folgen Arnold Zweig, Der Streit um den Sergeanten Grischa. Leipzig 1971 (Reclam Universalbibliothek 222).

[42] A. a. O., S. 8.

[43] Ebenda.

warten[44]. Das alles weist auf den distanzierenden Historiker, der dem Krieg und seinen Ursachen verständnislos gegenübersteht. Die Menschen folgen einem *etwas*, das zwischen sie *geschaltet* [ist], *unsichtbar, sehr mächtig: ein Befehl*[45]. Der Krieg der *Europäer* spielt sich auf ziemlich *zähflüssige* Weise ab und erscheint dem Erzähler sinnlos; er erkennt die Beteiligten alle als *Weiße*, auch die Russen, die sich von den anderen dadurch unterscheiden, daß man ihnen *bis auf weiteres* Land entrissen hat.

Das bedarf einer zusätzlichen Erklärung: Gesamttitel des Zyklus und Beschreibung des einzelnen Kriegsabschnitts wie hier gehen von *Weißen* und *Europäern* aus. Sie klammern Nicht-Weiße aus, die schwarzen Soldaten der Amerikaner, Engländer und Franzosen, die Armeen Japans, kämpfende Einheiten in Armenien und Südpalästina oder die an die kriegführenden Mächte der *Weißen* gebundenen Kolonien. Sie klammern auch die USA und andere Länder, also Nicht-Europa aus, zumal mit den USA am 6. April 1917 eine Reihe asiatischer und amerikanischer Länder in den Krieg eingetreten waren. Das erklärt sich, weil Europa seit der Antike als Geburtsstätte der modernen Zivilisation gilt. Der Name „Europa" - Geliebte des in einen Stier verwandelten Zeus und Mutter des Minos oder Tochter von Okeanos und Thetis - war Sinnbild dieser mythischen Herkunft. Diese Zivilisation war am Rande der Selbstvernichtung angekommen und bedrohte dadurch die Erde.

Kurz nach der Veröffentlichung des „Grischa" schrieb Zweig einen Essay über Kriegsromane. Er sah nach den Erfolgen von Ludwig Renns „Krieg", Erich Maria Remarques „Im Westen nichts Neues" und seines „Grischa" die Gefahr, daß sich dadurch die Freude am Krieg als *Gelegenheit zum großen Abenteuer* wieder einstelle. Er setzte dagegen: *In Wahrheit ist der Krieg ja eine vollkommen erledigte und sinnlos gewordene Lebensform.*[46]

Diese Erkenntnis brachte er in die Eröffnungen zweier Romane der ursprünglich geplanten Trilogie ein: „Der Streit um den Sergeanten Grischa" und „Erziehung vor Verdun". Der erste Satz des Romans „Erziehung vor Verdun" variiert den ersten Satz des „Grischa"; nur wird statt der wissenschaftlich richtigen Darstellung der Erde die antike Vorstellung verwendet, die sich mit dem Eintritt in die Zivilisation verband: *Die Erde ist eine gelbgrün gefleckte, blutgetränkte Scheibe, über die ein unerbittlich blauer Himmel gestülpt ist wie eine Mausefalle, damit die Menschheit den Plagen nicht entrinne, die ihre tierische Natur über sie verhängt.*

---

[44] Ebenda.
[45] Ebenda.
[46] Arnold Zweig, Kriegsromane. In: Über Schriftsteller. A. a. O. (Anm. 3), S. 19.

Die nun zum zweiten Mal verwendete Roman- bzw. Kapiteleröffnung wurde strukturell erweitert. Es wird nicht nur einmalig erwähnt, sondern die *Scheibe* wird mehrfach beschrieben. Galt die erste Beschreibung der Zeit Mitte Mai, so folgte für den Oktober *Die Erde ist eine rostige Scheibe, überstülpt von einem Zinnhimmel, aus dem es seit Monaten regnet*[47] und für den Winter *Die Erde ist eine steinerne Scheibe unter einem Himmel aus Eis*[48].

Die Scheibe und die Himmelsglocke geben das antike Weltbild wieder, aber die Zivilisation erscheint als mörderische Natur des Menschen. Oder anders: Was für Zivilisation ausgegeben wurde, ist mörderische Menschheitsnatur. Das formale Prinzip der Romaneröffnungen wurde zum Ausdruck einer weltanschaulichen Haltung des Autors. Zweig wählte den Standort des Erzählers, Betrachters oder Berichterstatters so, daß dieser die Gesamtheit der bisherigen Menschheitsgeschichte überschauen konnte und mit der letzten Phase des „Großen Krieges" besonders vertraut ist, weil er dessen Historiograph wurde. In der Gesamtschau von der Antike bis zur Gegenwart entdeckt er nichts anderes als eine bisher unbefriedigende Menschwerdung. Hans Mayer meinte, der Erzähler schlage einen Ton an,

wie ihn der heutige Historiker nicht etwa für die Darstellung der römischen Kaiserzeit oder der Perserkriege anwenden würde, sondern vielleicht bei Darstellung mutterrechtlicher Verhältnisse oder auch bei einem Bericht über die Weltanschauung und Weltvorstellungen der Primitiven. Genau das hat Arnold Zweig beabsichtigt.[49]

Arnold Zweig wechselt im Laufe der Arbeit die Erzählsituation. In den ersten drei Romanen des Zyklus ist der historisierende und deduzierende Erzähler deutlich erkennbar, in „Einsetzung eines Königs" (1937) tritt er zurück. Das war die Folge der Erkenntnis, daß die Nicht-Kriegszeit als Möglichkeit der Menschheit, die Zweig und viele andere nach dem Ersten Weltkrieg sich entwickeln glaubten, wieder zu einer neuen Vorkriegszeit wurde und den historischen Abstand weder zuließ noch ihm eine glaubhafte Chance gab. Zweig geriet in eine Schaffenskrise, weil er die alte Macht schon wieder hergestellt sah, ehe das Buch ihrer Niederlage aus der Vergangenheit geschrieben worden sei: *Nicht also war vorgesehen* [bei der Konzeption 1926], *daß es der alten Herrenschicht gelingen würde, wieder zur Macht zu kommen, noch ehe das Buch ihrer Niederlage geschrieben war.*[50]

---

[47] Arnold Zweig, Erziehung vor Verdun. Roman. Berlin 1952, S. 205.
[48] A. a. O., S. 305.
[49] Hans Mayer, Arnold Zweigs Grischa-Zyklus. A. a. O. (Anm. 28), S. 594.
[50] Arnold Zweig, Einsetzung eines Königs. Amsterdam 1937, S. 573. Siehe auch bei Wenzel, a. a. O. (Anm. 1), S. 241f.

Wirkungen und Entsprechungen um 1930

Arnold Zweigs Romaneröffnung hatte Entsprechungen, wurde in gewisser Weise zeittypisch. Einige ausgewählte sollen skizziert werden. Weniger Abhängigkeit als gegenseitige Ähnlichkeit bestand zwischen Zweigs Romaneröffnung im „Grischa" und dem distanzierten Erzähler in einer ähnlichen Situation in Lion Feuchtwangers Roman „Erfolg. Drei Jahre Geschichte einer Provinz" (1930). Die Schriftsteller waren zu jener Zeit so eng befreundet, daß man Zweig vorwarf, er hätte sein öffentliches Lob für Feuchtwangers „Erfolg" besser unterlassen.[51] In gleicher Weise hatte Feuchtwanger Zweigs Roman zum *ersten großen Epos unserer Krieges* und zur Zukunft der deutschen Literatur erklärt, *meisterlich komponiert* mit *großen, unvergeßlichen Bildern*; Grischa sei *zu einem jener großen Symbole, die Geltung über die Zeit hinaus haben*, geworden.[52]

Feuchtwanger und Zweig waren in mancher Hinsicht Antipoden, in manchem ähnlich. Feuchtwangers „Jud Süß" (1925) war für Zweig Beweis, daß der große Roman noch *in demselben strengen Sinne ... wie um 1810 das große Drama* möglich war. Das Vorbild war der Bildungsroman oder Goethes 1809 erschienener Roman „Wahlverwandtschaften". Feuchtwangers „Jud Süß" und seinen „Grischa" stellte Zweig auf eine Stufe der Romanentwicklung. „Jud Süß" war 1917 zuerst als Drama im Münchner Hoftheater auf die Bühne gekommen. 1937 übte Zweig scharfe Kritik an Feuchtwangers „Der falsche Nero", weil die ungenügende soziologische Grundlegung des Romans die Hitler-Diktatur nicht entlarve. Das Problem wirkte weiter und führte bei Feuchtwanger zu einer Fragment gebliebenen, aber konsequent konzipierten Realismustheorie des historischen Romans in „Das Haus der Desdemona" (aus dem Nachlaß 1961).

Einerseits lehnte Zweig den Expressionismus rigoros ab, schränkte die Bedeutung der naturalistischen Dichtung Richard Dehmels, Arno Holz' und Gerhart Hauptmanns ein und unterschied sich damit deutlich von Feuchtwanger.[53] Andererseits fühlte er sich nach dem Ersten Weltkrieg vereinsamt, verdrängt auch von einer jungen Generation, die sich mit ihm nicht messen konnte, aber auch nicht wollte. Da bedeutete Feuchtwangers Roman für ihn die Rettung, war er doch ein Beispiel für die tradierte Form des Romans. Ähnlich begrüßte Stefan

[51] Arnold Zweig, Über literarische Freundschaften und literarische Kritik. In: Über Schriftsteller. A. a. O. (Anm. 3), S. 22.
[52] Lion Feuchtwanger, zitiert nach F. S. Grosshut, a. a. O. (Anm. 17), S. 22f.
[53] Arnold Zweig, Über literarische Freundschaften und literarische Kritik. In: Über Schriftsteller. A. a. O. (Anm. 3), S. 26f.

Zweig Arnold Zweigs „Grischa“ als *außerordentlich, vor allem ein Roman, was unwahrscheinlich geworden*[54].

Feuchtwanger eröffnete seinen Roman nicht mit einer geografisch-planetarischen Deduktion, sondern mit einer mythisch alttestamentarisch-juristischen: Im ersten Jahr nach dem Krieg, gemeint ist der Erste Weltkrieg, hing in der Münchner Kunstsammlung *ein großes Gemälde* mit dem Titel „Josef und seine Brüder oder: Gerechtigkeit“. Das Bild schien zeitlos; die Kritik konnte mit ihm nichts anfangen. Sein Titel „Gerechtigkeit“ wirkte aggressiv. Dann verschwand das Bild aus der Galerie und wurde, samt seinem Maler, vergessen. Nun erst beginnt die Handlung des Romans, in der es um Gerechtigkeit und Recht geht und in der man den Ersten Weltkrieg übrigens auch als den *großen Krieg*[55] bezeichnet. Diese Bezeichnung prägte eine Gruppe von Autoren: Auch Ludwig Renns „Krieg“ war für Arnold Zweig ein *Erlebnisausschnitt aus dem Großen Kriege*[56].

Die Handlung beginnt mit einer Deduktion der *Justiz jener Jahre* und kommt nach Kurzbeschreibungen aktueller Justiz in China, Indien, Frankreich, England, Italien usw. nach Deutschland, zum Fall Krüger und schließlich auch wieder zu dem Bild. Auch hier kommt der Erzähler aus weiter historischer Zukunft, denn er vermerkt: *Es war nämlich damals Deutschland noch in Länder zerteilt, und zwar umfaßte das Land Bayern bajuwarische, alemannische, fränkische Gebiete, merkwürdigerweise auch einen Teil links des Rheins, die sogenannte Pfalz.*[57] Der angeklagte Krüger weiß um die Deduktion und bemüht *mythologische Begriffe wie Schuld, Sühne, Vorsehung*[58]. Die Grundkonstellation, in der er sich befindet, ist der Grischas ähnlich: Der Münchner Museumsdirektor soll nach einer Justizkomödie aus politischen Gründen unschuldig hinter Gitter kommen. So wie Zweig in dem Roman als Bertin mitwirkt, so ist der Schriftsteller Tüverlin eine Variation Feuchtwangers und wirkt ebenfalls beim Kampf gegen einen Rechtsskandal mit.

Die Eröffnung des Grischa-Romans und die von „Erziehung vor Verdun“ wurden auch mit Robert Musils *planetarischem* Anfang im „Mann ohne Eigenschaften“ (1930) verglichen.[59]

---

[54] Zitiert nach Wenzel, a. a. O. (Anm. 1), S. 160.
[55] Lion Feuchtwanger, Erfolg. Drei Jahre Geschichte einer Provinz. Berlin 1963, S. 27.
[56] Arnold Zweig, Rezension. In: Über Schriftsteller. A. a. O. (Anm. 3), S. 74.
[57] Lion Feuchtwanger, Erfolg. A. a. O. (Anm. 55), S. 28.
[58] A. a. O., S. 50.
[59] Vgl. Jürgen Happ, a. a. O. (Anm. 24).

Die Romaneröffnung als Modell und ihre Variationen

Zweigs Erzähler profiliert sich als Historiker, der aus großem Abstand, der zeitlicher, räumlicher oder politischer Art sein kann, die Ereignisse schildert und nach der Zivilisation fragt, wobei Zivilisation und Krieg sich aufeinanderzu bewegten. Das wurde um 1963 wieder aktuell, nachdem 1961 eine zugespitzte weltpolitische Situation nur zeitweise entschärft werden konnte.[60] In Christa Wolfs berühmter Erzählung „Der geteilte Himmel" (1963) gehörte diese zugespitzte Situation zum Inhalt. Christa Wolf eröffnet ihre Erzählung:

Die Stadt, kurz vor Herbst noch in Glut getaucht nach dem kühlen Regensommer dieses Jahres, atmete heftiger als sonst. Ihr Atem fuhr als geballter Rauch aus hundert Fabrikschornsteinen in den reinen Himmel, aber dann verließ ihn die Kraft, weiterzuziehen. Die Leute, seit langem an diesen verschleierten Himmel gewöhnt, fanden ihn auf einmal ungewöhnlich und schwer zu ertragen, wie sie überhaupt ihre plötzliche Unrast erst an den entlegensten Dingen ausließen. Die Luft legte sich schwer auf sie, und das Wasser - dieses verfluchte Wasser, das nach Chemie stank, seit sie denken konnten - schmeckte ihnen bitter. Aber die Erde trug sie noch und würde sie tragen, solange es sie gab.
Also kehrten wir zu unserer alltäglichen Arbeit zurück, die wir für Augenblicke unterbrochen hatten, der nüchternen Stimme des Radiosprechers lauschend und mehr noch den unhörbaren Stimmen sehr naher Gefahren, die alle tödlich sind in dieser Zeit. Für diesmal waren sie abgewendet. Ein Schatten war über die Stadt gefallen, nun war sie wieder heiß und lebendig, sie gebar und begrub, sie gab Leben und forderte Leben, täglich. [...]
Wir gewöhnen uns wieder, ruhig zu schlafen. Wir leben aus dem vollen, als gäbe es übergenug von diesem seltsamen Stoff Leben, als könnte er nie zu Ende gehen.

Nach diesem Vorspruch beginnt die Handlung mit dem Satz: *In jenen Augusttagen des Jahres 1961 erwacht in einem kleinen Krankenhauszimmer das Mädchen Rita Seidel.*

Der mythische Hintergrund ist erkennbar. Die namenlose Ortschaft am Fluß wird in einer nicht näher bestimmten Zeit von den vier antiken Elementen Luft, Wasser, Feuer und Erde bestimmt. Erst mit dem Beginn der Handlung werden Ort, Zeit und Personen in diese elementare Grundsituation eingeordnet.[61] Der Prolog kehrt als Epilog mit nur geringen Veränderungen wieder am Ende des

[60] Eine differenzierte und materialreiche Darstellung findet sich bei Rolf Steiniger, Der Mauerbau. Die Westmächte und Adenauer in der Berlinkrise 1958-1963. München 2001, hier S. 98ff.

[61] Vgl. Rüdiger Bernhardt, Christa Wolf. Der geteilte Himmel. Hollfeld 2004 (Königs Erläuterungen und Materialien Band 426), S. 47ff. und 66 ff.

Textes; Rita Seidels Selbstmordversuch ist gescheitert und sie wird nach schweren Entscheidungen und auch Verlusten hoffnungsvoll in das Leben zurückkehren.

Rita Seidels Schicksal in Christa Wolfs „Der geteilte Himmel“ ist ein Beispiel für geradezu antike Tragik, das heißt, wie auch immer ein Mensch sich entscheidet, er geht einem tödlichen oder mindestens vernichtenden Verzicht entgegen. Auch hier hat die Erzähleröffnung eine mythische Prägung. Rita Seidel geht zwei Bindungen ein, eine aus Liebe zu dem Mann Manfred, eine aus Vernunft an ihre Heimat DDR. Die Erfüllung wäre, beide Bindungen miteinander verbinden zu können. Die objektiven Voraussetzungen dafür sind günstig: Rita und Manfred haben eine sinnvolle Arbeit in dem Lande, beide lieben sich; die subjektive Bereitschaft zu dieser Erfüllung ist aber nicht ausgeprägt: Manfred will Rita aus der zweiten Bindung reißen und an sich binden; er zerstört damit die Voraussetzungen. Rita muß sich zwischen den für sie einander bedingenden Bindungen an Manfred und ihr Land entscheiden; damit verliert sie in jedem Falle eine der Bedingungen und zerstört das gesamte Bedingungsgeflecht. Eine Situation, die tragischer wäre, ist nicht zu denken.

Rita Seidel erreicht die Grenze der Beziehungen zwischen Individuum und Gesellschaft und gleichzeitig die Grenze zwischen Liebe und sozialer Verantwortung. Sie löst ihren Konflikt

entsprechend zeitgemäßer Wertvorstellungen und aktueller Notwendigkeit: Sie akzeptierte die Dominanz des Gesellschaftlichen, entschied sich gegen die Liebe und für ihre soziale Rolle; aber danach, als sie diese soziale Rolle angenommen hatte, entschied sie den gleichen Konflikt nochmals für sich durch einen Selbstmordversuch. In Christa Wolfs „Geteiltem Himmel“ war ein aktueller Konflikt sowohl in der gesellschaftlich erwarteten Form als auch in der die Erwartung mißachtenden Form gelöst worden.[62]

Ritas Tragik wird nicht individuell überwunden, sondern durch ein mythisch verkündetes Gesetz des Lebens, *aus dem vollen* zu leben oder des *vollen Lebens*[63], in dem alles aufgehoben wird. Die Lösung, daß die Erde und das Leben alles auffangen, erinnert an die Romaneröffnung in Zweigs „Grischa“. Ob Christa Wolf Arnold Zweigs Romane gekannt hat, ist nicht die Frage; natürlich kannte sie die.[64] Vielmehr ist Christa Wolfs Schaffensmethode davon gekennzeichnet, daß

[62] Rüdiger Bernhardt, Wertvorstellungen und Leistungswillen in der gegenwärtigen Literatur. In: Eberhard Günther (Hg.), Positionen 1. Wortmeldungen zur DDR-Literatur. Halle und Leipzig 1984, S. 34.
[63] Christa Wolf, Der geteilte Himmel. Erzählung. Halle (Saale) 1964, z. B. S. 8, 115, 317.
[64] Vgl. Jörg Magenau, Christa Wolf. Eine Biographie. Reinbek 2003, S. 90.

sie ihr einleuchtende, sie faszinierende Eröffnungen oder Maximen sich so aneignet, daß deren Herkunft ungewiß, mindestens nicht zitierbar ausgewiesen ist. Das eindrucksvollste Beispiel lieferte die Eröffnung von „Kindheitsmuster", die immer auf Christa Wolf zurückgeführt wird, aber nicht von ihr, sondern von Alfred Andersch und letztlich von William Faulkner stammt.

Ebenfalls 1963 erschien Erwin Strittmatters „Ole Bienkopp". Seine Eröffnung lautet:

Die Erde reist durch den Weltenraum. Der Mensch sendet eiserne Tauben aus und harrt ungeduldig ihrer Heimkehr. Er wartet auf ein Ölblatt von Brüdern auf anderen Sternen.
Was ist ein Dorf auf dieser Erde? Es kann eine Spore auf der Schale einer faulenden Kartoffel oder ein Pünktchen Rot an der besonnten Seite eines reifenden Apfels sein.

Der zweite Absatz beginnt: *Der Bauer Ole Bienkopp, dieses große Kind, friert zuweilen.* Auch hier schließt der Roman, indem er die Eröffnung wiederholt und trotz des Todes von Ole sogar Hoffnung läßt, wird doch seine Geliebte, das Hühnermädchen Märtke, ein Kind von ihm haben; das literarische Stafettenprinzip funktioniert einmal mehr. - Strittmatter bekannte in seinem Tagebuch 1947, er habe bisher nur geglaubt, Talent werde zum Schreiben benötigt; nun habe er Tolstoi, Zweig und Flaubert gefunden. Da war Arnold Zweig gemeint, und Auswirkungen sollten die Studien auf Strittmatters „Ochsenkutscher" von 1951 haben.[65] Das hatten sie auch: Die Namen Tolstois und Manzonis wurden in die Romanhandlung eingebaut, der Roman Hans Marchwitza, *dem väterlichen Freunde*, gewidmet.

1953 bekam Arnold Zweig gesteigerte Bedeutung für Strittmatter. Der war nach der Uraufführung von Strittmatters „Katzgraben" ein wichtiger Kritiker, lobte das dramatische Talent in seiner Rezension „Notiz über ‚Katzgraben' und das Dramatische" und vermerkte eine ungenügende Konfliktentwicklung, die dann auch in der zweiten Fassung geändert wurde. Schon die fließenden Grenzen der Gattungen, die bei Arnold Zweig zu finden waren und besonders den Grischa-Stoff bestimmten, machten ihn für Erwin Strittmatter interessant.

Der mythische Untergrund in Strittmatters Eröffnung ist deutlich: Hier wird Menschheitsgeschichte auf alttestamentarischer Grundlage angesprochen; Noahs Taube und der Ölzweig sind Überlebens- und im weiteren Sinne Friedenssymbole. - Romane und Erzählungen Strittmatters beschreiben kleine Welten, aber in diesen kleinen Welten beschreibt Strittmatter seine Welt als „die" Welt. Das

[65] Günther Drommer, Erwin Strittmatter. Des Lebens Spiel. Eine Biographie. Berlin 2000, S. 79.

Verfahren ist am deutlichsten in der Eröffnung des „Ole Bienkopp“ zu erkennen. Der Beginn erinnert an die Eröffnung von Zweigs „Grischa“, weist auf Vergleichbares hin. Aber die Variation macht den Abstand zu Zweig deutlich, der gesucht wird. Zweigs gewaltiges Werk beschreibt die große Welt, letztlich den Planeten. Es beschreibt eine Katastrophe, die der Schriftsteller als abendländischen Untergang, als den Untergang der Kunst und Kultur und als das Ende des aufklärerischen Denkens begriff. Die Schuld an dieser Katastrophe gibt Zweig dem Krieg. Strittmatters Werke beschreiben ebenfalls Katastrophen, die indessen stets wieder Anfang und Beginn erkennen lassen, konzentriert auf den kleinen, kleinsten Ausschnitt des Alltages, in dem aufklärerisches Denken noch eine ursprüngliche Bedeutung hat, indem es sich in bildungsfähiger naiver Kindlichkeit erhält. Zweigs „großem Krieg der weißen Männer“ in Europa tritt der *kleine Friede des Esau Matt* im Kramladen des Romanzyklus „Der Laden“ gegenüber.

Der Beginn des „Ole Bienkopp“ erweist sich als Variation und als Gegenentwurf zu Zweigs Eröffnung im Grischa-Roman. Im Vergleich beider Romaneröffnungen wird ein wesentlicher gestalterischer Unterschied erkennbar. Zweig läßt nichts unversucht, um von vornherein dem Einzelfall universelle Bedeutung aufzulegen. Er verwendet Fremdwörter (Tellus, elliptisch, Phase) und überhöht seinen Stil (Lebensquell der Sonne, große Glut, Welle des Lebens u. a.). Strittmatter, der den gleichen Blick wählt, vom Weltraum bis zum einzelnen Menschen, vermeidet jedes Fremdwort, selbst dort, wo es denkbar wäre (eiserne Tauben = Satellit u. a.). Statt einer gehobenen stilistischen Wortwahl setzt er Alltagsbegriffe ein, die durch entsprechende Attributierungen (faulende Kartoffel) im Alltäglichen auch festgeschrieben werden. Dort, wo Zweig direkt auf mythische Hintergründe weist - Tellus -, verzichtet Strittmatter nicht auf solche Verweise, bringt sie aber in schlichterem Bild. Das Weiterleben der Menschheit wurde Noah bedeutet, als ihm eine Taube, die er aussandte, ein Ölblatt bringt. In Strittmatters Romaneröffnung wird dieses Weiterleben variiert, aber noch wartet der Mensch auf das Zeichen. Dabei verknüpfen sich kunstvoll „Taube“ und „Ölblatt“. Mythische Bilder, antike Figuren oder die Verwendung einer artifiziellen Stilistik scheinen auf den ersten Blick in Strittmatters Texten kaum vorhanden zu sein und sind es doch. Aber sie werden in jene Betrachtungsebenen geholt, die der Alltäglichkeit des Stoffes und der Naivität von Figuren und Erzähler entspricht. Strittmatters Eröffnung bekommt zusätzliches Gewicht, da sie mehrfach im Roman variiert wird.[66]

[66] Vgl. Erwin Strittmatter. Analysen, Erörterungen, Gespräche. Berlin 1980, S. 100ff.

Zusammenfassung

Die Schneise, die wir durch einen Wald voller Texte schlugen, zeigte uns einen Weg, der an Romaneröffnungen entlangführte. Er begann bei Zolas „Germinal“ und „La Bête humaine“, führte über Zweigs „Grischa“, berührte Feuchtwanger und Musil und kam schließlich bei Christa Wolfs „Der geteilte Himmel“ und Erwin Strittmatters „Ole Bienkopp“ an. Auf den ersten Blick gibt es zwischen diesen Werken keine auffallende Verbindung. Sie stimmen aber darin überein, daß trotz Tod, Vernichtung und Untergang im wahrsten Sinne des Wortes „Germinal“, der Keimmonat, in Sicht ist: Catherine stirbt, aber Etienne glaubt an eine andere Welt; Grischa stirbt, aber der Urlauberzug hält für einen einfachen Soldaten und die Offiziere verzichten auf ihre Meldung; Rita Seidel versucht sich das Leben zu nehmen, aber sie wird gerettet und erahnt trotz der gescheiterten Liebe ein „volles Leben“; Ole Bienkopp stirbt, aber das Hühnermädchen Märtke wird ein Kind von ihm haben.

Ergeben hat sich, daß diese Romaneröffnung durch eine Deduktion geprägt ist und ihre Struktur erhält: Die führt vom planetarischen oder himmlischen Raum auf die Erde, in einen Ort und zu einem Menschen. Der planetarische Raum wird mit mythischen, d.h. antiken oder alttestamentarischen Prägungen versehen. Er nimmt damit die Welt in ihrer Kompliziertheit im mythischen Bild in den Text auf und hält sie im Hintergrund der Handlung präsent. Daraus resultiert, daß diese Eröffnungen meist am Ende nochmals variiert und erinnert werden. Je näher sich der Blick auf den Menschen fokussiert, desto weniger mythische Elemente finden sich. Der Mensch erscheint schließlich ziemlich nackt, frierend, krank oder angstgeschüttelt in seiner Umgebung. Die Deduktion zeigt den Menschen in seiner Hilflosigkeit, beschränkt sich aber nicht auf Tod und Untergang, sondern benutzt die mythische Verankerung, dem Menschen auch immer wieder und trotz großer Verluste Hoffnung zu geben.

Anmerkungen zu Arnold Zweigs Roman „Das Beil von Wandsbek" und dessen Verfilmung von Falk Harnack

DIETER BÄHTZ

> *Auch Ihren Entwurf zu einem Salomon-Roman habe ich erhalten. Ich verhehle Ihnen nicht, daß ich mich mit Ihrer Verwertung der Märchenmotive nicht befreunden kann* [...] *die Analyse einer Naziseele müßte Ihnen besser gelingen.*[1]

I

Als er den Plan für „Das Beil von Wandsbek"[2] faßte, lebte Arnold Zweig schon einige Jahre in Haifa, auf dem Berge Karmel, wohin schon zehn Jahre zuvor der Freund Hermann Struck sein Atelier aus Berlin verlegt hatte. Struck und Zweig, beide Juden, religiöser Zionist der eine, ursprünglich militant, später sozialistisch überzeugt, mit dem Zionismus sympathisierend der andere, waren sich während des Weltkrieges an der Ostfront begegnet, in Litauen und Rußland, in „Ober-Ost", das wir aus dem Grischa-Roman kennen. 1920 gaben sie, der Grafiker und der Schriftsteller, das Buch - *geflossen aus einer Leidenschaft und einem Vor-*

---

[1] Siegmund Freud an Arnold Zweig. London, 5. März 1939. - Der Beitrag ist eine revidierte Fassung des Vortrages zum Arnold-Zweig-Colloquium der Academia Baltica im März 2004, dessen Aufgabe auch war, in den im Anschluß gezeigten Film von Falk Harnack einzuführen. - Georg Wenzel sei an dieser Stelle für die Gespräche mit dem Verfasser gedankt.

[2] Arnold Zweig, Das Beil von Wandsbek. Roman. Berlin 1963 (Ausgewählte Werke in Einzelausgaben Bd. IX) und Das Beil von Wandsbek. Roman 1938 -1943. Berlin 1996 (Berliner Ausgabe Band I/8. Hg. von der Humboldt-Universität Berlin und der Akademie der Künste. Mit Anmerkungen und Nachwort von Birgit Lönne.) - Textidentisch als Aufbau Taschenbuch. Berlin 2002.
Zum Roman vgl. Heinrich Vormweg, Gerechtigkeit über sich fühlend. Arnold Zweigs Roman *Das Beil von Wandsbek*. In: Durzak, Manfred (Hg.). Die deutsche Exilliteratur 1933-1945. Stuttgart 1973.
Zu Leben und Werk Zweigs vgl. Arnold Zweig 1887-1968. Werk und Leben in Dokumenten und Bildern. Mit unveröffentlichten Manuskripten und Briefen aus dem Nachlaß. Hg. von Georg Wenzel. Berlin und Weimar 1978; Jost Hermand, Arnold Zweig in Selbstzeugnissen und Bilddokumenten dargestellt. Reinbek bei Hamburg 1990; David R. Midgley, Arnold Zweig. Eine Einführung in Leben und Werk. Frankfurt am Main 1987; Wilhelm von Sternburg, *Um Deutschland geht es uns.* Arnold Zweig. Die Biographie. Berlin 1998; und ds. (Hg.), Arnold Zweig. Materialien zu Leben und Werk. Frankfurt am Main 1987.

satz - heraus, das eigentlich erst nach dem zweiten *großen Krieg der weißen Männer* ein Denkmal für die versunkene, im Holocaust verbrannte Welt des Ostjudentums werden sollte, „Das ostjüdische Antlitz". Es ist, ein merkwürdiges und für die Schwierigkeiten der deutsch-jüdischen Verständigung bezeichnendes Schicksal des Buches, erst 1988 wieder erschienen, in beiden deutschen Staaten zugleich: den einen gab es gerade noch, dann geriet er zum anderen.

Zu Beginn des Jahres 1932 war Zweig, das Terrain erkundend, nach Haifa gereist, durchaus bestimmt von seiner Erwägung, ja, seinem Wunsch, im Falle einer notwendig werdenden Emigration hier, am landschaftlich und klimatisch heiteren mediterranen Ufer, seine Zelte aufzuschlagen und am Aufbau eines freien israelitischen Gemeinwesens in Palästina mitzuwirken. Ausgehalten hat er es dort fünfzehn Jahre lang, sehr bald jedoch desillusioniert von dem politischen Schachbrett dieser von der Mandatsmacht England und den Siegerstaaten nach 1918 quasi vorprogrammierten Krisenzone, bis heute eine bedrohte „Nationale Heimstätte", so die in der dann folgenden Realpolitik ungesicherte Einrichtung der Balfour-Deklaration von 1917. Desillusioniert vor allem von einem aus der unmittelbaren Zeit- und Territorialgeschichte heraus erklärbaren, und trotzdem nicht von ihm tolerierbaren Nationalismus des jungen „Erez Israel". 1948 wird es ein eigenständiger Staat sein; der erste Gründungsjahrestag wird auch in dem Ostberliner Wochenjournal „Neue Berliner Illustrierte", im ersten Mai-Heft 1949, das Zweig ganz sicher in die Hände bekam, mit einem Bildbericht - die Fotos stammen von Dr. Jakob Rosner aus Tel Aviv - gefeiert: *Israels erster Geburtstag. Vor einem Jahr wurde der jüdische Staat proklamiert, der sich nach dem Sieg über die arabische Invasion mit aller Kraft dem friedlichen wirtschaftlichen Aufbau und der Sicherung seiner nationalen Selbständigkeit widmet.*

Fünf Monate später waren die Fronten gewechselt, und nicht nur die der journalistischen Berichterstattung; der Wind des kalten Krieges hatte sich auf eine andere Richtung sozusagen eingeweht für die nächsten vierzig Jahre. Etwa vom „Fall" des Mitgliedes des Zentralkomitees der SED Paul Merker 1950/51, einem „Westemigranten" (Mexiko), der Zweig in gewisser Weise ja auch war, bis zur öffentlichen Presse-Affaire 1967 anläßlich des Sechstagekrieges zwischen Israel und Ägypten und Zweigs erzwungener ambivalenter Haltung (Wiznitzer hat das schlüssig dargestellt[3]) kann man auch zeitlich festmachen, wann und mit welcher Intensität der verkappte Antisemitismus mental politisiert und die anti-israelische Position zu einer „anti-imperialistischen", und das heißt auch anti-amerikanischen Front in der DDR wurde.

---

[3] Manuel Wiznitzer, Arnold Zweig. Das Leben eines deutsch-jüdischen Schriftstellers. Frankfurt am Main 1987.

Ich erwähne das deshalb, weil in jenem Jahrgang der „Neuen Berliner Illustrierten", im Goethe-Jahr 1949, von März bis September „Das Beil von Wandsbek" als Vorabdruck in gekürzter Fassung erschien. Goethes Geburtstag im August wurde noch in der SBZ (der sowjetisch besetzten Zone) begangen, und Thomas Mann war nach einiger Überwindung seinerseits der umkurte Ehrengast. Im Oktober gab es das eigentliche Highlight des Jahres, da wurde die Deutsche Demokratische Republik gegründet - ihr letzter Majordomus, ein rhetorisch Minderbegabter, konnte das immer nicht schnell genug aussprechen (er schoß ja gut und eben schnell, eine vor kurzem vom Fernsehen ausgestrahlte Dokumentation über das „Politbüro privat" führte seine weidmännische Begeisterung vor, im übrigen ein ihn, wenn man so will, sympathisch zeigendes Hobby, denn er hielt sich hier streng an die Regeln): „Deutsch-kratische-plik" rief er im Falsett, seine Stimmbänder strapazierend. Das sind kabarettistische Marginalien, die gar nicht hierher gehören, erwähnt jedoch nicht ohne Grund. Zweig hatte ein anderes Stimmwunder auszuhalten, das des Vorgängers Ulbricht. Über dessen Gemauschel gab es viele Witze - aber es war nicht witzig. Auch das, eher vergessenswert, erinnere ich mit einem Seitenblick auf den Roman: Zweig nämlich hatte einen analytischen und demaskierenden Blick für solche mimisch-gestischen und pseudo-rhetorischen Exorbitanzen, er war ja ein Schüler und Gefolgsmann Freuds.

Die von dem Oberstleutnant Lintze heimlich herumgereichte Fotoserie des Hof- und Leibfotografen Heinrich Hoffmann, die Hitler als Redner zeigt, seine und der verschworenen Betrachter Kommentare sind eine aufschlußreiche Passage im „Beil von Wandsbek". Im Film übernimmt Willy A. Kleinau als Reeder Footh in der Sequenz vor dem Spiegel bei der Anprobe der SS-Uniform den Part seines Herren. Sie erfüllt nicht im mindesten die Intention der literarischen Vorlage. (Ich empfehle an dieser Stelle als einen aufschlußreichen Kontext die physiognomische Biographie „Hitlers Gesicht" von Claudia Schmölders[4]. Vom Erlöser des deutschen Volkes, dem messianischen Instrument der „Vorsehung", bis zum maßlosen Brandstifter, Eroberer und Mörder - sämtliche Rollen werden an Hitlers mediokrem Gesicht lebendig und von den Zeitgenossen bewundert oder mit wachsendem Erschrecken beobachtet.) Im Roman finden wir die erwähnte Passage im zweiten Kapitel des vierten Buches, „Dankbare Schuldner", im plausiblen Zusammenhang mit der Diskussion der „Denkwürdigkeiten eines Nervenkranken mit einer Einleitung von Siegmund Freud" aus dem Büchernachlaß des hingerichteten Walter Benjamin Mengers. Diese konspirativen Gespräche zwischen Käte Neumeier, Heinrich Koldewey und Oberstleutnant Lintze haben ganz ohne Zweifel für Zweig eine primäre Bedeutung, die Phänomene

[4] Claudia Schmölders, Hitlers Gesicht. Eine physiognomische Biographie. München 2000.

Faschismus und Nationalsozialismus und deren faszinierende Verführungs- und Verfügungsmechanismen auf die Masse der Bevölkerung durch alle sozialen Schichten hindurch zu erklären. Sich zuerst und seinen potentiellen Lesern. Von der alltäglichen Praxis des antifaschistischen Widerstandskampfes konnte er im weitestgehend isolierten Exil wenig wissen.

Um den obigen Exkurs abzuschließen: der homme de lettre Hans Mayer, der, ohne Zweifel zum Leidwesen der ideologischen Gouvernanten seinerzeit, *schöne Jahrhundertdurchblicke* zu geben verstand - so erinnert sich sein Schüler Uwe Johnson - sprach, nach seinem Weggang aus Leipzig 1962, immer von *einer Deutschen Demokratischen Republik*, als hätte es eine *andere* gegeben. Der Historiker soll nicht spekulieren: aber hätte es *keine* gegeben, seit jenem Oktober 1949, dann hätte Arnold Zweig in Haifa bleiben müssen, oder wäre über kurz oder lang dahin zurückgekehrt. Es gibt eine Reihe von Indizien dafür, daß Israel für ihn eine Alternative geblieben ist. Die BRD war für ihn keine. Das sagt in diesem Falle etwas über Zweig aus, nicht singulär etwas über die BRD. Für viele war und wurde sie eine Alternative.

Zweig stieß auf unvorhergesehene Probleme, Sprachprobleme vor allem (er sah sich außerstande, das offiziell geforderte Hebräisch zu erlernen), und die daraus folgenden alltäglichen Kommunikations- und Existenzschwierigkeiten verdarben ihm zunehmend seine physischen und psychischen Konditionen. Alle Versuche, von einer deutschen Sprachinsel aus in das Zeitgeschehen einzugreifen, mit der Zeitschrift „Orient“ zum Beispiel, waren kurzlebige Unternehmungen, ignoriert und angefeindet. Niemand zwingt uns Nachgeborene, diese Umstände rückwirkend zu tolerieren, aber verstehen sollten wir sie schon, rückwirkend und weiterwirkend bis in unsere Gegenwart. Das pro-israelische Selbstbewußtsein war ja kein nationalistischer Purismus. Aufs Ganze gesehen waren Zweigs Exiljahre im „Lande seiner Väter“ wohl finstere Zeiten, aber was Brecht dem zweiten Teil seiner „Svendborger Gedichte“ voranstellte, gelang gegen manchen Widerstand auch Zweig: *Wird da auch gesungen werden? / Da wird auch gesungen werden. / Von den finsteren Zeiten.*[5]

Zweig war 1933 über die Tschechoslowakei, die Schweiz und Frankreich nach Palästina emigriert. Während der ersten Jahre entstanden die dem Grischa-Zyklus zugehörigen Romane „Erziehung vor Verdun“ (1935) und „Einsetzung eines Königs“ (1937) - Arbeiten, deren Handlungen noch im Ersten Weltkrieg stattfinden und deren Thematik sich einem anderthalb Jahrzehnte vor der Emi-

[5] Zweigs Briefwechsel mit Louis Fürnberg, Lion Feuchtwanger und Siegmund Freud sind die Spiegel dieser Jahre, und Manuel Wiznitzer gibt in seinem Buch (Anm. 2) detaillierte Auskünfte über die Exiljahre in Palästina.

gration imaginierten Grundkonzept zuordneten. „Das Beil von Wandsbek" ist der einzige groß angelegte Roman Arnold Zweigs, der ganz und gar in die Jahre des Exils zu datieren ist und die Gegenwartsgeschichte Nazi-Deutschlands zum Gegenstand nimmt.

Wie immer die Wurzeln der Hitlerei in den Gegebenheiten des wilhelminischen Kaiserreiches verborgen oder zutage lagen: ihnen mußte unmittelbar nachgespürt werden, dieser schrecklichen, in noch furchtbarere Niederlagen führenden Wiederaufnahme des imperialistischen deutschen Krieges mittels des verheerenden Nazitums.

Mit diesem Satz hat Zweig 1953 in einem Nachwort für die erste innerdeutsche Ausgabe im Ostberliner Aufbau-Verlag die Haltung und die Stimmung charakterisiert, aus der dieser Roman entstanden sei. (Eine hebräische Ausgabe war 1943 in Tel Aviv erschienen, die erste deutschsprachige Ausgabe im Stockholmer Neuen Verlag 1947). Er, Zweig, habe sich *in die Front der Kämpfer gegen das Dritte Reich* direkter einreihen wollen, als es *durch Romane aus dem ersten Weltkrieg und Aufsatzbücher geschehen konnte.* Das war zunächst ein allgemeines Vorhaben, es konkretisierte sich jedoch, als ihm 1937 während einer Europa-Reise ein kurzer Bericht der in Prag erscheinenden „Deutschen Volkszeitung" unter dem Titel „Selbstmord eines Henkers" in die Hände kam. *Wie genau zwanzig Jahre vorher beim Streit um den Sergeanten Grischa durchblitzte mich die Vision, dies sei der Kern einer Fabel, um im Aufstieg des Dritten Reiches seinen Untergang schon mitzugeben.* 1940 begann er mit seinen Diktaten zur Niederschrift des Textes. 1943 waren sie abgeschlossen.

II

Zweigs Roman wurde bald nach seinem Erscheinen 1953 in der DDR als der Versuch einer psychologischen Analyse des Verhaltens „einzelner Gestalten" unter den alltäglichen Auswirkungen des faschistischen Machtapparates gewertet. Völlig zu recht, wie rund dreißig Jahre später Hans-Albert Walter in der Exil-Bibliothek der Büchergilde Gutenberg in seiner *tief* lotenden (das ganz und gar im Freud'schen Sinne gemeint, ein Hineinleuchten in das Unterbewußtsein als *schlammiger Gebär- und Nährboden* für die Spießer-Ideologie) und bis heute nicht übertroffenenen Darstellung einer Zeit- und Mentalitätsgeschichte anhand des Romans nachweist.[6] Die knappe Charakteristik des „Deutschen Schriftstellerlexikons" der DDR aus den fünfziger Jahren und spätere Ausgaben setzen für die „einzelnen Gestalten" *Kleinbürger und Intellektuelle in den Jahren der faschistischen Machtentfaltung*, entsprechen damit indirekt der Kritik Georg Lukács, dem bis in

[6] Hans-Albert Walter, *Im Anfang war die Tat.* Arnold Zweigs *Beil von Wandsbek.* Roman einer Welt - Welt eines Romans. Frankfurt am Main 1985.

die Mitte der fünfziger Jahre (bis zum Ungarn-Aufstand 1956) tonangebenden marxistischen Literaturtheoretiker und -kritiker. Lukács vermißt den uneingeschränkt positiven Helden, der nach Lage der Dinge nur ein Kommunist hätte sein können. Das aber ist ein unrealistisches, vor dem kulturpolitischen Dogma der fünfziger Jahre fast ein diskriminierendes Ansinnen an den Autor.

Dessen persönliche und literarische Entwicklung bis zum Zeitpunkt der Entstehung des Romans zeitigte keinen Fundus, aus dem man das Instrumentarium, über das etwa die Mitglieder des Bundes der proletarisch-revolutionären Schriftsteller verfügten, beliebig hervorzauberte. Er besaß es auch später nicht. Und warum auch. Er hatte *seinen* auf humanistische kulturelle Traditionen (die selbstverständlich seine jüdischen Wurzeln dazuzählten), soziale Herkunft, religiöspolitische Standortsuche und wache zeitgenössische Erfahrungsintensität begründeten Fundus, einen, der sich von Manipulationen jeder Art von außen möglichst frei zu halten versuchte. (Ich lese „Das Beil von Wandsbek“ vor allem wegen der geistigen Existenznöte, des bewußt werdenden zivilisations-ethischen Leerlaufs und der kleinen amoralischen Zugeständnisse seiner intellektuellen Figuren noch immer als einen großen Roman über eine schäbige Zeit und über den Trugschluß, in ihr eine Nischenexistenz führen zu können. Das ist, so meine ich, eine zeitgemäße Lesart für jemanden, der vierzig Jahre im Osten gelebt hat, und die DDR war da nur eine Provinz unter anderen.)

Die Ärztin Käte Neumeier, in ihrer Jugend links aktiv und befreundet, oder mehr als nur das, mit dem Kommunisten Friedel Timme, einem der vier Todeskandidaten in der Zelle von Fuhlsbüttel, besucht ihn dort. Ein Wiedersehen nach Jahren des Fremdgewordenseins, der Entfremdung im sozial-psychologischen Kontext, ihrerseits nicht ohne Skrupel. Timme, der nun endlich per Handbeil (eine anachronistische Marotte Hermann Görings, zuständig als Nazi-Innenminister) den Kopf verlieren soll, damit der Führer, Adolf Hitler, ungekränkt nach Hamburg kommen kann, um den Grundstein für eines seiner geplanten größenwahnsinnigen Architektur-Abenteuer zu legen, die Hochbrücke über die Unterelbe, Arm in Arm mit seinem baukünstlerischen Vollstrecker Albert Speer. Ihrer beider letztes Gespräch, das zur Gewissenslast für Käte Neumeier wird und zu ihrem erwachenden Widerstandsbewußtsein beiträgt, auch wenn sie das notwendige Maß an Zivilcourage nicht aufbringt, aber: sie ist eine *andere* geworden. Gewissermaßen personifiziert sie nun ein Nachleben Timmes in einem anderen geistigen und politischen Format. Und Dr. Heinrich Koldewey, der Direktor des Fuhlsbütteler Gefängnisses, der den „Ersatzhenker“ Teetjen akzeptiert, gegen seinen inneren Widerstand, ein konservativer liberaler Mann der politischen Mitte, geprägt in den Jahren der Weimarer Republik und durch hanseatisch-kulturelle Traditionen, Brahms-Liebhaber und subtiler Nietzscheaner, der am Unvermeidlichen zu rütteln sich scheut, weil das „Pöbelgeschmack" verrate, wie Fritz, der Querdenker aus Röcken, philosophierte. Selbst Oberstleutnant Lintze, Weltkriegsoffizier, später in der Reichswehr, der zwar als bornierter preußischer Soldat dem Friedel Timme nicht verzeihen kann, daß der ihm 1918 als november-revolutionärer Soldatenrat den Gehorsam verweigerte, der aber seinem konservativen Ehrenkodex und Weltbild folgend auf keinen Fall mit dem perfiden Emporkömmling Hitler und seinen SA- und SS-Horden gemeinsame Sache machen will und voller Bedenken die Welteroberungsgelüste, also den sich ankündigenden Krieg, verurteilt. Sie alle kennen und benennen *den Schoß, aus dem das kroch* (Brecht), aber ihre geplante Revolte bleibt ein intellektuelles Gedankenspiel, nicht ohne komische Aperçus: sie wollen das Henkerbeil Teetjens mit Curare einreiben und dem Führer auf den Fuß fallen lassen, wenn er in Hamburg auf den Elbhochbrückengrundstein einredet.

Der deutschsprachigen Erstausgabe, Stockholm 1947, gab Zweig einen Epilog mit. Zwei gerade noch rechtzeitig exilierte Juden, die uns im Roman begegnet sind, Söhne von Vätern, denen die Flucht nicht mehr gelingt, erinnern sich, als alliierte Offiziere an der Befreiung Deutschlands vom Nazi-Joch beteiligt, im Herbst 1945 auf dem Berg Karmel über Haifa. Aus ihrem Gespräch erfahren wir, daß Heinrich Koldewey zu den Aktiven des Widerstands vom 20. Juli 1944 gehört hat und hingerichtet wurde. Seine Tochter Ingeborg („Ingebottel") erfuhr das gleiche Schicksal, ein wenig später durch ein alliiertes Militärgericht. Sie hatte, wie es im Text heißt, *ein Frauenlager in der Lüneburger Heide auf ruchlose Art in eine Frauenhölle verwandelt.* Nichts hören wir vom Schicksal der beiden Schwestern, der klugen Annette, der schönen Thyra (und ihr war er doch zugetan gewesen, Kley, einer der beiden, Bakteriologe, Chemiker, einsichtsvoll in die geheimen Strukturen des Lebendigen und den ungeheuren Aufwand von Zeit und Evolution), nichts von dem der Ärztin Neumeier, die Koldeweys zweite Frau geworden war - sind sie im Bombeninferno umgekommen, leben sie noch in den Ruinen und welcher Zukunft entgegen? Nichts von Oberstleutnant Lintze, den seine nazihörige Frau möglicherweise zum Schlimmsten genötigt hat, vielleicht war er auch nur als unzuverlässiger Kantonist an die Front versetzt worden und ist dort gefallen oder in der Gefangenschaft verreckt oder, bestenfalls, als Spätheimkehrer ein gemäßigt progressiver Parlamentarier unter alten und neuen Konservativen geworden oder gar ein sich auf demokratische Grundrechte berufender Stabsoffizier auf der Bonner Hardthöhe.

Mag Koldewey für diese seine Gesinnungsgenossen aus hanseatisch-aufgeklärtem Traditionsbewußtsein stehen: vom Verdacht des *Verrates der Intellektuellen* (Julien Bendas polemische These von 1927, die Intellektuellen - Künstler und Philosophen, Gelehrte und Literaten, Juristen und Journalisten - hätten ihren erklärten Vorsatz, Freiheit, Gerechtigkeit, Humanität und Vernunft zu wahren, verraten, ihr Amt, seit sie begannen sich in die Dienste der Macht zu stellen), von diesem Verdacht ist er, wenn nicht befreit, so doch entsühnt durch seine späte, aber nicht zu späte Entscheidung und Tat. *Unwillkürlich freilich dichtet man an den Schicksalslinien weiter, welche all diese erfundenen Personen, hätten sie den Hitlerkrieg und seinen Zusammenbruch überdauert oder wären sie nicht dem Beil des Henkers zum Opfer gefallen, heute wohl durchlebten ...* Zweig hat Entwürfe dafür angeboten, in einer Nachbemerkung für die Buchausgabe Berlin 1953, wieder abgedruckt im Anhang des Bandes in der Berliner Ausgabe. (Daß dem autodidaktischen jungen Marx-Leser, dem Körperbehinderten, dem die Vernichtung durch die Euthanasiebestimmungen drohte, Tom Barfey, der Wäscherin Geesche klug und pragmatisch denkender Sohn, eine politische Karriere im Nachkriegsdeutschland zugedacht ist, stimmt, nimmt man die Gestalt metaphorisch, zumindest nachdenklich und wenig zukunftsfroh.)

Der letzte Satz dieses „Abgesangs", der auch der letzte Satz des Romans ist und damit eine Art Resümee des Autors, eine Quintessenz über den Rahmen des Romans hinausreichend als ein verallgemeinernder Befund, ist einer der ergreifenden epischen Schlüsse, die uns als kathartische Glücksfälle in der Literatur begegnen, voller Trauer über alles ungelebte Leben, voller stiller Verzweiflung über den nicht aufgehaltenen Sog in das Verderben. Er ist vergleichbar dem, mit dem der Erzähler Serenus Zeitblom die Lebensgeschichte seines Freundes, des deutschen Tonsetzers Adrian Leverkühn, beschließt. Wilhelm Kley, aus einer jüdischen Gelehrtenfamilie stammend, gerade noch mit Rabbiner Plaut im Herbst 1945 auf dem Berg Karmel die schwierigen Hamburger Personalia erinnernd, ihn läßt der Autor sagen, und Kley wird so zu seinem alter ego:

Die schöne Thyra aber blieb verschwunden, und als er später als englischer Beauftragter in Hamburg Dienst tat, blickte er manchmal aus dem Fenster seines Büros nach der Richtung zum Flugplatz hin, mit einem Ernst im Herzen, der sich nicht nur auf diese eine verschwundene Deutsche bezog, sondern auf die Seele eines Volkes, das von ihr schön verkörpert worden war, und das nie auf die Stimmen hatte hören wollen, die es vor dem Wege warnten, auf dem es seinen Oberschichten folgte, schuldhaft und schuldlos, dem Wege zum Abgrund.

Zweig hatte seinen Roman „Das Beil von Wandsbek" mit Thomas Manns Roman „Doktor Faustus" verglichen: *in der Emigration entstanden, beendet 1943, das Ende des Hitlertums vorwegnehmend, den Sturz der Deutschen schildernd.* Diese Synopsis, von Zweig im Sommer 1955 angefertigt, hat Georg Wenzel aus dem Nachlaß in seiner Dokumentation publiziert.[7] Sie ist jetzt wieder dem Band der neuen Werkausgabe angehängt. Hans-Albert Walter hat in seinem Kommentarband, darauf bezugnehmend, das Phänomen des Faustischen in der Mentalitätsgeschichte der *so grausig grotest un-goetheschen Goethe-Deutschen* in *ihrer machtversklavten Innerlichkeit* dargestellt - die Umkehrung eines berühmten Thomas-Mann-Wortes in den „Bekenntnissen eines Unpolitischen" von 1918: *macht*geschützte *Innerlichkeit.* Und er gibt eine Erklärung für die verzögerte Rezeptionsgeschichte des Romans in der alten Bundesrepublik, die zu einem guten Teil auch für die DDR gelten könnte, nicht so sehr für die „Zunftgenossen", aber für die Ideologen und Parteisoldaten:

Zur Empörung vieler Zunftgenossen hatte der aus der Emigration zurückgekehrte Germanist Richard Alewyn im Goethejahr 1949 davor gewarnt, Goethe als Alibi zu mißbrauchen. Die Goethe-Deutschen ließen sich darin aber für geraume Zeit nicht stören. Auch nicht von dem Schlächter, Henker und Wünschelrutengänger, dem armen Teufel und braven kleinen Mann Albert Teetjen als zeitgemäßer Inkarnation des Teufelsbündners und Ertz-Schwartz-Künstlers Dr. Johannes Faust.

III

Die Verfilmung literarischer Vorlagen, ob nun für die große Kinoleinwand oder für den räumlich-intimeren TV-Bildschirm gemacht, setzt andere medienspezifische und produktionsästhetische Herangehensweisen voraus, für einen Zuschauer andere Rezeptions- und Wahrnehmungsintensitäten als für einen Leser. Ein Übel ist doch, daß viele potentielle Leser literarische Werke nur noch durch ihre Verfilmung kennenlernen, das *Buch zum Film* wird in jedem Abspann gleich mitpräsentiert. Die Eingriffe der Medien-Industrie, häufig manipulatorischer Art, der jeweils gängigen Mode geschuldet, dem Zeitgeschmack, einem Marktinteresse, bestenfalls noch einem *Bildungsziel,* sind ein Thema für sich und in allen politischen Systemen geübt, seit dieses Medium der beweglichen Bilder zur Verfügung steht. Der Umgang mit der ersten Verfilmung von Zweigs „Beil von Wandsbek" in der DDR ist zwar nicht symptomatisch, aber doch kein Einzelfall.

Für die Entstehungsgeschichte des Romans hatte die Meldung vom Selbstmord eines Henkers in Altona in der „Deutschen Volkszeitung", einem Blatt deutscher Emigranten in Prag, später in Paris, die Wirkung einer idée fixe. Zweig

[7] Siehe Anm. 2. Vgl. auch Georg Wenzel, Blick auf Deutschland aus dem Exil. Arnold Zweig. *Das Beil von Wandsbek.* In: Erfahrung Exil. Antifaschistische Romane 1933-1945. Analysen. Hg. von Sigrid Bock und Manfred Hahn. Berlin und Weimar 1979.

war niemals in Hamburg. Er hätte auch München, die Stadt der *Bewegung*, oder Nürnberg, die Stadt der NSDAP-Parteitage, oder Berlin, die Reichshauptstadt, wählen können. Hamburg war aber als Ort empfohlen, nicht nur durch den Hinweis „Altona" in der Zeitungsmeldung, sondern durch die prononcierten kulturellen und damit ein progressives nationales Selbstbewußtsein befördernden Traditionen. Er fand hier zum einen, wie Georg Wenzel darstellt, eine für die moderne Industrie- und Hafenstadt und für Deutschland überhaupt repräsentative Sozialstruktur vor. Mehr noch war ihm und seinem Vorhaben aber von Bedeutung, daß von hier aus Matthias Claudius seinen „Wandsbecker Boten" versandte, daß Barthold Hinrich Brockes, Friedrich Gottlieb Klopstock, Gotthold Ephraim Lessing für die geistesgeschichtliche Epoche der Aufklärung in Hamburg und von Hamburg aus bedeutsam gewirkt hatten, daß die Namen Campes, Heines, Wienbargs, und von den Zeitgenossen die Dehmels, Barlachs oder Hans Henny Jahnns mit dem der Stadt verbunden waren.

Die „Dialektik der Aufklärung", 1947 zuerst in Amsterdam erschienen, im gleichen Jahr wie die deutsche Erstausgabe von Zweigs „Beil von Wandsbek", Horkheimers und Adornos Diagnose, mit der sie der Frage auf den Grund gehen, warum die Menschheit, anstatt in einen wahrhaft menschlichen Zustand einzutreten, in eine neue Art von Barbarei versinkt, der gedankenscharfe Versuch einer Aufklärung über die Schattenseiten des gesamten geschichtlichen Fortschritts, die Suche nach den Ursachen für die geistigen, kulturellen, sozialen, politischen und ökonomischen Perversionen der Menschheitsgeschichte schlechthin, diese Dialektik der Aufklärung als ein ethisch-intendiertes Phänomen ist auch der primäre Impuls für Zweigs Roman, sein Thema: warum Wandsbek nicht mehr literarische Boten stellt, sondern die Teetjens mit Wünschelrute und Beil.

Nun beginnt er, Material zu sammeln über die Stadt und die damaligen Ereignisse um den „Reeperbahnprozeß", seine Initiatoren und seine Opfer. Er befragt Hamburger, Exilanten, die wie er in Palästina gelandet waren, sichtet die erreichbare Exil-Presse, studiert Stadtpläne und beginnt, sich in die Gestalt des Schlächtermeisters *hineinzuphantasieren*, wie er sagte, und legt seinen Plan fest: *Im Aufstieg des Dritten Reiches bereits seinen Untergang zu gestalten.*

Im Laufe der nächsten zwei, drei Jahre, unterbrochen durch Arbeiten an anderen Projekten - ich erwähne hier nur den Aufsatz „Der Typus Hitler", dessen erste Fassung Zweig im März und April 1943 diktierte, erschienen ist er erst 1947, eine glänzende Analyse und ein Plädoyer für eine geistig-moralisch fundierte Haltung des Widerstands gegen das „Führerprinzip", und neben Sebastian Haffners „Anmerkungen zu Hitler" von 1978 eine geradezu verpflichtende

Parallellektüre zum „Beil“ - bis 1942/43 also entsteht eine detailgetreue Beschreibung und scharfsichtig imaginierte Struktur der Stadt Hamburg und aller ihrer historisch-tradierten, sozialen und kulturellen Facetten der dreißiger Jahre, von den kleinbürgerlich-proletarischen Vierteln bis zu den Kontoren der großen Reedereien, wo die Arisierungsgeschäfte vorbereitet werden, bei denen der Parvenue Footh auf Teufel komm raus (in Hinsicht auf Teetjens Henkerrolle im wörtlichen Sinne!) seinen Reibach machen will, und wird, und von den Bürgervillen an der Alster bis hin nach Fuhlsbüttel, der Strafanstalt mit neuerdings angegliedertem Konzentrationslager, in denen jeder Regimegegner nicht nur mund-*tot* gemacht werden soll.

Der schon halb erblindete Exilant Zweig auf dem Berge Karmel *sieht* die Zeitgeschichte, fokussiert auf die Elbestadt mit ihren bedeutenden, immer aufs Europäisch-Aufklärerische gerichteten Traditionen, jetzt von den Hakenkreuzfahnen überflattert, klarer, genauer, illusionsloser, als mancher Hamburger, der mit enthusiastisch-aufgerissenen Augen zu seinem „Führer“ aufblickt. (Der Regisseur Stanley Kubrick hat für seinen letzten Film, Arthur Schnitzlers „Traumnovelle“, 1999 einen Titel gefunden, der diese Faszination im Angesicht des Abgründig-Bösen mit einem mimisch-visuellen Paradoxon beschreibt: „Eyes Wide Shut“ - die Augen weit geschlossen ...) Zweig entwirft mit seinem Roman ein Bild der Gesellschaft in Nazi-Deutschland, das trotz der geografischen Entfernung des Autors vom Schauplatz der Handlung, von wenigen Details abgesehen, auf verblüffende Weise trifft. Es ist der Versuch eines deutschen Juden im Exil, sich und anderen Deutschland zu erklären. Eine Parabel von der Verführbarkeit des Menschen, gezeigt am Schicksal des deutschen Kleinbürgers, der aus Angst vor der sozialen Deklassierung auf die Karte der Nazis setzt, sich von ihnen benutzen läßt und dabei zugrunde geht. Ein Fall, exemplarisch für so viele andere, die von Mitläufern zu Mittätern, zu Komplizen und Mordgehilfen wurden. Das macht, daß Handlung und Figurenkonstellation des Romans als allgemeingültige Modelle genommen werden können. Daß im Rahmen der neuen Berliner Ausgabe „Das Beil von Wandsbek“ als einer der ersten Bände vorgelegt wurde und ihm sogleich eine preisgünstige Taschenbuchausgabe folgte, sollte mancher vertrackten Diskussion im Nachwende-Deutschland (und das sind nun einmal *beide* wiedervereinigten deutschen Staaten) aufklärerisch zugute kommen.[8] Aber dieser Wunsch bleibt möglicherweise nur eine Kopfgeburt. In Diskussionskreisen, die ich vor Augen habe, wird Zweig nicht gelesen. In den Schulen übrigens auch nicht.

Im Rückblick wird Zweig Jahre später, 1948, in einem Brief an Walter Berendsohn nach Stockholm über seine Arbeit am Roman schreiben: *Den deutschen*

[8] Siehe Anm. 2.

Menschen in seiner Mißbrauchtheit hatte ich immer vor Augen, und manchmal klang mir wie ein Echo durchs Gedächtnis jener Strindberg-Satz: Es ist schade um die Menschen. Es ist auch schade um die Deutschen.

IV

Als in Palästina Zweig seinen Roman zu Ende diktiert, erlebt Falk Harnack, der Regisseur der späteren Verfilmung - Zweig wird ihn nur sechs Jahre später kennen und schätzen lernen - die Hinrichtung seines Bruders Arvid und dessen Frau Mildred, 1942, als Mitglieder der Widerstandsgruppe „Die Rote Kapelle". Im Prozeß gegen die Münchner Gruppe der „Weißen Rose" (Hans und Sophie Scholl) steht er selbst als Angeklagter vor Roland Freislers Volksgerichtshof. Er wird wegen der familiären, *einmalig besonderen Verhältnisse* (so steht es im Urteil, man beachte den besonderen Zynismus) zunächst freigesprochen, kehrt zu seiner Militäreinheit in Athen zurück, wird vor erneuter Verhaftung gewarnt und desertiert zu den ELAS-Partisanen, bei denen er ein „Antifaschistisches Komitee" deutscher Soldaten in Griechenland aufbaut. Nach dem Krieg geht er zunächst als Hörspielautor, Regisseur und Dramaturg am Bayerischen Staatsschauspiel nach München, später nach Berlin, von 1947 bis 1949 ist er stellvertretender Intendant am Deutschen Theater. Im April 1949 wird er als Nachfolger von Kurt Maetzig künstlerischer Direktor der DEFA, der staatlichen Filmgesellschaft der DDR. Sehr bald wurden hoffnungsvolle Anfänge durch eine propagandistische Monotonie ersetzt. Die ersten Nachkriegsfilme Erich Engels („Affäre Blum") oder Wolfgang Staudtes („Rotation" und „Der Untertan" nach Heinrich Manns Roman) bestimmten eine künstlerische Qualität, die lange Zeit nicht wieder erreicht wurde.

Hier beginnt die Geschichte des Films „Das Beil von Wandsbek". Im Februar 1949 unterzeichnet Zweig - er war im Oktober 1948 über Prag aus dem Exil in Palästina zurückgekehrt und hatte, nach anfänglichem Schwanken zwischen Bleiben und wenigstens zeitweiligen Aufenthalten in Haifa, sehr bald das zur Verfügung gestellte Haus in der Homayerstraße (Pankow-Niederschönhausen) bezogen, das er und die bisweilen kapriziöse Frau Beatrice, die Malerin, bis zu ihrem Tode bewohnen werden, eine Arbeitsinsel für beide, *Gehäuse meiner Seele, Atelier*, hätte Becher gesagt - er unterzeichnet einen Vertrag und autorisiert die „Neue Berliner Illustrierte", den noch nicht im Buchhandel erhältlichen Roman in Fortsetzungen zu publizieren. Zweig erklärt sich mit Kürzungen (bis zu 200 Buchseiten) einverstanden. Er hat diesen Eingriff in seinen Text später als einen *Grundfehler* bedauert.

Paul Wiegler, der etwa zur gleichen Zeit mit Johannes R. Becher die Gründung der dann von Peter Huchel bis 1962 geleiteten „Beiträge zur Literatur" SINN UND FORM vorbereitete (er starb im August 1949), hatte diese Kürzungen vorgenommen und Zweig zu Beginn des Abdrucks im dritten März-Heft angekündigt und vorgestellt als einen Autor, der *mit umfassender und noch ständig sich steigernder Verbindung kritischer Geistigkeit und Phantasie des fühlenden Herzens* sein bedeutendes Werk voranbringe. „Caliban oder Politik und Leidenschaft. Versuch über die menschlichen Gruppenleidenschaften, dargetan am Antisemitismus" wird genannt als das Werk, in dem er *das kommende Verhängnis Deutschlands vorausgesehen* habe. Es war 1927 bei Kiepenheuer in Potsdam erschienen und jetzt, 1949, mit Sicherheit schwer oder gar nicht zugänglich. In der DDR ist es nie erschienen; erst der Aufbau-Verlag hat den Text 1993 wieder aufgelegt.

Ich habe beide Texte - die NBI-Fassung und die Buch-Fassung von 1953 - miteinander verglichen. Es gibt nur zwei wesentliche Fehlstellen: das erste Kapitel des vierten Buches „Die die Kosten tragen". Das ist allerdings ein für den Grundtenor des Buches interessantes Kapitel: die im „Abgesang" das Fazit ziehenden Dr. Kley und Dr. Plaut besuchen Frau Mengers, die Mutter des hingerichteten Buchhändlers Walter Benjamin Mengers, und liefern eine sehr eigenwillige, phänomenologische Interpretation des marxschen Klassenkampfbegriffs: *Herrenklassen*, zitiert die Mutter ihren toten Sohn, *hätten sich nie gescheut, den Abgrund zu bewegen, aufzurufen.* Als Kronzeugen nennt der Rabbiner Plaut die russischen Emigranten, Opfer der Revolution von 1917, die ihre Heimat, zur *Sowjethölle* verkommen, flohen. Und der „Abgesang" fehlt, der „Epilog: Auferstehung", der, als ihn Zweig im April 1947 für die Stockholmer Ausgabe diktierte, noch „Wiederkunft" hieß. Insgesamt aber bietet auch der gekürzte NBI-Text alle Facetten der Zweig'schen Intentionen. Er ist kein Alibi dafür, daß der Film sie nur eindimensional übernimmt.

Das Drehbuch für die DEFA verfaßten Wolfgang Staudte und Wenzel Lüddecke. Progressive Eingriffe und Umarbeitungen gab es noch während der Dreharbeiten, Zweig und Harnack waren im produktiven Einvernehmen, Zweig setzte ihm wichtige Akzentuierungen durch, auch wenn sein ursprünglicher Wunsch, in Rückblenden die Entwicklung einer autoritären Persönlichkeit sichtbar zu machen, wie es später Staudte im „Untertan" tat, unerfüllt blieb. Er akzeptierte aber auch in einigen Punkten Änderungen der Fabel, die sich aus der deutschen Nachkriegssituation ergaben, in die hinein ja der Film wirken sollte. So wurde aus dem SS-Mann des Romans im Film der SA-Mann Teetjen. Einen SS-Mann als Protagonisten in einer quasi zivilen Geschichte auf die Leinwand zu bringen, wäre Anfang der fünfziger Jahre kaum denkbar gewesen.

Die Entscheidung entsprach jedoch durchaus Zweigs Absicht, den Schlächtermeister zunächst als einen Mitläufer zu zeigen. Wie um dieses Moment zu verstärken, tritt Teetjen im Film denn auch stets in Zivil auf, nur einmal (in der Sequenz Bittgang zu Footh) in Uniform. Übrigens ist die Film*zeit* die reale Zeit des „Reeperbahnprozesses" 1933/34, die Roman*zeit* verlegt den Stoff in die Jahre 1937/38 - die militante Dominanz der Uniform im öffentlichen Leben war da schon unübersehbar. Die wichtigste Änderung betrifft den Schluß (der Teetjen-Handlung). Im Roman sind es die Forderungen des SS-Sturms Preester, deren Stammlokal Lemkes Bierstube in der Wandsbeker Wagnerstraße ist. Der verlangt seinen Anteil am Blutgeld. Das übersteigt die ohnehin erbärmliche Knappheit von Teetjens Finanzen, die Notlage eskaliert, die drohende Pfändung und der Bankrott des Geschäftes treiben Teetjens Frau Stine und nach ihr ihn selbst in den Tod. Im Film aber halten die (aus besagtem Grunde mutierten) SA-Männer zu dem Mörder aus ihren Reihen, die Katastrophe können sie nicht aufhalten.

Die Eindimensionalität des Filmes bietet bis auf wenige Sequenzen, die eher tangierenden Charakter haben, nur die Teetjen-Handlung. Die Schnitt-Technik des Films demonstriert das augenfällig. Die Sequenzen Koldewey, Neumeier, aber auch die der vier Delinquenten, der eigentlichen ideologischen Gegenspieler, wirken eher wie parallele Kommentare ohne eigenen Spielraum.

Noch ein Wort zu den eigentlichen Eingriffen, die weder Harnack noch Zweig vorgesehen, geschweige denn vorgenommen hatten. Im März 1951, zwei Monate vor der geplanten Premiere des Films, fand das 5. Plenum des Zentralkomitees der SED zu Fragen der Entwicklung der Kultur statt, das den Kampf gegen den *Formalismus in Kunst und Literatur* postulierte und die Forderung nach dem *positiven Helden* als Leitbild erhob. Das war ein Reflex der dogmatischen stalinistischen Kulturpolitik Shdanows in der Sowjetunion, die in der DDR diskussionslos oder richtiger kritik- und widerspruchslos übernommen wurden. Damit war eine seit langem kontroverse Debatte innerhalb der DEFA, die parallel zu den Dreharbeiten geführt worden war und immer wieder auf sie Einfluß genommen hatte, poltisch entschieden. Der Film, der dem Geist des Romans treu die Geschichte eines Versagens erzählt (wenn auch bei eingeschränktem Blick auf nur einen Teil des Figurenensembles des Romans), der auf plakative Didaktik verzichtet und ein komplexes Bild der historischen Realität und der inneren Widersprüche der in ihr agierenden Personen zeichnet, geriet in Gegensatz zur indoktrinierten *Linie.*

Harnack hatte der Gestalt Teetjens, der zum Henker wird, in den vier Antifaschisten, die seine Opfer werden, bereits deutlicher als im Roman ein *positives* Gegenbild gegenübergestellt. (Beim Besuch Käte Neumeiers in der Zelle von

Timme ist natürlich kein Wort mehr von innerparteilicher Selbstkritik zu hören: *Rechthaben, Rechtbehalten* als taktisches *Laster* der Kommunisten, der Partei, an dem die so notwendige Volksfront gegen das Aufkommen der Nazis gescheitert war.) Nun wurde diese Präsenz, die am Ende sogar die von Plaut und Kley im „Abgesang" des Romans überlieferte Geschichte von den vier sowjetrussischen Frachtschiffen im Hamburger Hafen mit den Namen der vier Gehenkten am Bug, wenn auch medial verfremdet (Visionen, Traumsequenzen), so doch rekapituliert, als nicht mehr ausreichend betrachtet. Nachträglich mußten Szenen gedreht und eingefügt werden, die den aktiven Widerstand als alternative Entscheidungsmöglichkeit zum Mitläufertum stärker betonen sollten. Diese Szenen sind leicht erkennbar. Da sie im Gegensatz zum übrigen, stilistisch in sich geschlossenen Film nicht durch das Bild und die Handlung, sondern rein verbal argumentieren, fallen sie aus der Gesamtkomposition deutlich heraus.

In dieser veränderten Version wurde der Film endlich am 10. April 1951 offiziell abgenommen und am 11. Mai uraufgeführt. Es war das glänzende Debüt des Theatermannes Falk Harnack als Filmregisseur. Bei der Premiere findet der Film als *beklemmendes, in seiner erlebten Wahrheit, seiner präzisen Realistik Furcht, Elend und falschen Glanz des Dritten Reiches schonungslos enthüllendes Bild* (so ein Kritiker in der „Berliner Zeitung") Anerkennung. Dem Lob der Kritik entsprach ein verblüffend starkes Publikumsinteresse. Innerhalb von nur acht Wochen erreichte der Film die Rekordzahl von über 800.000 Besuchern.

Harnacks „Beil von Wandsbek" gilt zu Recht als einer der Klassiker des deutschen Nachkriegsfilms, mit denen jene antifaschistische Traditionslinie der DEFA begründet wurde, die ihr - unbeschadet aller ideologischen Kursschwankungen und Qualitätseinbrüche - einen guten Ruf bewahrt hat. Er ist dennoch über Jahre hin unbekannt geblieben. Knapp zwei Monate nach der Premiere, im Juli 1951, wird er aus dem Verkehr gezogen, de facto verboten. Brecht und Käthe Rülicke-Weiler setzen sich für ihn ein, bearbeiten, kürzen ihn, am Ende bleiben von 111 Minuten 81 Minuten übrig. Diese Fassung gelangt zu Arnold Zweigs 75. Geburtstag 1962 ohne nennenswerten Nachhall in die Kinos. Endlich wird der Film 1981 zu Erwin Geschonnecks, dem Darsteller des Albert Teetjen, 75. Geburtstag rekonstruiert und in der ursprünglichen Fassung aufgeführt. Seit 1999 gibt es ein kommerzielles VHS-Format mit dieser Fassung in der Lizenz der PROGRESS Film Verleih GmbH. Zuletzt war der Film am 29. Januar 2004 im Nachtprogramm des TV-Senders VOX zu sehen.

Die seinerzeit überraschende Entscheidung der Zensurinstanzen, einen bereits freigegeben Film nachträglich wieder zu verbieten, war eine in der DDR-Film- und Fernsehgeschichte in vierzig Jahren wiederholt praktizierte Indoktrination -

zwei der bekanntesten Beispiele sind Frank Bayers „Spur der Steine" nach Erik Neutschs Roman und Konrad Wolfs „Sonnensucher" nach dem Roman Werner Breunigs -, für den Autor eine tödliche Kränkung (die ihn kannten, haben sein Verstummen und sein Abgleiten in die Krankheit, die ihn umgebracht hat, in Halle mitansehen können). Dagmar Schittly hat zu diesem Thema eine materialreiche Arbeit vorgelegt.[9] Auch der „Fall" Harnack läßt sich seit der Öffnung der Archive nach 1989/90 nachvollziehen.[10]

Ein zeitgenössisch interessanter und nur so zu verstehender kritischer Einwand kam von Brecht nach einer internen Vorführung des Films im Februar 1952 in der Akademie der Künste (aus dem Akademie-Protokoll):

Der Schlächter erscheint als bemitleidenswerter Mitläufer, der von unpolitischen Nachbarn ausgeräubert wird. Es ist aber richtig herauszustellen, daß es mit einem Nazi-Henker kein Mitleid gibt. Hinter dem Henker steht das Nichts. Darüber gibt es keine weitere Diskussion; es darf durch das seelenvolle Auge eines guten Schauspielers kein Mitleid erweckt werden.

Das ist in der Tat ein zu Beginn der fünfziger Jahre, zumal angesichts der Eskalation der Fronten des *kalten Krieges* zwischen beiden deutschen Staaten und ihres in vielem unterschiedlichen Umgangs mit der Last der braunen Vergangenheit, eine akzeptable und im Rückblick nicht zu relativierende Haltung. Gewiß, Zweig sah sich durch das ganze Verfahren in seinem persönlichen Ansehen geschädigt. Harnack hat, konsequent, die DDR verlassen und ist in der BRD seinem antifaschistischen Thema treu geblieben, mit Filmen wie „Der 20. Juli" (1955, Günther Weisenborn hat das Drehbuch geschrieben), „Unruhige Nacht" (1958, nach der Erzählung Albrecht Goes', die mich in manchen Passagen an Zweigs Grischa-Roman erinnert), „Jeder stirbt für sich allein" (1962, nach Falladas Roman) und „Der Verfolger" (1973, wieder nach einem Text Weisenborns).

---

[9] Schittly, Dagmar. Zwischen Regie und Regime. Die Filmpolitik der SED im Spiegel der DEFA-Produktionen. Diss. Berlin 2002.

[10] Gerhard Schoenberner, Vom Roman zum Film - *Das Beil von Wandsbek*. In: Arnold Zweig. Berlin - Haifa - Berlin. Perspektiven des Gesamtwerks. Akten des III. Internationalen Arnold-Zweig-Symposiums Berlin 1993. Hg. von Arthur Tilo Alt u. a. Bern, Berlin, Frankfurt am Main, New York, Paris, Wien 1994. Vgl. Heinrich Breloer und Horst Königstein, Blutgeld. Materialien zu einer deutschen Geschichte. Köln 1982 (Materialbuch für den Film „Das Beil von Wandsbek", der 1982 von Breloer und Königstein als Fernsehspiel mit Dokumentarsequenzen in einer Koproduktion des NDR und WDR gedreht wurde).

V

Versuchen wir einen Schluß. Jürgen Rühle schlägt in seinem weitgespannten Panorama „Literatur und Revolution. Die Schriftsteller und der Kommunismus“ (1960) eine noch immer akzeptable Lesart vor. Den bleibenden Wert des Romans sieht er darin, daß er nicht einfach nur ein Plädoyer zur Entnazifizierung ist, sondern ein Dokument der furchtbaren menschlichen Tragödie, die Schuldige und Unschuldige im Mechanismus der Diktatur erfaßt. Nicht der SS-Mann Teetjen sitzt auf der Anklagebank, sondern die Diktatur schlechthin. Die uneingestandenen und vom Roman-Autor und den Filmemachern beileibe nicht (wenigstens nicht vordergründig) beabsichtigten Parallelen zu stalinistischen Diktaturstrukturen mit allen Deformationen der Gesellschaft und der individuellen Existenzen zu Beginn der fünfziger Jahre ist die eigentliche Handhabe der politischen Zensoren gewesen, den Film zu verbieten. Friedel Timmes selbstkritische „Parteilichkeit“ war noch immer unzeitgemäß.

Zu den Autoren

DIETER BÄHTZ, Dr. phil., geboren 1940. Studium der Literaturwissenschaft und Kunstgeschichte an der Martin-Luther-Universität Halle-Wittenberg bis zur Promotion. Dort bis 1994 wissenschaftlicher Mitarbeiter, danach freischaffend. Arbeit in sozio-kulturellen Projekten. Veröffentlichungen zur Literatur- und Kulturgeschichte des 19. und 20. Jahrhunderts.

RÜDIGER BERNHARDT, Prof. Dr. phil., geboren 1940 in Dresden. Studium der Germanistik, Nordistik, Kunstgeschichte und Theaterwissenschaft in Leipzig 1960-1964, Hilfsassistent bei Hans Mayer. Von 1964 bis 1993 an der Martin-Luther-Universität Halle-Wittenberg. 1968 Promotion mit einer Dissertation „Die Herausbildung des naturalistischen deutschen Dramas bis 1890 und der Einfluß Henrik Ibsens". 1974 facultas docendi für das Fachgebiet Neuere und neueste deutsche Literatur. 1978 Promotion B (Habilitation) mit der Arbeit „Antikerezeption im Werk Heiner Müllers". 1985 Professor für DDR-Literatur. Gastprofessuren 1994/95 in Kiel und 1997/98 in Stettin. Lehrtätigkeit in Minsk, Bratislava und Stockholm. Von 1993 bis 2002 wissenschaftlicher Berater, Autor und Herausgeber in einem Schulbuchverlag. Vorsitzender der Gerhart-Hauptmann-Stiftung Kloster auf Hiddensee. Mitglied in der Leibniz-Sozietät. Publikationen (Auswahl): Aufsätze und Rezensionen in Neue Deutsche Literatur, Weimarer Beiträge, ich schreibe, Hallesche Studien, Marxistische Blätter, Allemagne d'aujourd'hui. - Bücher u. a. Vom Handwerk des Schreibens (1976, 1983); Odysseus' Tod - Prometheus' Leben (1983); Henrik Ibsen und die Deutschen (1989); Zwischen Geist und Sinnlichkeit (Gerhart Hauptmanns „Und Pippa tanzt!"; 1995); Gerhart Hauptmanns Hiddensee (1996); „Greif zur Feder, Kumpel!" - Die Bewegung schreibender Arbeiter. In: Reiz und Phänomen. Die Literatur der schreibenden Arbeiter (1996); Die Wirkungen Schillers im 19. Jahrhundert. In: St. Pöltner Schiller-Gespräche 96 (1997); Gerhart Hauptmann. „Nu jaja! - Nu nee nee!". Beiträge eines Colloquiums (Hg). Travemünder Protokolle Nr.4 (1998); August Strindberg. Portrait (1999); 20 Kommentarbände in der Reihe Königs Erläuterungen und Materialien zu Lessing, Goethe, Schiller, Georg Büchner, Gerhart Hauptmann, Seghers, Victor Klemperer, Grass, Christa Wolf, Plenzdorf und Jurek Becker (1996-2005); „Ich bestimme mich selbst." Das traurige Leben des glücklichen Peter Hille (Hille-Biografie 2004). Herausgabe von Lesebuchreihen, Sagen Mitteldeutschlands, der Werke Ibsens, Peter Hilles („Ich bin, also ist Schönheit" 1975, 1981, 1989), Hermann Conradis, zahlreicher schreibender Arbeiter und anderes. Mitarbeit an der Geschichte der deutschen Literatur, Band 7, 8 und 11, Literatur der DDR in Einzeldarstellungen.

VIERA GLOSIKOVÁ, Dr. phil., stammt aus der slowakischen Stadt Prešov/ Preschau. In den siebziger Jahren Studium der Germanistik und Nordistik an der Leipziger Universität. Nach dem Studium pädagogische und wissenschaftliche Arbeit im Bereich der Literaturwissenschaft zuerst in der Slowakei, ab 1979 in Prag. Wissenschaftliche Beschäftigung mit der deutschsprachigen Literatur Böhmens und der Slowakei im 19. und 20. Jahrhundert. Literaturwissenschaftliche Beiträge sowohl in der Tschechischen und Slowakischen Republik als auch im Ausland.
Publikationen u. a.: Handbuch der deutschsprachigen Schriftsteller aus dem Gebiet der Slowakei (17.-20. Jahrhundert), Wien 1995; Literatur mit dem Davidstern (tschechisch, mit A. Mikulasek und A. B. Schulz), Prag 1998.

HANS RICHTER, Prof. Dr. phil., geboren in Reichenberg/Böhmen (Liberec). Volksschule 1933-38, Gymnasium 1938-43. Ab Januar 1944 Luftwaffenhelfer in Berlin, bei Wien und im Raum Linz/Donau. „Flak-verwendungsfähiger Soldat" März bis Mai 1945 in Oberösterreich und amerikanische Kriegsgefangenschaft daselbst. 1945/46 Landarbeiter in Bad Berka. 1947 Abitur. Kurs für Oberschulhelfer im Fach Deutsch. Unterricht in Weimar und Bleicherode 1947-1949. Studium an der Friedrich-Schiller-Universität Jena ab 1949, Diplom 1953, Promotion 1958, Habilitation 1964. 1968 Professor für Deutsche Literatur, 1969 Ordinarius. Gastprofessuren in Prag 1971/72, Sofia 1986, Graz 1989. Ab 1991 Ruhestand.
Aufsätze, Essays, Kritiken, Interviews und Rezensionen zu deutschsprachiger Literatur vor allem des 20. Jahrhunderts; u. a. Mitarbeit an Journalen („Neue deutsche Literatur", „Weimarer Beiträge", „Sinn und Form", „Sonntag", „Deutsche Literaturzeitung"). Selbständige Publikationen u. a.: Gottfried Kellers frühe Novellen. Berlin 1960, 2. Auflage 1966; Das lyrische Werk Louis Fürnbergs, Berlin 1966; Verse Dichter Wirklichkeiten. Aufsätze zur Lyrik. Berlin und Weimar 1970; Werke und Wege. Kritiken, Essays, Reden. Halle-Leipzig 1984; Verwandeltes Dasein. Über deutschsprachige Literatur von Hauptmann bis heute. Mit einer Goethe-Studie. Berlin und Weimar 1987; Franz Fühmann. Ein deutsches Dichterleben. Berlin und Weimar 1992; Zwischen Böhmen und Utopia. Literaturhistorische Aufsätze und Studien = Jenaer Studien. Hg. von Günter Schmidt. Band 4. Jena 2000; Franz Fühmann. Ein deutsches Dichterleben. Bearbeitete und erweiterte Neuausgabe (Taschenbuch). Berlin 2001. Herausgaben/Mitautorschaften u. a.: Kellers Werke in fünf Bänden. Berlin und Weimar 1961 (Mit Einleitung und Anmerkungen), 9. Auflage 1988; Gottfried Keller. Kleider machen Leute. Eine Auswahl (Mit Nachwort). Berlin 1986, 2. Auflage 1988; Dasselbe. Stuttgart 1987; Hans Kaufmann: Krisen und Wandlungen der deutschen Literatur von Frank Wedekind bis Lion Feuchtwanger. Berlin und Weimar 1966, japanisch 1969 (Mitautor); Schriftsteller und literarisches Erbe.

Berlin und Weimar 1986 (Herausgeber und Mitautor); Generationen Temperamente Schreibweisen. DDR-Literatur in neuer Sicht. Halle-Leipzig 1986 (Herausgeber und Mitautor); Österreichische Literatur des 20. Jahrhunderts. Hg. von Horst Haase und Antal Mádl. Berlin 1988 (Mitautor); Socialism and the Literary Imagination. Essays on East German Writers. Edited by Martin Kane. New York, Oxford 1991 (Mitautor).

GEORG WENZEL, Prof. Dr. phil., geboren 1928 in Breslau. Nach Studium der Geschichte, Germanistik und Erziehungswissenschaft Oberschullehrer in Potsdam. 1964 Promotion in Halle zum „Gesellschaftsbild im erzählerischen Werk Bernhard Kellermanns". Mitarbeiter an der Deutschen Akademie der Wissenschaften zu Berlin 1960-1976; u.a. Leiter des Thomas-Mann-Archivs (seit 1966), Mitherausgeber der „Geschichte der deutschen Literatur", Bde. 6-11. Hochschuldozent, Habilitation und Lehrstuhl für Geschichte der deutschen Literatur 1982 in Greifswald. Emeritiert 1993. Dozent an der Universität Bukarest 1976-1979, Gastprofessuren in Hyderabad 1983, Shanghai 1986-1988 und Warschau 1988-1990.
Publikationen u.a.: Thomas Manns Briefwerk (1969); Arnold Zweig 1887-1968. Werk und Leben. Dokumentation (1978); Arnold Zweig. Lesebuch (1987); Novalis in den Anschauungen von Ricarda Huch, Thomas Mann und Hermann Hesse (1997). Aufsätze zu Herder, Lessing, Hesse, A. Zweig, zur Th.-Mann- und Exilforschung.

COLLOQUIA BALTICA

Beiträge der Academia Baltica zu Geschichte, Politik und Kultur im Ostseeraum

Bereits erschienen

Mare Balticum
Begegnungen zu Heimat, Geschichte, Kultur an der Ostsee
Hg. von Dietmar Albrecht und Martin Thoemmes
(Colloquia Baltica 1)
2005, 184 Seiten, Paperback, 19,90 Euro, ISBN 3-89975-510-3

Essays zu Heimat, zur Kulturlandschaft Ostsee, zu Eduard von Keyserling, Jaan Kross und zum Erinnerungsort Tannenberg aus deutscher, litauischer und polnischer Sicht.

Unverschmerzt
Johannes Bobrowski – Leben und Werk
Hg. von Dietmar Albrecht, Andreas Degen, Helmut Peitsch und Klaus Völker
(Colloquia Baltica 2)
2004, 472 Seiten, Paperback, 19,90 Euro, ISBN 3-89975-511-1

Beiträge eines internationalen Colloquiums im November 2003 in Berlin mit neuen Studien zu Leben und Werk des Lyrikers und Erzählers.

Demnächst erscheinen

Vorposten des Reichs? Ostpreußen 1933 bis 1945
Hg. von Christian Pletzing
(Colloquia Baltica 3)

Dietmar Albrecht
Wege nach Sarmatien
Zehn Kapitel Preußenland. Orte, Texte, Zeichen
(Colloquia Baltica 5)

Dichter und Erzähler im Gepäck, hilft die Reise ins Preußenland Erinnerung dingfest machen und Zukunft begründen.
Vollständig revidierte und ergänzte Neuausgabe.

Die Bände kosten broschiert 19,90 Euro.
Vorzugspreis für Abonnenten je Band 14,95 Euro.